U0523065

新时代思想政治教育丛书

新媒体时代的高校思想政治理论课教学改革与创新

吴恒 著

天津出版传媒集团
天津人民出版社

图书在版编目（CIP）数据

新媒体时代的高校思想政治理论课教学改革与创新 / 吴恒著. — 天津：天津人民出版社，2022.11
（新时代思想政治教育丛书）
ISBN 978-7-201-18983-3

Ⅰ.①新… Ⅱ.①吴… Ⅲ.①高等学校－思想政治教育－教学改革－研究－中国 Ⅳ.①G641

中国版本图书馆CIP数据核字（2022）第212006号

新媒体时代的高校思想政治理论课教学改革与创新
XINMEITI SHIDAI DE GAOXIAO SIXIANGZHENGZHI LILUNKE JIAOXUE GAIGE YU CHUANGXI

出　　版	天津人民出版社
出 版 人	刘　庆
地　　址	天津市和平区西康路35号康岳大厦
邮政编码	300051
邮购电话	（022）23332469
电子信箱	reader@tjrmcbs.com
责任编辑	林　雨
装帧设计	汤　磊
印　　刷	天津新华印务有限公司
经　　销	新华书店
开　　本	710毫米×1000毫米　1/16
印　　张	18.75
插　　页	2
字　　数	250千字
版次印次	2022年11月第1版　2022年11月第1次印刷
定　　价	78.00元

版权所有　侵权必究
图书如出现印装质量问题，请致电联系调换（022-23332469）

目录 CONTENTS

第一章 新媒体时代高校思想政治理论课改革创新的重大意义 / 1

 第一节 关于新媒体时代 / 1

 第二节 大学生思想政治理论课堂学习现状 / 6

 第三节 新媒体时代高校思想政治理论课教学的"变"与"不变" / 18

 第四节 以学生为中心的高校思想政治理论课亲和力 / 32

 第五节 新媒体时代高校思想政治理论课的获得感 / 50

第二章 新媒体时代社会思潮对大学生思想行为的影响与引导 / 69

 第一节 新媒体时代高校社会思潮传播 / 70

 第二节 "泛娱乐化"现象的影响及应对 / 84

 第三节 "佛系青年"现象的特征及引导 / 100

 第四节 "饭圈文化"现象的影响及应对 / 116

 第五节 "键盘侠"现象的透视与引导 / 135

 第六节 新媒体环境下发挥高校思政课舆论引导作用 / 148

第三章 新媒体时代高校思想政治理论课建设和教学模式研究 / 165

 第一节 新媒体时代的"大思政课"建设 / 165

 第二节 高校思政课实践教学的若干问题 / 180

第三节　高校思政课主体体验式教学的几点思考 / 187

第四节　大运河文化融入高校思政课实践教学 / 192

第五节　地方红色文化融入高校思政课教学 / 208

第四章　新媒体时代高校思想政治理论课教师的角色定位及素养培育 / 226

第一节　高校思政课教师的角色定位 / 227

第二节　高校思政课教师的知识视野 / 234

第三节　高校思政课教师的课堂生态意识培育 / 245

第四节　高校思政课教师的执网能力培育 / 254

第五节　高校思政课教师的教学话语能力提升 / 264

参考文献 / 281

后记 / 296

第一章 新媒体时代高校思想政治理论课改革创新的重大意义

思想政治理论课是培养一代又一代社会主义建设者和接班人的重要保障。近年来,高校思想政治理论课改革与创新成效斐然,学科建设进展良好,教材体系日益完善,师资力量不断增强,教学方法逐步改进,思想政治理论课教学的实效性得到明显提升。然而伴随着新媒体时代的到来,思想政治理论课堂生态发生深刻变化,这在给思想政治理论课教学带来新的机遇的同时,也带来了全新的挑战。因此,新媒体时代根据当代大学生自身认知发展和身心发展的特点和规律,明确把握新媒体时代高校思想政治理论课教学中"变"与"不变",切实增强学生对思想政治理论课的获得感,对于推动思想政治理论课改革创新,落实立德树人根本任务,具有重要意义。

第一节 关于新媒体时代

近年来我国互联网迅速发展,在带来网民规模日益增长、网络媒体日益壮大、网络资源无限共享、网络民意汹涌澎湃等一系列新变化的同时，也直接引起了高校教育教学环境的变化。当前，更是出现了"全程媒体""全息媒体""全员媒体""全效媒体"。全媒体矩阵群的微博、微信和手机 App 等的应用成为潮流。第 50 次《中国互联网络发展状况统计报告》显示，截至 2022 年 6 月，我国网民规模达 10.51 亿，互联网普及率达 74.4%。手机网民规模达 10.47 亿，网民使用手机上网的比例为 99.6%；即时通信用户规模达 10.27 亿，占网民整体的 97.7%；网络视频（含短视频）用户规模达 9.95 亿，占网民整体的 94.6%；网络新闻用户规模达 7.88 亿，占网民整体的 75.0%。其中，10~19 岁、20~29 岁、30~39 岁网民占比分别为 13.5%、17.2%、20.3%，学生群体最多。信息"无处不在""无所不及""无人不用"，"信息爆炸已经积累到了一个开始引发变革的程度……开启了一次重大的时代转型"①。新媒体时代来临。

一、新媒体的内涵

"新媒体"（New media）这一说法，是 20 世纪 60 年代美国哥伦比亚广播电视网（CBS）技术研究所所长戈尔德马克（P. Goldmark）率先提出的。与传统媒体相比，新媒体是一种不同于报纸、杂志、广播、电视等传统媒体发展起来的新型媒体形态。

首先，新媒体"新"在新模式。随着科技发展带来的时代的跃迁，媒体行业也随之经历着广泛而深远的变革，从报纸到无线电，从电视到互联网，再到如今的 QQ、微信、微博、抖音、快手、B 站、头条、知乎、小红书、学堂在线、中

---

① 维克托·迈尔－舍恩伯格、肯尼思·库克耶. 大数据时代［M］. 盛杨燕，周涛，译. 杭州：浙江人民出版社，2013：8－9.

国大学MOOC等新媒体。这些相对于报纸、电视等传统媒体而言，都是"新"的媒体模式。

其次，新媒体"新"在新技术。相对于传统媒体，人们当下获取信息的渠道变得方便快捷，以前依赖报纸、电视、广播等来获取信息，现在只需要一部联网手机就可以获取。移动互联网、大数据、云计算等新技术让人类进入了前所未有的崭新时代，人们把所思所想所需，用图片、视频、语音、直播等方式，通过新媒体进行传播。无论你在生活、学习还是在工作，任何地点任何时间都可以获取自己想要的信息、传播自己想要传播的信息。

再次，新媒体"新"在新传播。相对于传统媒体用户只能被动接收信息，无法反馈信息，新媒体实现了信息的双向以及多元化传播，真正扮演了既是传播者又是受众者，既是受众者又是传播者的角色，实现了人类获取信息、传播信息的"自由"。人们可以随拍随传，人人都能成为创作者，人人都是新媒体。

最后，新媒体"新"在未来。万物互联，是新媒体时代的一个突出特征。新媒体无孔不入，颠覆了人的生活观念，甚至是改变了每个人的生活方式。人们可以利用新媒体自主创业，可以利用新媒体自由学习，给整个社会带来了更多的发展空间。未来没有谁能避开新媒体。新媒体改变的不仅仅是一个人，而是整个世界。随着新媒体的发展，人类将实现一个自己都不敢想象的未来。

综上，新媒体是基于时代发展所产生的新技术，包括但不限于移动通信技术、网络数字技术，以具有计算机特征的电脑、手机、平板等有别于报纸、通信、广播等传统媒介的载体，向受众群体提供服务，使用者能够借此展开通信、办公、交易、娱乐等活动的传播形态。目前包括但不限于如B站、抖音、快手等视频平台，微博、微信、QQ等社交平台，今日头条、知乎等网络论坛，搜狐新闻、网易新闻等新闻平台，学堂在线、中国大学MOOC等学习平台,等等,而新媒体时代就是此类新媒体盛行的年代。

二、新媒体的特点

新媒体与传统媒体的最大区别在于,它是由普通人主导的一种自下而上的信息传播模式,开创了一个全新的"新媒体时代"。当前在我国使用最广泛的新媒体平台成为网络传播中最为活跃的舆论场所,新媒体的迅速普及有赖于它显著的特点。

首先,便捷性与互动性。新媒体的迅速崛起离不开它的便捷性。它不受时空、地域限制,大大提高了信息制作、发布、传播的效率,何时、何地、任何人都可以通过手机、电脑等设备接收和发布信息,人们原本的生活习惯和交流方式被改变了。此外,传统媒体在信息传播的过程中,传播者与受众相互分离,二者缺少有效的交流互动;而在新媒体时代,网络技术极大地普及,普通民众可以通过各类自媒体平台发表自己的观点,参与信息传递的各个环节,并同信息的传播者及其他受众随时进行信息交互,体现了空前的主体地位,实现了信息的双向交流,两者成了真正意义上的对话者。

其次,多样性与即时性。传统媒体都有着自己固定的主题,都是发布与之相关的信息内容,这一方面造成了内容的单调,另一方面也限定了受众的范围;新媒体则不受主题的局限,公众可以在新媒体上自由地选择感兴趣的话题畅所欲言,同时也可以通过新媒体自由转发各方面信息。由此可见,新媒体的传播内容多样,用户可以在多种新媒体平台上自由发表自己的观点,可谓包罗万象。除此以外,新媒体借助网络的便捷性,极大地提高了信息传递的时效性。新媒体平台发布的信息可以迅速在全国乃至全球范围内传播和扩散,人们可以进行即时的交流互动,足不出户就能知晓天下事。

最后,草根性与自由性。新媒体的传播主体来自各行各业,每一个公民

第一章 新媒体时代高校思想政治理论课改革创新的重大意义

都能变成信息传播的主体,个人可以随意参与社会热点问题的讨论,公开发表自己的见解,大大降低了公众发言的门槛,覆盖面更加地广泛和平民化,从而赋予了大众话语权。因此,我们又把新媒体的传播者称作"草根阶层",在当今"人人皆媒体"的社会中,每一个"草根"都可以通过互联网来发声。当前大学生大都是"00后",是在新媒体环境下成长、发展起来的社会群体,见识面广、思维活跃、个性张扬,是"草根阶层"的重要组成部分。这就意味着,根据新媒体的特征,当前大学生被赋予了更为自由、随性乃至充分的话语权。同时,移动互联网世界是一个自由王国,人们在传播信息时,所传播的内容、形式和手段也是充分自由的,人们不但可以通过自媒体平台来自由地发表自己针对某一事件的观点或见解,还可以利用自媒体技术发布个性化的文字、图片、符号、视频、声音等信息,从而获得选取和接收信息的自由和权利。

总之,在新媒体时代,信息的全球化与开放性、用户的高度参与、传播方式的个性化、传播过程中人与人之间的高效互动,都是这个时代的显著特征。但伴随着新媒体的发展,其弊端也不断涌现,比如内容良莠不齐、可信度低,法律不规范、缺乏监督,夸大其词、造谣欺骗等问题,给社会安全稳定带来了不同程度的负面影响。特别是对信息辨别能力不强的大学生来说,在各种碎片化信息的冲击、碰撞下,其价值观更易受其影响。如果不加以有效的监控,会成为一把对社会有害的利刃。这对高校思想政治理论课改革创新提出了新的挑战。

习近平在全国高校思想政治工作会议上指出,"做好高校思想政治工作,要因事而化、因时而进、因势而新","要运用新媒体新技术使工作活起来,推动思想政治工作传统优势同信息技术高度融合,增强时代感和吸引力"。① 在现代科技和信息技术飞速发展的今天,新媒体技术在我国高校思想政治理论课教学中的应用日益受到重视,成为高校思想政治理论课教学中不可或缺的重要组成部分。因而,推动高校思想政治理论课教学改革和创新,首先就要直面新媒体给高校思想政治理论课教学带来的机遇和挑战。善于利用新媒体提供的契机,克服其中的挑战,着力增强高校思想政治理论课教学的亲和力、针对性。

第二节 大学生思想政治理论课堂学习现状

习近平指出,做好高校思想政治工作,"要用好课堂教学这个主渠道"②。作为高校思想政治教育工作的"主渠道",高校思想政治理论课堂教学是"努力培养担当民族复兴大任的时代新人,培养德智体美劳全面发展的社会主义建设者和接班人"③的主阵地。然而在当前的高政课堂教学与学习中,还存在一些问题和弊端。因此,推动高校思想政治理论课堂改革和创新,使其焕发新的生机与活力,是高校思想政治教育工作的当务之急。

---

① 习近平.把思想政治工作贯穿教育教学全过程 开创我国高等教育事业发展新局面[N].人民日报,2016-12-09(01).
② 习近平.把思想政治工作贯穿教育教学全过程 开创我国高等教育事业发展新局面[N].人民日报,2016-12-09(01).
③ 习近平.思政课是落实立德树人根本任务的关键课程[J].求是,2020(17).

第一章　新媒体时代高校思想政治理论课改革创新的重大意义

一、加强大学生思政课堂学习的重要意义

首先,加强思政课堂学习是做好高校思想政治工作的重要抓手。习近平总书记指出,要把"思想政治工作贯穿教育教学全过程"①。大学生思政课堂学习以集中、系统的知识传播为主要特征。它能够帮助学生迅速地掌握更多的马克思主义理论知识,增长学识,开阔视野,并且逐步增强自身的思想政治觉悟和理论素养,增强对中国特色社会主义事业、对党和国家的理解认同,从而确保党的路线方针政策的贯彻实施。

其次,加强思政课堂学习是推进大学生思想政治教育的重要环节。高校思想政治理论课致力于促进全体学生的品德成长,致力于为社会主义事业储备更多优秀的青年人才。在高校思政课堂中,教师往往会综合考虑学生的年龄、阅历、知识水平等多种因素,根据教学的具体情况和大学生的个性需要,有的放矢地加强个别教育与引导工作,使大学生在谆谆教诲和潜移默化中逐渐形成与社会发展需要相适应的价值取向和道德品行,从而实现思政课堂教学的根本目标。可见,相对于课外教学等相关渠道,思政课堂学习更具有针对性和目的性,在推进学生思想政治教育方面有着得天独厚的优势。

最后,加强思政课堂学习是丰富大学生思想道德素质的重要途径。小到企业,大到国家,任何事物的发展都离不开人才。那么在当今社会的发展潮流中,更需要怎样的人才呢? 比起丰富的专业知识和熟练的技能技巧,是否具备良好的思想道德素质是所有评判标准中排在第一位的。在思政课堂

---

① 习近平.把思想政治工作贯穿教育教学全过程 开创我国高等教育事业发展新局面[N].人民日报,2016-12-09(01).

上,关于伦理道德、社会规范等话题的学习探讨,往往能够春风化雨般地影响学生的思想与行为,使学生不断提高自己的精神境界和道德品质,做有道德有素质的社会主义建设者和接班人。由此,高校思政课堂学习对于大学生成长的积极作用,在这一过程中得以充分彰显。

二、当前大学生思政课堂学习状况

（一）当前思想政治理论课教学改革取得的进展和成果

多年来,党和国家高度重视高校思想政治教育,严抓、狠抓、实抓大学生思想政治教育工作。各地区、各部门、各高校也纷纷响应,积极改革和创新思想政治理论课教学模式与教学方法,积累了许多宝贵的经验。大学生的思想政治教育也得到了社会各界人士的关心和支持,主流媒体、社区、家庭和各团体等纷纷聚力凝神,各显身手,共同助力高校思想政治理论课的改革和发展。在多方的"合力"下,高校思政课教学改革取得了相当喜人的进步。学科建设稳步推进,课程体系日益完善,教学内容不断丰富,师资力量不断加强。特别是大学生政治理论素养得到明显提升,能够积极主动地关心社会主义事业的发展,关注党的各项路线方针政策。"思政课程"与"课程思政"同向同行、协同育人,为中国特色社会主义事业培养了一批又一批的优秀人才。

（二）当前大学生思政课堂学习中存在的问题

任何事物都是一分为二的,在当前高校思想政治理论课教学改革取得进步的同时,也存在一些亟待解决的问题。其中就有大学生思政课堂学习中的问题。为了能够全面真实地了解当前大学生思想政治理论课堂学习的

第一章　新媒体时代高校思想政治理论课改革创新的重大意义

状况,我们选择了全国部分高校进行随机问卷调查,①总计收回有效问卷551份。在全部受访者中,男生占35.86%,女生占64.14%;大一、大二、大三、大四分别占14.34%、23.9%、23.11%和38.65%;文科类、理工科类、艺体类及其他专业类型分别占49.4%、32.67%、11.16%、6.77%。所涉及的调查人群比较全面,层次分布相对均匀,调查结果具有一定的说服力。本书在对问卷结果进行数据整理和简单分析的基础上,总结出当前高校思政课堂学习主要存在以下问题：

1. 部分学生未能正确认识思想政治理论课的重要性,课堂缺席现象较为常见

在调查过程中,对于"大学是否应该开设思想政治理论课"的问题,55.78%的学生选择"十分必要",表明目前大部分学生能够正确认识思想政治理论课存在的必要性,对思想政治理论课的重要意义认识深刻,理解和支持高校开设思想政治理论课。但值得注意的是,持相反意见的学生也高达11.95%,剩余的32.27%的学生则表示"无所谓""不清楚",这两种认知态度直接导致了部分学生翘课缺课、迟到早退。数据显示,在思想政治理论课上选择经常翘课和偶尔翘课的学生分别达到10.36%、35.46%,约占学生总数的45.82%。向学长学姐打听老师上课是否点名、了解老师性格好坏来决定翘不翘课,似乎成了大学校园里一条约定俗成的行为规则。

2. 部分学生未能端正学习态度,对思想政治理论课学习消极倦怠

在关于"你在日常学习中对思想政治理论课的态度"这一问题的回答中,46.61%的学生表示自己在思政课堂学习中能做到"积极接受并理解教师教授的知识";而其他53.39%的学生在课堂上的表现则显得有些不尽如

---

① 由于问卷调查主题的差异,书中不同章节的问卷调查时间不同、调查对象不同、收回有效问卷的数量也不同。数据大多精确到小数点后两位。

人意,学习态度不够端正,对思想政治理论课感到倦怠。他们中的大多数人往往抱着浑水摸鱼、得过且过的消极心态,课堂上爱听不听、各行其是;课后任务拖拉、敷衍了事,期末复习临阵磨枪,缠着老师画几个重点、通宵背几页书来应付考试,对知识是否理解或者掌握完全不在意,更别说是提高自身的素质修养了,这与思想政治理论课的教学初衷完全是背道而驰的。

3. 部分学生对课程内容兴趣缺乏,课堂陷入"低气压"窘境

谈到"大学思想政治理论课给你留下的印象",31.47%的学生选择了"空泛、讲大道理",24.3%的学生选择了"记忆、背诵",认为思想政治理论课"生动有趣"的仅有15.14%;当问到"你认为思想政治理论课主要存在的问题有哪些"时,51.79%的学生选择了"教材文字枯燥,理论与现实脱节",61.35%的学生选择了"对课程不感兴趣"。可见,对学生而言,当高校思政课堂教学内容枯燥乏味时,就缺乏吸引力,难以提起兴致。在一些高校思政课堂上,会看到这样的场景,教师独自一人在讲台上讲得热火朝天,下面的学生却在争当"低头族",刷手机、听音乐、打手游,在各种与课堂无关的事之间忙得不亦乐乎,对课堂内容毫不关心,偶尔听到几句感兴趣的话才勉强抬起头来撇两眼教师、讲台。整个课堂长时间地处于一种低迷、沉闷的氛围。

4. 部分学生与教师缺少沟通了解,不认同教师的授课方式

调查数据显示,有59.76%的学生认为"教学方式单一,难以激发学习兴趣"是影响教师自身吸引力的主要原因,选择人数占比相对较大。而在关于"你认为思想政治理论课主要存在的问题有哪些"中,61.35%的学生选择"任课教师照本宣科,缺乏创造性",33.47%的学生选择"和任课教师有代沟,价值观念存在冲突"。课堂上时常出现这样"有趣"的现象,前三排座椅基本无人入座,学生宁愿拥挤在后排,也一定要与教师保持"安全距离";一旦教师抛出某个话题,脑袋总是拼命往下低,生怕喊到自己;更有部分学生对教师还存在刻板印象,认为思想政治理论课教师都是严肃苛责、呆板无趣

的,是只会讲"大道理"的"老古板",不愿与其沟通交流,课堂参与度低。

三、当前大学生思政课堂学习存在问题的原因分析

(一)部分高校对思想政治理论课的重视力度不够

俗话说"上行下效"。对思想政治理论课的重视与否,是影响高校实现立德树人根本任务的重要因素。在实际工作中,有些高校在专业课与思想政治理论课的天平上,往往选择向专业课程倾斜,将更多精力、物力、财力投入专业课的课程建设中,相对忽视对学生的思想政治素质和品德修养教育,出现诸如缩减思政课时、实践课程名存实亡、压缩马克思主义理论学科建设经费等现象。

还有,大班授课学生数量较多,也是当前高校思想政治理论课普遍面临的现实困境。教师在上课时往往很难面面俱到,多少显得有些"心有余而力不足",难免出现诸如上课发言的机会分配不均等疏忽和失误,因此使得部分学生在课堂学习中难以满足自身需要,甚至一些后排同学连听清上课内容也显得相对困难,因此抱着"教师注意不到我"的侥幸心理,频繁逃课缺席,毫无纪律意识。大班授课在一定程度上是教师数量不足带来的。教师数量不足将直接导致学生无法得到预期教育,教学效果必然大打折扣。

(二)部分学生缺乏对思想政治理论课的正确认知

受功利主义、利己主义等价值观念的影响,一些学生进入高校不求深造,只为"镀金",只希望能够顺利获得学位证书,为自己今后的就业增加筹码。在近年来大学生就业形势日趋严峻的情况下,学生对课程的重视程度往往与该课程是否"有用"成正比,大多数学生选择将时间和精力投入到专业课的学习和专业技能的锻炼中,或者忙于各种考证、各种校园活动,而思想政治理论课在他们眼中似乎是一门对就业帮助不大的课程。看不到思想

政治理论课在立德树人中的重大意义,也就会忽视该课程的深入学习。

倦怠、从众等心理,也影响着学生对思想政治理论课堂学习的态度。思想政治理论课教学以知识灌输为主,其目的在于帮助学生掌握马克思主义基本原理等相关理论知识。但一些学生认为,马克思主义理论内容晦涩深奥,理解起来比较困难,这就容易因畏难心理而轻视对思想政治理论课的学习。另外,思政课堂由教师主导居多,学生缺少表达观点、展示自我的机会,缺少师生间的互动交流,容易产生学习倦怠心理。还有,大学生性格品质尚未完全养成,不少学生缺乏基本的判断力和自制力,容易受到周围环境和他人的影响。有时见其他同学逃课、上课开小差、玩手机,也盲目跟风,随波逐流,这与思想政治理论课的要求渐行渐远。

(三)部分教师对职业认知存在偏差

部分教师缺乏正确的政治认同。2014年,在《辽宁日报》的微信互动平台上,一位学生提出了这样的疑问:"不知从何时起,说中国坏话、骂这个社会成为时尚,我们一个老师,逢课必讲'瞧瞧人家国外',案例教学时,负面例子全是中国"[①]。近几年,课堂上逐渐刮起了一股不正之风,有些教师将不满情绪带入课堂,抱怨社会,渲染悲情,难免使学生对社会产生消极认识;有些教师在教学中为了迎合学生的喜好而肆意调侃社会道德;更有甚者为学生博眼球而大放厥词,毫无教师该有的风采面貌。"作为党的理论教育工作者,如果自己对马克思主义、社会主义不是真信、深信,那么从你嘴里讲出来的马克思主义、社会主义就是言不由衷的。"[②]所以说,教师特别是思想政治理论课教师作为学生接触马克思主义、认同马克思主义的关键力量,必须首先保证自身的纯洁性和先进性。

---

① 本报编辑部.老师,请不要这样讲中国[N].辽宁日报,2014-11-13(A04).
② 许志功.思想政治工作者首先要坚定自身的政治信仰——理想信念教育系列党课之七[J].党建,2000(7).

第一章 新媒体时代高校思想政治理论课改革创新的重大意义

部分高校教师入职门槛偏低,专业素质参差不齐。邓小平指出:"一个学校能不能为社会主义建设培养合格的人才,培养德智体全面发展、有社会主义觉悟的有文化的劳动者,关键在教师。"[1]然而一些高校在教师引进工作中,过度偏重才能,忽视德行。思想政治理论课教师队伍也良莠不齐,一些高校存在着由行政人员、非相关专业出身人员担任思想政治理论课教师的现象。尽管这些教师有着非常丰富的学生工作经验、丰富的学识,但他们没有接受过专门的马克思主义理论教育,缺乏充足的学科知识和专业素养,影响思政课堂教学的质量。学习是学生借助各种途径获得知识和能力的过程,如果教师的专业知识匮乏,甚至对课程内容一知半解,那么就无法将思政课的道理讲深、讲透、讲活,甚至对学生的成人成才产生不利影响。

(四)部分教师教学方法和考核方式不灵活

一些高校思政课教师课堂教学全程采用理论灌输法开展教学,在课堂中处于主体地位,发挥着主导作用,主张"我讲你听""我打你通",这就"剥夺"了学生主动参与、积极接受的权利。在教学过程中,教师还经常借助板书、划线、划知识点等传统方式辅助讲解,这一手段略显枯燥乏味,导致学生的学习兴致不高。伴随着移动互联网技术的发展,虽然一些教师开始选择运用多媒体教学,但遗憾的是,部分教师所使用的教学课件往往以大篇幅文字为主,内容单调无趣,并且在讲课时还依旧采用老方法向学生进行理论灌输;也有教师在课件制作中,"照本宣科",让课件扮演电子课本的角色,整体上可以说是"换汤不换药",与学生的期待落差较大。

考核评价手段的不灵活,也降低了大学生思政课堂学习质量。高校思想政治理论课考试一般采用开卷形式,题型简单,难度相对较低,通过率高。总成绩的另一个部分则是由学生的日常表现决定,诸如出勤率、上课积极性

---

[1] 邓小平文选(第二卷)[M].北京:人民出版社,1994:108.

等。总的来说,能做到兼顾过程和结果,并且充分考虑学生的发展,应该算是一种比较好的方式。但其弊端依然存在:平时成绩由教师单方面认定,并且大部分情况下仅仅根据出勤率决定,具有一定的片面性和主观性;期末考试前,大多教师会为学生圈出考试重点,在"减轻"学生复习工作量的同时,助长了学生不认真对待思想政治理论课的不良风气。总之,这样的思想政治理论课考核方式,无法实现其检验学习者学习情况及提高学习者综合素质的根本目的。

(五)社会环境的多方面影响

高校思想政治理论课是一门和现实联系极为紧密的课程。国内环境的变化和世界格局的风谲云诡,都带动着高校思想政治理论课堂教学内容的变化。改革开放以来,中国经济社会各方面发展突飞猛进,经济总量跃居世界第二,人民生活水平得到空前改善。但取得成绩的同时,出现了一些改革中的问题和矛盾,如环境问题、腐败问题、就业问题、住房问题。与世界上一些发达国家比,我国的发展底子薄、起步晚、压力大,这些现实问题的存在导致了中西方在一些领域上的差距。加之其他的一些历史原因,西方发达资本主义国家的发展成为一些人心目中的"榜样"和"标杆"。有些人极力鼓吹"西方文明优越论",这对青年学生的思想行为产生了重要影响,也影响了学生对思想政治理论课的态度。还有部分西方国家长期固守"冷战"思维,借助各种渠道向国内输送所谓的"普世价值"。对于辨别是非能力还比较差的大学生而言,保持理想信念的坚定无疑是一项不小的挑战,这无形中更是加大了高校思想政治教育工作的压力。

四、有效提升大学生思政课堂学习效能的对策

（一）加大关注力度，不断强化思想政治理论课的重要性

办好思想政治理论课关键在教师。要加大物力财力投入，在高校思想政治理论课教师的数量和教学的质量上下功夫。各相关部门和高校要高度重视，充分认识到教师数量和教学质量的利害关系。要逐步扩大思想政治理论课教师队伍，严格按照要求缩小师生比例，变思想政治理论课的"大课"为"小课"，确保课堂教学高质量地开展；要做到高效组织，通过定期举办思想政治理论课教师培训班、教育教学研讨会、青年教师基本技能大赛等活动，不断提高教师队伍的基本素质，进而优化人才结构，确保思想政治理论课教学的科学性；要认真督促高校思想政治工作的开展，借助突击检查、学生访谈、成果汇报会等手段及时检验工作成果，对合理之处多加赞赏，对不妥之处悉心指导，让教师和学生体验到尊重与关爱，以充分调动其工作与学习的热情，提高整体教学质量。

（二）坚持以学生为中心的教育理念，充分发挥学生的主体性

厘清课堂主客体关系，增强课堂教学效果。教师在课堂中要定位准确，妥善处理好自己与学生、自己与课堂、学生与课堂之间的关系，做到"不逾矩不越轨"。要积极培养学生的主人翁意识，帮助学生在自己的"主场"内体会到思想政治理论课的乐趣，点燃学生的学习热情与激情，使教学在生动愉悦的课堂氛围中达到最佳效果。如果说课堂是学生的舞台，那么教师作为幕后工作者，要努力为学生创造展示自我的机会，如多发问，培养学生的思考能力，又或者选择学生关注的话题热点，引导学生调查研究、得出结论、撰写报告等，培养和增强学生的各种综合能力，以大力推进素质教育。需要是个人行为的出发点和落脚点。教师要多多关心爱护学生，了解学生的内在需

要和自我诉求,努力寻求其内在需要与思想政治教育之间的贯通点,帮助学生明确学习目的和学习动机,从而将被动学习过程转化为自觉行为、常态行为,使学生真正发自内心地喜爱思想政治理论课,乐于接受思想政治理论的教育和熏陶,实现自我完善和发展。教师要学会尊重学生,多多尝试与学生交朋友,换一种身份和角色,换一种看法和心态,往往就能够欣赏到不同寻常的"风景",得到更令人惊喜和满意的结果。

(三)努力提高教师素质,保持思想政治理论课教师队伍的先进性

要规范和优化教师队伍,使思想政治理论课教师的整体水平保持在一个较高的起点上。各有关部门和高校要严格教师的思想政治素养考核工作,切实保证教师的品行优良。如对教师入职前的考核,要改"走过场"为"真审核",不搞形式主义,对在政治行为、思想品行等方面不合格的,实施"一刀切",坚决不予聘用。提高思想政治理论课教师的入职门槛,杜绝其他学科教师兼任的现象,做到专课专任、专人专管。各高校可以加强对马克思主义理论学科硕士研究生、博士研究生的培养力度,量体裁衣制定培养计划,为他们提供更加优秀的师资力量和更多实践锻炼的机会,努力提高他们的思想道德素养与能力,为高校思想政治理论课教师队伍储备中坚力量。要不断提高教师能力水平。"打铁还要自身硬"。教师个人应当坚持终身学习,坚持活到老学到老,坚持多做科研多创新,不断更新和丰富理论素养,增强自身的竞争力。班杜拉曾说:"大多数人类行为是通过对榜样的观察获得的。"[1]作为与学生日常接触多、频率密集的群体,高校思想政治理论课教师要充分发挥榜样示范的作用。在教学活动、课外交流等师生互动交往的过程中,潜移默化地将个人良好的道德品行和行为规范传递给学生,以榜样的

---

[1] [美]A.班杜拉.思想和行动的社会基础——社会认知论(上册)[M].林颖等,译.上海:华东师范大学出版社,2001:63.

力量吸引并教化学生,帮助学生成长为新时代德才兼备的优秀青年。

(四)改进教学模式与方法,有效增强考核的灵活性

优化教学模式,改进教学方法,实现思想政治理论课的创造性教学。思政课堂要改变过去"满堂灌"的传统模式,根据教学的实际需要,采取形式新颖、丰富有趣的教学方法,是增强教学趣味性的良方,能够很好地激发学生的学习热情。另外,还可以充分借助慕课、学堂在线、微信、QQ等新媒体平台,创新思想政治理论课的教学模式,拉近学生与课程之间的距离,使思想政治理论课成为我们每个人身边的课程,随时随地都可以学习。这就要求高校思政课教师不断提高自己运用新媒体的能力,尤其是不熟悉新媒体的教师。他们在这方面相对比较薄弱,更需要多加学习。高校也可组织教师结对互助,共同助力年轻教师的成长。要打破惯性思维,改变以往的考核方式,转而根据思想政治理论课的课程特点,并结合本学期或本阶段的教学内容、教学目标和学生的实际情况,合理选择开卷、闭卷、撰写论文、完成研究报告等其中一种或几种方式,考核学生真实的学习情况。同时,倡导思想政治理论课考核要"重过程"而"轻结果",不再以分数决定优劣,甚至逐步取消分数;在选择考核方式的过程中,要以灵活、有效、可操作为选拔标准,以实现学生全方位、多层次的能力发展为最终诉求,而不再过多地关注学生知识储备的多寡或者记忆背诵的熟练程度,充分实现培养新时期全面发展的优秀人才的根本目标。

(五)丰富教学内容,切实体现思想政治理论课的实践性

合理选择课程内容,是保证思想政治理论课堂教学实效性的核心。在课程内容的选择上,要体现思想政治教育的实效性,要密切关注国内外新形势,做到与时俱进;要了解每位学生的学习状况和学习能力,充分考虑学生主体间的差异,以难度和深度的循序渐进为条件,合理筛选课堂教学的具体内容,实现因材施教,反对"一锅炖""一刀切";要拒绝高深莫测,思想政治理

论课应走下"神坛",走进生活、走入社会,与学生保持零距离,从而在耳濡目染中对学生起到教育培养作用,真正做到"润物细无声"。重视实践教学,发挥第二课堂的育人功能。青年学生"要健康成长,不仅要学习书本知识,而且要向社会实践学习"①。思想政治理论课在教学过程中应当充分利用好第二课堂,开展诸如公益劳动、专业实习、志愿服务等形式多样的实践活动,在加深对知识的理解的同时,锻炼学生的动手实践、组织管理等各项能力,最终促成其全面发展。在第二课堂的具体运行过程中,要妥善处理好理论教学和实践教学之间的关系,充分考虑两者的个性特质,积极寻求相互之间的共性,在和谐融洽的氛围中共同促进思想政治理论课教学的优质发展。

近年来,各高校对思想政治理论课的改革创新工作正在扎实稳步推进,成绩斐然。我们坚信,在党和国家、高校、教师、学生的共同努力下,高校思想政治理论课的未来必将更加光明灿烂。

第三节　新媒体时代高校思想政治理论课教学的"变"与"不变"

随着现代信息技术的快速发展,以微博、微信和手机各类 App 为代表的新媒体时代已经到来。高校思想政治理论课教师要加强对新媒体的研究,顺应当今时代发展的新潮流,准确把握新媒体时代高校思想政治理论课教学中的"变"与"不变"。在正确处理好"变"与"不变"的辩证关系中,实现高

---

① 江泽民.在庆祝北京大学建校一百周年大会上的讲话[N].人民日报,1998-05-05(01).

第一章　新媒体时代高校思想政治理论课改革创新的重大意义

校思想政治理论课教学效果的最优化,促进高校思想政治理论课高质量发展。

一、新媒体时代高校思想政治理论课教学的重要意义

新媒体是高校思想政治理论课教学过程中不可或缺的重要组成部分。在新媒体与高校思想政治理论课教学逐渐融合的过程中,一个不可忽视的问题就是在传统模式下的高校思想政治理论课教学已无法满足学生多样化的思想观念和行为方式。因而,顺应新媒体时代的发展要求,高效开展思想政治理论课教学就显得至关重要。

(一)高校思想政治理论课是大学生素质教育的核心课程

素质教育是与应试教育相对的一种教育理念。素质教育倡导通过教育使学生成为一个全面发展的人,其更注重培养并提高学生的综合素质。实施素质教育是实现培养社会主义事业建设者和接班人的培养目标的基本途径,是高等教育改革发展始终不变的主题。在当今社会,一个大学生应具备包括思想道德素质、科学文化素质、能力素质、生理心理素质等在内的多种素质。其中,思想道德素质应处于核心位置。任何一个人如果缺乏良好的思想道德素质,道德素质低下,那么他的其他方面的素质也就失去了存在的意义。因而,作为大学生素质教育的重要组成部分,高校思想政治理论课是实施素质教育的关键,贯穿于素质教育的整个过程。思想政治理论课的教学过程,不仅是授予学生知识与技能的过程,也是陶冶学生情感、培养学生良好道德品质的过程。伴随着信息技术的发展,不可预知、变幻莫测的新媒体成为影响学生思想品德修养的"最大变量"。因此,高校思想政治理论课作为大学生思想政治教育的主渠道,要积极发挥其培养和提高大学生思想道德素质的关键作用,就必须要将思想政治理论课教学与新媒体相结合。

在充分利用新媒体的具体教学实践中引导大学生坚持正确的政治方向，不断提高自身的思想道德素质。

（二）高校思想政治理论课是帮助大学生走出思想困境的关键课程

大学生作为新媒体的高度参与者与活跃使用者，是受到新媒体影响的主要群体。虽然新媒体的出现与应用给大学生的学习、生活和工作等各方面都产生了积极的作用。比如，大学生可以通过微博、今日头条、知乎等手机上的各种 App 来获取自己所想要的信息，在一定程度上使大学生开阔了眼界、拓宽了知识面。但是随着越来越多的大学生逐渐深入网络空间，其消极作用也日益突出。大学生是属于思想道德观念尚需稳固的特殊群体，他们正处于世界观、人生观和价值观形成和确立的关键时期。面对新媒体上五花八门、错综复杂的信息，部分大学生由于缺乏对信息的理性分析和判断能力，他们对各种新事物、新思潮的辨别能力还不强，极易受到一些错误思潮的影响，从而在思想上产生困惑，甚至认同与社会主义核心价值观背道而驰的舆论，使其在主流意识形态的认同上偏离正确的方向。这就需要高校思想政治理论课充分发挥其育人功能。通过高校思想政治理论课教学，将党的路线方针政策有效地传播给大学生，帮助大学生走出思想的困境，树立正确的世界观、价值观和人生观，强化社会主义主流意识形态认同。

（三）新媒体时代高校思想政治理论课教学变化的必要性

由于大学生对新媒体的依赖性较强，新媒体已逐渐走进并融入了大学课堂之中，传统的思想政治理论课教学已无法适应新媒体时代发展的新要求。在传统的思想政治理论课教学中，教师在知识的掌握和传授方面占据着绝对的优势，处于权威和领导地位，学生主要通过教师的讲授去了解和掌握知识，很少会对教师的教学产生怀疑。然而随着新媒体的不断发展，知识获取的途径变得多种多样，教师这种"绝对的优势"正在逐渐被打破。无论是在课堂上，还是在课后，学生都可以通过网络轻而易举地获取新的知识。

教师和学生在信息接收上处于平等的位置,越来越同步,甚至有时学生对信息的了解速度和掌握程度会超越教师。如上网搜索成为大学生解决问题的主要方式,当他们在遇到问题时,第一反应已不是向老师或是向同学求助,而是打开百度、搜狗、必应等搜索引擎去搜寻答案。这就使学生对教师在课堂上所讲授的那些"都知道"的学习内容产生抵触心理,认为教师的讲课缺乏新鲜感,又或者在一些情况下当学生发现自己在互联网上所了解到的信息与教师所讲的内容发生矛盾时,学生就会对教师的权威产生怀疑。因而,处于新媒体时代背景下的大学生有着较强的猎奇心理,更加主张突出自己的个性、拒绝权威。

如今,手机、电脑等电子设备已成为大学生学习和生活的必需品,但其衍生的副作用在一定程度上也是导致思政课堂教学效率降低的重要因素。高校思政课堂出现学生"抬头率低、低头率高"、上课时频繁玩手机等异常突出的问题。学生对手机、互联网过度依赖,甚至过度沉迷,严重影响了个人的学习。新媒体时代,传统思想政治理论课堂教学方式,已无法达到原有的教学目的。要有效解决这一系列问题,除了需要提升大学生自身的自制力和自觉性,还需要对高校思想政治理论课进行改革创新。要改变传统的思政课堂教学方式,将新媒体技术融入课堂中,打造对大学生具有高度吸引力的思政课堂。

二、新媒体时代高校思想政治理论课教学"变"与"不变"的具体内容

(一)新媒体时代高校思想政治理论课教学的"不变"

1. 政治导向:思想政治理论课教学指导思想不变

习近平在全国高校思想政治工作会议上强调:"办好我们的高校,必须

新媒体时代的高校思想政治理论课教学改革与创新

坚持以马克思主义为指导，全面贯彻党的教育方针。要坚持不懈传播马克思主义科学理论，抓好马克思主义理论教育，为学生一生成长奠定科学的思想基础。"①在新媒体时代的背景下，新媒体技术对于高校思想政治理论课教学的影响是推动的和促进的，而不是彻底颠覆的。无论是在技术层面上对高校思政课的教学模式、教学方法、教学手段、教学内容产生多大的影响，在理论层面上坚持以马克思主义为指导都是始终保持不变的。

马克思主义是党和国家的指导思想，也是高校办好思想政治理论课的理论根基，因此要充分发挥马克思主义在高校思政课建设和改革中的指导作用。新媒体时代，大学生通过手机、电脑等电子设备可以随时随地在网上冲浪。但与此同时，一些与我国社会主义主流意识形态相违背的西方错误社会思潮，借助新媒体平台渗透到了大学生的日常生活中。高校是培养社会主义建设者和接班人的主要阵地。无论时代如何发展，高校所培养的人都应是德、智、体、美、劳等方面全面发展的人，这与马克思主义关于人的全面发展学说的主旨相契合。马克思主义作为一种科学的理论，为高校思想政治理论课提供了辩证唯物主义和历史唯物主义的世界观和方法论，提供了源源不绝的教育资源和精神养料，帮助青年学生树立以人民为中心的根本立场，领会马克思主义思想方法和工作方法的实践要求，提升自身分析、判断、解决问题的能力。② 因而，在新媒体时代，高校思想政治理论课教学只有坚定不移地以马克思主义为指导，才能更好地引导学生坚定正确的政治立场，把握正确的政治方向。

---

① 习近平.把思想政治工作贯穿教育教学全过程 开创我国高等教育事业发展新局面[N].人民日报,2016-12-09(1).
② 佘远富,许思宇.新时代高校思想政治理论课的"守正"与"创新"[J].现代教育管理,2021(07).

2. 立德树人：思想政治理论课教学根本任务不变

新媒体时代,高校思想政治理论课坚持立德树人的根本任务没有变。教育不仅是书本知识的传授与学习,更重要的是对一个人思想品德方面的培育与发展。所谓"立德",就是要坚持把德育放在首要位置,通过德育来提高学生的思想道德认识,增强道德情感体验,磨砺道德意志品质,培养优良的品德和行为习惯。所谓"树人",则要坚持"以人为中心"的教学理念,始终以人的发展为核心,依靠教育的力量来培养全面发展的人。"国无德不兴,人无德不立。""德"作为一个人安身立命之本,是个人生存和发展的重要基础。"立德"是"树人"的重要前提,"树人"是"立德"的最终目的。立德树人是高校教育教学工作中永恒不变的主题,也是其他所有工作的前提和基础。而高校思想政治理论课作为落实立德树人根本任务的关键课程,在立德树人方面有着不可替代的重要作用。

新媒体时代,网络环境的虚拟性使高校思想政治理论课教学环境变得更为复杂。一些不良媒体为了吸引公众的视线,对一些信息进行过度渲染、夸大,甚至肆意散布谣言,使原本的小事变大,这在无形之中对大学生的道德认知产生一定的负面影响。部分大学生甚至想摆脱现实社会伦理的束缚,片面追求自我满足,在生活中以冷漠甚至是漠视的态度对待自己所应该承担的社会责任。网络道德的失范,不仅对学生的成长带来重大考验,也让高校思想政治理论课的育人工作面临重大挑战。高校思想政治理论课必须主动担当使命,将立德树人贯穿整个教学过程,帮助大学生树立道德责任感,培养他们成为品德高尚的时代新人。

3. 思想政治教育主渠道：思想政治理论课特殊地位不变

在关于思想政治理论课的地位问题上,早在 2004 年中共中央、国务院印发的《关于进一步加强和改进大学生思想政治教育的意见》中就已经明确指出,"高等学校思想政治理论课是大学生思想政治教育的主渠道"①。因此,在新媒体时代,尽管高校思想政治理论课在教学内容、形式等多个方面都进行了调整,但作为高校思想政治教育主渠道的特殊地位仍然没有变。

高校思想政治理论课作为一门对马克思主义理论进行系统论述的专门课程,其重要特征就是具有鲜明的政治性。高校思想政治理论课是全国各所高校中所有大学生的必修课程,不仅能够帮助大学生深入了解马克思主义的科学理论及国家的方针政策,而且能在实际教学过程中引导大学生树立正确的政治方向、形成正确的政治观点、坚定正确的政治信仰。这就是高校思想政治理论课这一关键课程所发挥的思想上的引领作用。高校思政课高质量发展,大学生在思想上认同马克思主义理论,就会自觉地传播社会主义核心价值观和主流意识形态,坚定中国特色社会主义理想信念。习近平总书记在学校思想政治理论课教师座谈会上强调的第一个问题就是,"办好思想政治理论课意义重大",他指出,"我就思政课建设多次讲过意见""思政课建设我必须更多强调"。②

(二)新媒体时代高校思想政治理论课教学的"变"

1. 教学模式:传统课堂教学转向线上线下相结合的混合式教学

新媒体技术在高校思想政治理论课教学中的广泛运用打破了传统课堂教学模式,产生了一种将在线教学与传统教学的优势相结合的"线上+线下"混合式教学模式。尤其是当下,新冠肺炎疫情反复无常,线上线下的混合式教学展现了极大的发展潜能,是未来教育教学主要的发展趋势,在高校中发挥着重要作用。如今,在移动互联网技术的支持下,已经诞生了一系列移动教学App,例如雨课堂、云课堂、中国大学MOOC等各种网络教学新媒

---

① 中共中央国务院发出《关于进一步加强和改进大学生思想政治教育的意见》[EB/OL]. http://www.moe.gov.cn/jyb_xwfb/gzdt_gzdt/moe_1485/tnull_3939.html,2004-10-15.

② 习近平.思政课是落实立德树人根本任务的关键课程[J].求是,2020(17).

体平台,这些平台的出现为教学从课堂向课外的延伸起到了很好的辅助作用。高校思想政治理论课教师不仅可以通过网络教学平台开展在线直播授课,还可以利用提前录制的方式将教学视频、课件资料上传到相关平台,实现师生之间的资源共享。在此教学模式下,学生可以突破时空的局限开展自主学习,根据自身的情况调整学习时间、控制学习进度。但线上教学在具体实践过程中同样也存在一些问题,例如,不利于师生之间的情感交流,教师无法及时了解学生听课状态,教师的监督作用不能得到发挥等,而这些问题恰恰就是线下教学的优势。因此,只有坚持线上与线下相结合的混合式教学,才能实现优势互补,不断提升高校思想政治理论课的教学效果。

2. 教学理念:由"教师主导"转向"教师主导和学生主体相统一"

无论是在思想政治理论课中,还是在其他课程中,师生之间的角色始终都是密不可分的。"教师主导,学生主体"与"教师中心论"或"学生中心论"是截然不同的。坚持以教师为主导,更侧重强调教师在教学目标、内容、方法、进度等方面起着指导和导向作用,教师事先设计,在精心安排下能够保证对学生进行循序渐进的教学;坚持学生主体地位,是指学生作为受教育者,不仅是教育的客体,同样也是自我教育和发展的主体,学生是具有主观能动性的,是课堂的积极参与者和建设者。在教学的关系中,教与学既相互独立又相互依存,只有教师与学生两者之间建立起稳定且清晰的呼应关系,一方有所呼,一方有所应,双方配合默契,才能实现教学效果的最优化。当前,伴随着新媒体行业的迅速发展,大学生的学习需求日益呈现个性化、多样化、差异化的特征。他们的主体意识不断增强,平时更希望教师在课堂上所讲授的内容能够满足自身的需求。这就要求高校思想政治理论课教师在教学实践中要充分发挥好自身的主导作用,在立足于思想政治理论课教学整体的基础上能够全面地了解当代大学生学习的需要、兴趣、爱好。坚持"以学生为中心",提供大学生开展自主学习和探究学习充分的时间和空间,把课堂交还给学生,尊重学生的主体地位,不断提高他们的课堂参与度。当然,"以学生为中心"并不意味着把一切问题都交给学生。在一些疑难困惑上,教师仍需要利用自己知识经验及时对学生进行点拨,在学生自主学习的过程中加强指导,减少他们学习的盲目性。因此,在新媒体时代,高校在建构思想政治理论课教学体系过程中要积极转变传统的"教师主导"的理念,坚持贯彻落实"教师主导与学生主体相统一"。

3. 教学内容:囿于教材转向灵活运用各种教学资源

在传统教学模式下,高校思想政治理论课教师在授课时通常运用的是统一的教材,依托教材和教案对学生进行理论讲解。但相对而言,教材存在内容更新速度慢、案例缺乏时效性、知识有限性等弊端。如果教材中的内容和案例过多地与时代发展脱钩,将无法保证思想政治理论课教学与时俱进,也就降低了思想政治理论课教学质量。要增强思想政治理论课教学效果的实效性、提升思想政治理论课教学质量,就必须确保高校思想政治理论课教学内容能够因时而变、因时而进。充分利用新媒体,就是解决这一问题有效的方法。新媒体平台具有的信息资源更新频率的实时性和获取方式的开放性等特点,满足了思想政治理论课教学与时俱进的要求。因此,开发和利用新媒体平台提供的丰富的网络信息资源,保证教学内容的新颖性与时代性,及时更新教学案例,成为新媒体时代高校思想政治理论课教学的重要一环。高校思想政治理论课教师在教学过程中,要充分利用微博、微信、知乎等大学生日常生活中经常使用的新媒体平台,从中选取一些网民关注的时事热点或是社会问题作为教学案例,并设置相应的议题,在对其进行分析研究的过程中渗透思想政治理论知识,以实现新媒体与思政课堂教学的有效融合。学生也能够在学习理论知识的同时联系实际生活,做到学以致用,提高他们运用理论知识处理社会生活中实际问题的能力。

4.教学方式:单向说教方式转向双向互动方式

传统高校思想政治理论课的教学方式以"教师讲、学生听"的单向说教式为主,这种教学方式侧重于知识的灌输。目前,大部分高校思想政治理论课教师以"教材+PPT"为主开展教学工作,即使是在课堂上运用了视频、音频等多媒体技术,但并未使这种单向说教式的教学方式发生本质性变化。部分高校思政课教师在授课中仍然注重理论知识的讲授以强化学生的记忆,而不关注学生对问题有没有真正理解和接受。学生在课堂上被动地接受知识,师生之间缺少应有的互动和交流,导致课堂氛围低沉。长期如此,学生对思想政治理论课的学习热情就会逐渐降低。新媒体时代,大学生在日常学习和生活中,更多地倾向于在新媒体上分享彼此丰富的经历和体验,更追求自由、独立、自主和平等。传统的说教式教学方式对于他们而言,已缺乏较大的吸引力。因此,高校思想政治理论课的教学方式应积极向双向互动的方向转变。新媒体不仅是一个提供知识的平台,也是一个互动交流的平台。高校思想政治理论课教师通过利用恰当且有效的教学媒体,例如公众号、QQ群、微信群、校园网络平台等方式加强与大学生的互动和交流,在互动的过程中鼓励学生发表自己的意见和看法,引导他们主动参与课堂教学。这种高效互动不仅有利于拉近师生距离,增进师生感情,而且有助于创设一个民主、平等、开放的课堂教学氛围。学生的思维活跃、注意力集中,学生学习热情高涨、充满活力,高校思政课教学自然富于亲和力,充满吸引力。

三、适应新媒体时代高校思想政治理论课教学"变"与"不变"的建构路径

(一)加强高校思想政治理论课教师的互联网思维

高校思想政治理论课教学效果如何,在很大程度上取决于教师本身的能力和素养。因此,在新媒体广泛运用于思想政治理论课教学的今天,高校思想政治理论课教师必须顺势而为,不断增强自身的互联网思维。

1. 提高运用新媒体技术教学的能力

随着时代的进步和发展,任何一个教育领域都离不开新媒体技术所带来的便利,新媒体技术与现代教学相结合是必然趋势。首先,加强教师的网络知识学习。高校思想政治理论课教师必须从观念上转变对新媒体技术的认识,要掌握一定的现代信息技术的基本知识,更新认知结构。要充分认识到,新媒体并不仅仅是教学内容的呈现方式,更是学生进行自主学习、提高教学质量的重要工具。教师通过加深对新媒体在教育教学中的作用和功能的认识,主动接近、研究和拥抱新媒体,增强新媒体技术融入思政课堂教学的能力。其次,拓展培训渠道。高校应定期组织开展对思想政治理论课教师在有关信息技术方面的实践培训,通过培训使教师学会灵活运用各种类型的新媒体。最后,积极开展新媒体教学实践,做到学以致用。只有通过实践,才能使得自身能力得以真正提升。高校思想政治理论课教师无论是在课堂上还是在课后都要苦练"内功"。例如,在制作课件时,改变传统的以大段文字为主或是"案例+文字""图片+文字"等形式,充分利用互联网中与教学内容有关的短视频、微电影、动图,发挥新媒体在光、音、色等方面的特殊功能,使课件变得生动形象,激发学生运用多种感官参与学习活动,增强思政课堂的吸引力。教师也要积极探索并使用网络学习平台,有意识地将

其引入课堂,构建线上线下相结合的教育模式。

2.提高网络信息的"把关"能力

在新媒体时代,网络信息质量参差不齐,当学生在面对海量信息时,往往难以分辨真伪,这时教师就应成为网络信息的"把关者",帮助学生获得准确的信息。"把关者"这一角色是由思想政治理论课教师的职业特点决定的。由于高校思想政治理论课教师长期从事思想政治教育教学工作,具有较强的政治理论素养,能够承担起"把关者"角色。"作为把关者",他们在指导学生接受正确的、有价值的网络信息,帮助学生培养正确的政治意识和价值观念等方面都起着十分重要的作用。首先,高校思想政治理论课教师要从思想上强化"把关"意识,从行动上主动担负起"把关"职责。教师在课堂上应对学生进行系统理论知识的教学,授予学生辨析网络信息正确的方法和策略,不断增强他们明辨是非的能力,自觉抵制不良信息。其次,高校思想政治理论课教师要对社会中的热点问题和网络舆论有更敏锐的洞察力,除了要注重传播的内容外,更要对其传播特征、发展规律进行更深层次的探讨和研究。利用其中所蕴含的规律,预先做好引导网络舆情的准备,积极采取行动,掌握舆论的主动权,增强处理网络突发事件的能力。最后,高校思想政治理论课教师还要善于利用自身的专业知识,通过新媒体平台传播党的理论、国家的方针政策,加强社会主义核心价值观教育,对于一些不良信息进行深度剖析,减少其带来的负面影响。

(二)提高大学生媒介素养

在当今互联网时代,大学生更习惯通过网络的途径获取信息,而网络中信息无限、种类繁多,大学生如果缺乏媒介素养,就容易混淆信息的真实性。因此,为了能够更好地畅游信息时代,高校大学生应不断提高媒介素养,培养自身的媒介素质。

1. 提高自我教育能力

新媒体时代,网络信息资源日益呈现碎片化的趋势。虽然这在一定程度上有利于大学生在同样的时间内获得更多种类的信息资源,从而进一步扩大知识面,提高知识储备数量,但是从另一方面来看,在碎片化的网络信息的冲击下,大学生对大部分信息都是处于"浅阅读"的状态。很多时候他们只是匆匆地浏览,看了一眼便不了了之,并未对信息进行深度思考。长期囫囵吞枣式地阅读,削弱了他们独立思考、深入探究的能力,知识储备的质量并未得到真正的保证。对此,大学生首先要塑造科学的网络价值观,始终以批判性思维来审视并筛选网络信息,不断增强对网络信息理性的认识,提高辨别能力。其次,大学生要努力学习科学文化知识,加深对新媒体的认识。充分利用新媒体给学习和生活所带来的积极影响,自觉抵制各种不良信息,规范自身网络参与的言行举止,不盲目跟风、不随波逐流,从而确保所获取的网络信息资源的质量。

2. 加强媒介素养教育

提高大学生媒介素养,除了需要自我教育,同样也需要学校教育。高校应重视对学生进行媒介素养教育,在大学生培养计划中增设有关媒介素养的要求并开设相关课程;或者定期邀请此方面的专家学者以开展讲座等形式向大学生普及媒介素养的基本知识;或者利用学校学院的新媒体平台推送有关提升大学生媒介素养的视频、文章;从而不断提高大学生的媒介素养,引导他们合理使用新媒体。

(三)优化新媒体时代思想政治教育环境

外界环境是大学生身心发展的客观条件,同样也是影响大学生健康成长与发展的重要因素。在当代社会,虽然新媒体技术的广泛运用为高校思想政治理论课教育环境提供了更为广阔的发展空间,但另一方面也使得高校思想政治理论课面临着外界的各种挑战。因而,优化思想政治教育环境,

第一章 新媒体时代高校思想政治理论课改革创新的重大意义

具有重要的意义。

1. 加强校园网络监管，优化校园舆论环境

大学生的大部分活动都是在校园中开展的，校园的舆论环境会对学生产生较大的影响。高校在加强网络基础设施建设的同时，也要强化对校园网络的监管。尽可能在第一时间掌握大学生通过新媒体平台表达的思想动态和利益诉求，及时做好舆论的控制和引导。针对不良信息、错误思想，高校要以屏蔽和过滤，净化校园内部的网络环境，给大学生创造一个积极健康的网络空间。

2. 发挥新媒体的正面影响，优化社会舆论环境

新媒体，特别是由主流媒体运营和建设的新媒体平台，作为当下的信息控制中心和发布中心，应该充分利用自身所具备的优势，主动承担起相应的社会责任。要更多地关注社会热点，反映现实问题，正确引导社会舆论，严防各种有害信息在网络上传播，保证传播内容的正面性和积极性。例如，在大学生频繁使用的新媒体平台，要及时报道一些社会公益事件、重大节庆和纪念日活动，高扬主旋律，传播网络正能量，弘扬社会主义核心价值观。这样不仅能够激发大学生的正义感、责任感和使命感，培养他们的奉献精神，而且能为高校思想政治理论课提供丰富的教育资源，营造一个良好的教育环境，促进高校思想政治理论课的深入开展。

总而言之，在新媒体时代的背景下，紧紧抓住高校思想政治理论课教学"变"与"不变"这两个关键点至关重要：一方面，有利于大学生形成正确的价值观念，提升思想道德素质；另一方面，能够有效提升高校思想政治理论课的教学效果。高校思想政治理论课教师在教学实践中，要充分利用新媒体技术，从教育理念、教育内容、教育模式、教育方式等方面进行改革创新，不断增强思想政治理论课教学对大学生的吸引力和感染力，把高校思想政治理论课打造成当代大学生真正热爱、终身受益的课程。

第四节 以学生为中心的高校思想政治理论课亲和力

习近平总书记在主持召开学校思想政治理论课教师座谈会时强调:"推动思想政治理论课改革创新,要不断增强思政课的思想性、理论性和亲和力、针对性"[①]。这就为新时代高校思想政治理论课教学改革创新提供了基本遵循。尽管近年来,高校思想政治理论课教学的亲和力得到很大的提升。但仍然存在着一些诸如脱离学生生活、拘泥于理论而不注重实践、对学生进行灌输式教育而不注重理解等的问题。上好高校思想政治理论课,需要提升思想政治理论课的亲和力,让大学生在思想政治理论课中真正有所感悟和成长,将理论内化于心、外化于行。

一、以学生为中心的高校思想政治理论课亲和力的一般理论

(一)以学生为中心的内涵

传统的课堂教学大多是以教师为中心。教师作为课堂的中心传授知识,学生则成为被动的接受者。这种教学方式使得学生的主观能动性无法得到充分发挥,不仅无法达到应有的教学效果,甚至可能适得其反。当前,

---

① 习近平.用新时代中国特色社会主义思想铸魂育人 贯彻党的教育方针落实立德树人根本任务[N].人民日报,2019-03-19(01).

第一章 新媒体时代高校思想政治理论课改革创新的重大意义

随着学生自我意识的不断增强和现代科学技术的不断发展,学生的知识面越来越广,获取知识的渠道也越来越宽泛,传统的以教师为中心的课堂已无法满足学生需求,以学生为中心的课堂应运而生。

以学生为中心就是要坚持以生为本,满足学生发展的需要,发挥学生的积极性、主动性、创造性,以充分挖掘他们的潜能,积极地参与到课堂中来,真正成为课堂的主人。这就要求教师在进行课堂设计、课堂教学等活动时,应该始终坚持把学生放在第一位。在尊重学生发展规律的基础上,采用个别教学、小组讨论等方法,使课程在"接地气"的同时也不丧失理论性和深刻性。这就摒弃了过去教师在课堂上一人唱独角戏、照本宣科的情形,使学生由知识的被动接受者转变为知识的主动创造者和建构者;学校应以学生需求是否得到满足、学生是否得到健康成长等,作为学校做好各项工作的评价标准。特别是要摒弃过去唯分数、唯升学的现象,致力于培养德才兼备、基础扎实、品德优良的学生,不断提升学生的创新能力,促进学生的全面发展。

(二)以学生为中心的思想政治理论课的内涵

习近平总书记强调:"要坚持主导性和主体性相统一,思政课教学离不开教师的主导,同时要加大对学生的认知规律和接受特点的研究,发挥学生主体性作用。"[1]"以学生为中心"的思想政治理论课就要求,思政课教师在教学理念、教学内容、教学方式等方面都要做出相应的改变。首先,要实现思想上的转变。树立以学生为中心的教学理念,自觉做好自身角色的转变,将课堂的主动权交还给学生,让学生有更多参与感、主动性。其次,要按照学生身心发展的需要来制定课堂内容。针对学生的身心特点,教师可以在人际交往、青春期萌动等话题上展开教学。教学要从学生的实际出发,以解决

---

[1] 习近平.用新时代中国特色社会主义思想铸魂育人 贯彻党的教育方针落实立德树人根本任务[N].人民日报,2019-03-19(01).

学生的现实问题为出发点和落脚点,帮助他们健康成长。最后,要改变过去的灌输式教学方式。让课堂"活起来",更多地采用互动式教学方式,充分调动学生的积极性。

(三)思想政治理论课亲和力的内涵

亲和力最初是化学领域的一个概念,是特指一种原子与另外一种原子之间的关联特性。如今常被用于人际关系领域,如某人对另外一人表示友好,通常就形容这个人具有亲和力。教育亲和力,通常指教师在教学以及与学生的日常交往过程中,采用学生能够接受的方式方法,得到学生的青睐和认可,为学生所喜爱和欣赏,从而使师生关系能够更加和谐,促进学生和教师共同成长。不同学者对思想政治理论课亲和力有着不同的理解,具有代表性的观点主要有三种:一是所谓思想政治理论课亲和力,是指思想政治理论课对学生所具有的亲近、吸引的潜在功能,以及学生对思想政治理论课产生的亲近感、趋同感。[①] 二是思想政治教育所具有的让教育对象主动趋近、积极悦纳、高度认可的一种吸引力、感染力和影响力。[②] 三是思想政治教育对教育对象的感染力、吸引力、渗透力,表现为教育对象对教育内容和教育活动的亲近感、趋同感和接受度。[③]

综上,思想政治理论课亲和力主要是指在思想政治理论课的教学过程中,教师在遵循学生发展规律的基础上,通过精心设计教学过程,创设教学情境等,将理论知识与社会思想品德要求相结合,对学生产生的吸引力、影响力。它所产生的吸引力、影响力引起了学生的情感共鸣,使学生在掌握相应理论知识、提升科学文化素养的基础上,能够不断提升自己的思想道德素

---

① 吴潜涛,王维国.增强亲和力、针对性,在改进中加强思想政治理论课[J].思想理论教育导刊,2017(2).
② 白显良.论高校思想政治理论课教学亲和力的逻辑生成[J].思想理论教育导刊,2017(4).
③ 庞桂甲.论思想政治教育亲和力[J].思想教育研究,2017(5).

养,在知识、情感、意志等方面得到全面发展,成为合格的社会主义建设者和接班人。因而,思想政治理论课亲和力是一个系统的概念,它主要包括教师的亲和力、教学内容的亲和力、教学方式的亲和力等方面,这几个方面相互联系、相互作用,不可有所偏颇。只有各方共同发挥作用,才能够形成强大的合力,从而发挥整体效应,提升思想政治理论课的亲和力。

1. 教师的亲和力

俗话说:"亲其师,信其道。"教师的亲和力是思想政治理论课亲和力的根本,它主要是指教师在话语表达方面的亲和力、教师的综合素质、教师自身的人格魅力等。首先,在话语表达方面,语言是人与人沟通、传播信息的主要渠道,言语的教育是教育学中和学校中最复杂的、最艰难的东西。① 教师在教学过程中通过语言与学生进行互动交流、传授知识。因而,教师在话语表达方面要做到贴近学生、贴近实际、贴近生活,做到通俗易懂、准确无误、生动有趣,避免使用晦涩难懂的语言。其次,在综合素质方面,教师是知识的传授者,肩负着教书育人的重任。教师能否得到学生的信赖和尊重,常常取决于教师是否具备过硬的专业素养和综合素质。教师的综合素质是指教师在自己所任教的学科方面具有必要的专业知识外,还要在道德修养、技术特长等其他方面有所发展。因而,教师只有不断提升自身的专业素养,与时俱进,吸取最新知识来充实和完善自己,才能够对学生产生持续的吸引力。最后,在人格魅力方面,教师作为教育者要以身作则、知行合一,将言传和身教结合起来,以自身的模范行为去感召学生。"学高为师,身正为范"。教师常常被学生视为榜样和示范,教师的言行举止会对学生产生极大影响,一个师德高尚的教师,会带出一批德行兼备的学生。

---

① [苏]B. A. 苏霍姆林斯基.怎样培养真正的人[M].蔡汀,译.北京:教育科学出版社,1992:5.

2. 教学内容的亲和力

教学内容的亲和力是思想政治理论课亲和力的核心,它主要包括内容的深刻性、内容的时代性、内容的针对性等。"理论只要彻底,就能说服人。所谓彻底,就是抓住事物的根本。"[①]首先,教学内容的深刻性是指教学要抓住思想政治教育的精髓和根本。要善于透过现象看到本质,由浅入深、由表及里,把思政课的道理讲深、讲透,让学生在领悟知识的基础上能够获得丰富的情感体验。其次,教学内容的时代性是指教学要贴近实际、贴近生活,顺应时代发展潮流。要善于将时事政治融入日常教学中,让学生能够获得更加新奇的体验。最后,教学内容的针对性是指教学要贴近学生,遵循学生发展规律。要满足学生发展需求,针对不同学段、不同脾性的学生要考虑学生的实际情况,采用不同的方法、教授不同的知识,致力于解决学生面临的实际问题。

3. 教学方式的亲和力

教学方式的亲和力是思想政治理论课亲和力的关键一环,它主要包括教学方式的人性化、教学方式的现代化、教学方式的综合化等。首先,教学方式的人性化是指教师要摒弃过去的灌输式、"填鸭式"教学。要多关注学生的学习认同需要,积极征求学生的意见,采用学生喜闻乐见的教学方式。其次,教学方式的现代化主要是指教师在思想政治理论课堂上要善于采用先进的现代技术。高校思政课教师善于使用新媒体,把理论知识通过声光影展示出来,一方面可以激发学生的学习兴趣,拉近与学生的距离;另一方面也能够提高教学效率,增强课堂的生动性。最后,教学方式的综合化是指教师在思想政治理论课上要善于运用多种方法。将讲授与启发相结合,演讲与讨论相结合,理论教学与实践教学相结合,在发挥教师主导作用的同

---

① 马克思恩格斯选集(第1卷)[M].北京:人民出版社,2012:10.

时,注重学生的主体地位。

综上,以学生为中心的高校思想政治理论课亲和力,主要是指在满足大学生发展需求、尊重大学生发展规律、坚持大学生至上的基础上,通过提高高校思政课教师的亲和力、教学内容的亲和力、教学方式的亲和力,让高校思想政治理论课既"接地气"又不缺深刻性,既贴近生活又高于生活,让学生真正爱上思想政治理论课,将理论内化于心、外化于行,从而实现全面发展。

二、高校思想政治理论课亲和力现状和存在问题的原因分析

(一)高校思想政治理论课亲和力现状

为了进一步了解当前思想政治理论课亲和力的现状,探索出一条提升思想政治理论课亲和力的路径,我们通过"问卷星"制作调查问卷,在江苏、北京、陕西、广东、湖北的部分高校发放,并对调查结果进行分析研究,从而初步了解了当前大学生对于思想政治理论课的看法和态度。在本次调查中,共504人参与了问卷调查。

在关于"思想政治理论课的重要性如何"这一话题中,通过调查研究可以发现,思想政治理论课在当前受到越来越多的关注和重视,大部分学生对于思想政治理论课的重要性有着清楚的认知,能够意识到思想政治理论课对于自身成长的重要性,能够给予思想政治理论课相应的关注。近年来,在党中央的号召下,各高校也都给予思想政治理论课高度的重视,引进思想政治教育人才,不断提升教师素质,改进教学方式,创新教学内容,为学生创设良好的环境。学生对于思想政治理论课的态度也在发生着变化,思想政治理论课在学生心中的地位不断提升。但不可避免的是仍有部分学生意识不到思想政治理论课的重要性,将其视为一门不得不应付的应试学科,并没有

真正领悟到思想政治理论课建设的用意。

在关于"思想政治理论课教师亲和力如何"这一话题中,有高达62.2%的学生认为自己的思想政治理论课教师亲和力一般。部分学生认为教师只注重理论知识的讲述,照本宣科,以要考查的内容传授给学生为目的,以分数来衡量学生,不注重学生的情感共鸣,不能够将书本上晦涩难懂的知识转化为学生易于理解的语言;部分学生认为教师的教学方式过于死板,课堂令人昏昏欲睡,提不起兴趣,教学内容过于理论化,而教师又不采用贴近学生的方式来教授;还有部分学生反映教师自身的人格魅力不够,无法以自身的行为去感染和影响学生,仅仅停留于教书层面,而并未发挥自身的育人功能。部分教师在话语表达、综合素质、人格魅力等方面的欠缺,导致自身的亲和力缺失。由此可见,一些思想政治理论课教师在教学上还需努力,通过不断提升自身的专业素养,提高自己的综合素质,增强自己的人格魅力,提高自己的亲和力,赢得学生的青睐和喜爱。

在关于"思想政治理论课教学内容如何"这一话题中,仅有17%的学生认为当前思想政治理论课能够紧密联系自身和社会实际,给自身的成长带来较大的帮助,且课堂是充满趣味性的,能够对他们产生强烈的吸引力。大部分学生仍然认为当前思想政治理论课的教学内容脱离自身和社会实际,无法解决他们的现实问题,并且随着学历层次的不断升高,教学内容开始越来越偏于理论化,较为抽象、枯燥乏味。调查显示,"学生最希望的思想政治理论课教学内容"话题的回答中,回答教材内容的直接讲述只有7.34%,回答贴近生活,能够解决实际问题的有33.9%,富有趣味性的有32.1%,反映了学生更偏向于能够结合时代和社会实际,贴近生活,富有时代性、针对性、深刻性、趣味性的教学内容。(如图1-4-1)

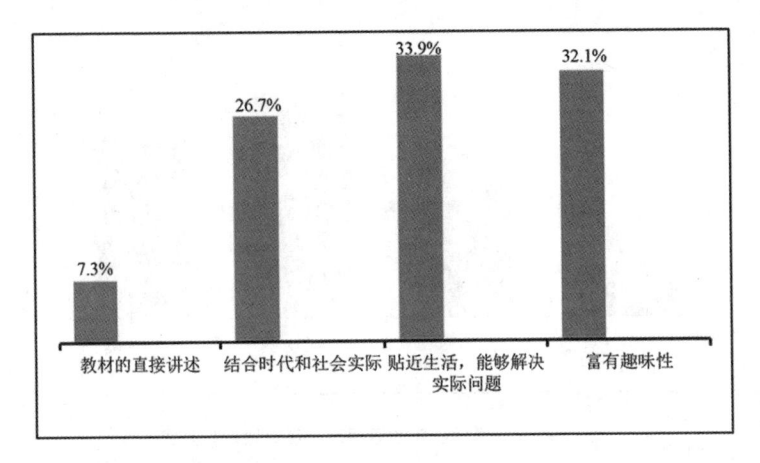

第一章 新媒体时代高校思想政治理论课改革创新的重大意义

图1-4-1 学生最希望的思想政治理论课教学内容

在关于"思想政治理论课教学方式"这一话题中,部分学生认同思想政治理论课采取互动式教学,认为学生在课堂上的作用能得到最大限度的发挥。但调查发现,较多的高校思政课教学仍然是以教师讲解、学生听讲为主,以传授书本知识、应对考试为主要目的,在理论与实践相结合方面还有所欠缺,学生的活动被局限于课堂,所学知识也主要用于考试,并没有在实际生活中发挥较大的作用。在"学生所希望的思想政治理论课教学方式"的调查中,大部分的学生偏向于理论与实践相结合的教学方式,希望能够将理论运用于实际,解决现实问题,希望教师能够更多采用案例式教学、师生互动式教学等方式来丰富课堂。(如图1-4-2)

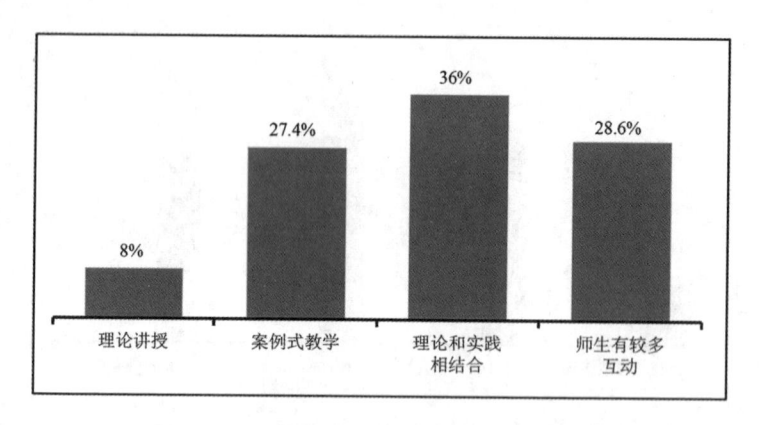

新媒体时代的高校思想政治理论课教学改革与创新

```
理论讲授     8%
案例式教学   27.4%
理论和实践相结合  36%
师生有较多互动  28.6%
```

图1-4-2 学生希望的思想政治理论课教学方式

最后,在关于"如何提升思想政治理论课的吸引力"这一问题上,学生们各抒己见,部分学生认为教师应该提升自己的亲和力,在日常生活中更多的关爱学生,在教学中将晦涩难懂的知识转化为通俗易懂的语言,部分学生认为教师应该更多地使用新媒体进行教学,开创新型教学方法,顺应时代潮流,满足学生对于新鲜知识的需求,从而激发学生的兴趣,还有部分学生认为思想政治理论课教学应该摒弃唯分数的不良现象,以学生为中心,致力于提升学生的思想道德修养。随着大学生自我意识、自我需求的增强,在学习、生活、工作中必然会遇到一些过去未曾遇见的问题,高校思政课教学尤其要注重解决学生的实际问题,满足学生的成长需求。

(二)高校思想政治理论课亲和力缺乏的原因分析

通过调查分析可以发现,当前思想政治理论课存在缺乏亲和力的问题,究其原因,主要是由于教师、教学内容、教学方式亲和力的缺乏,教师在自身素养方面仍然有所欠缺,教学内容脱离实际和学生生活,无法满足学生需求,教学方式陈旧过时,不具有吸引力。(如图1-4-3)

第一章 新媒体时代高校思想政治理论课改革创新的重大意义

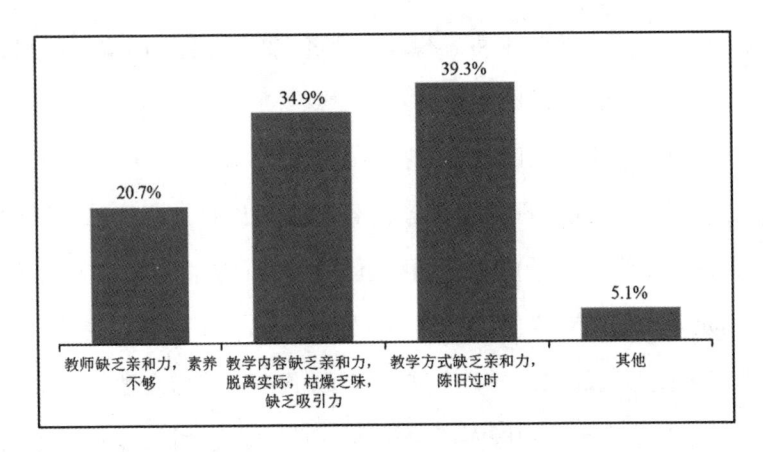

图1-4-3 思想政治理论课缺乏亲和力的原因

1. 高校思想政治理论课教师缺乏亲和力

在调查中可以发现,当前思想政治理论课教师自身存在着一定的问题。首先,部分教师常常照本宣科,不善于使用生动有趣的语言来活跃课堂气氛,导致课堂死气沉沉,缺乏活力。教师不善于将理论化的内容转化为贴近学生的语言,对于一些晦涩难懂的知识,直接采取让学生死记硬背以应付考试的方法来学习,导致学生对于本就枯燥乏味的知识产生抵触心理,消磨了学生的学习热情。其次,不同教师的综合素质参差不齐。由于信息传播速度的不断加快,学生获取知识的渠道也越来越多样,摄取的知识也越来越丰富,但部分教师无法跟上时代的步伐,不能及时更新和补充知识,导致自身理论知识不过关。知识面不够宽广,在课堂上无法满足学生对知识的需求,甚至会出现犯知识性错误或是被学生难住的情况。最后,注重学生学习考核而忽视学生的全面发展。有些高校思政课教师特别重视传授重点理论知识,间接造成了依据考试考核大学生思政课的学习情况。而在考核前,又往往将书本的重点知识进行提炼,以考点为标准进行"划重点",对于不考的内容直接忽视,这就忽视了对学生思想品德、政治认同等其他方面的考核。教师对于思想政治理论课的这种"实用主义"态度也导致学生对于思想政理论课的错误态度。有些学生将思想政治理论课看作是一门应试科目，无形中拉开了学生与老师之间的距离。

2. 高校思想政治理论课教学内容缺乏亲和力

首先，高校思想政治理论课教学内容过于理论化。高校思政课的教学内容不再像中小学的教学内容那样贴近学生的日常生活，注重学生的情感体验。而是开始偏向专业化，涉及哲学、经济、政治、文化等一些学生接触较少，甚至从未接触过的知识。对于这些知识，若没有采取合适的方法进行教授，就会导致学生由于不理解而产生排斥心理。即便考试，也不愿意花时间去理解理论知识，只靠死记硬背草草了事。对知识的理解停留在表面，就无法将理论知识用于解决实际问题。其次，思想政治理论课教学内容缺乏时代性。当今社会是一个信息爆炸的时代，信息的传播由于通信技术的发展而不断加快，学生对于新鲜知识有着强烈的好奇，学生获取的知识也越来越新奇多样。但一方面，教学内容特别是教材的更新速度可能跟不上变化了实际，有的案例相对陈旧，缺乏新意；另一方面，部分教师在教学内容的讲解过程中，为了方便省事，并没有去学习研究创新理论成果，也没有去搜集最新的案例，而是沿用书本上的案例或是数年前的课件。教学内容跟不上变化了的理论与实践，学生也因此会对思想政治理论课感到乏味。最后，思想政治理论课的教学内容缺乏针对性。新媒体时代，高校思政课教学要以大学生为中心，满足大学生的需求。但在实际的教学过程中，教师"一言堂"的情况却是常态，这样虽然能够帮助学生了解理论知识，但对于学生的健康成长和全面发展却是不利的。大学生需要高校思政课提供给他们认识世界、改造世界的科学的世界观和方法论。

3. 高校思想政治理论课教学方式缺乏亲和力

在调查中可以发现，思想政治理论课的教学方式也会影响学生对于思想政治理论课的态度。学生对于新鲜事物的好奇和渴求能够激发他们的学习兴趣。当前,大部分高校都已经配备了较为先进的多媒体设备,但部分教师由于自身因素的限制,教学手段和形式单一。有的高校思政课教师仍然沿用传统的讲授方法进行教学,以教师讲解、学生听讲为主,教师仍然是作为课堂的主人主导整节课的走向。在灌输式教学下,就算学生对于知识的学习,也是仅仅停留在表面。这就无法像多媒体一样给学生带来直观地体验和感受。不仅无法达到应有的教学效果,甚至可能适得其反。有的高校思政课教师没有局限于传统的教学方法,使用了新型的教学手段,但有时为了方便省事,仅在公开课等一些正式课堂上"完整"地使用新媒体教学。教学方式缺乏创新,墨守成规,也就导致了部分思政课缺乏亲和力。

三、增强高校思想政治理论课亲和力的路径

(一)提高教师素质,提升高校思想政治理论课教师的亲和力

习近平强调,办好思想政治理论课关键在教师,思想政治理论课教师政治要强、情怀要深、思维要新、视野要广、自律要严、人格要正。[①] 思想政治理论课教师作为传道授业解惑者,其亲和力是提高课堂教学的实效性的根本和首要条件。教师亲和力的提升主要在于话语表达亲和力的提升、教师综合素质的提升,以及教师自身人格魅力的提升。

1. 提高教师话语表达的亲和力

教师话语表达亲和力的提升主要是要做到以下三个方面:一是要通俗易懂。这是教师话语表达的基本要求。列宁曾指出:"应当善于用简单、明了、群众易懂的语言讲话,坚决抛弃难懂的术语,外来语,背得烂熟的、现成

[①] 习近平.思政课是落实立德树人根本任务的关键课程[J].求是,2020(17).

的但是群众还不懂、还不熟悉的口号,决定和结论等一系列重炮。"[1]这在教学中同样适用。教师只有使用学生易懂且易接受的语言,才能将书本上晦涩难懂的理论知识转化为我们日常所熟知的语言,用简单明了的话语概括深刻的道理。切忌不顾学生的现实需求与情况,使用一些非生活化、不符合学生代际特点的语言。这样,只会人为制造与学生的距离。二是要准确无误。教师是知识的传授者,常常被学生视为权威和标准,因而教师必须时刻注意自己的话语表达是否准确,不断提升自己的专业能力,力求在教学中不犯知识性错误,确保自己的语言表达精练准确、逻辑清晰。三是要生动有趣。面对高校思想政治理论课的内容理论化的现实,教师要将教材话语转化为教学话语,用幽默风趣的语言将理论知识简单化,活跃课堂气氛,提高教学的生动性和有趣性,达到寓教于乐的效果。

2. 提高教师的综合素质

在思想政治理论课堂上,教师的综合素质直接影响教师能否讲好课,得到学生喜欢。首先,教师要具备较高的专业素养。否则就会出现部分教师"马克思主义经典著作没读几本,一知半解就哇啦哇啦发表意见"[2]的情况,甚至出现给学生传导错误知识的情形。因此,教师必须有扎实的马克思主义理论学科基础知识,熟练掌握思想政治理论课的知识系统。思政课教师认真学习马克思主义经典著作,真学真信真讲马克思主义,同时要紧跟时代发展潮流,不断更新知识,扩展视野,增强思想政治理论课的说服力。其次,教师要具备基本的教育理论知识。学生在进入大学后,在生理、心理等方面都发生着巨大的变化。教师作为学生成长路上的引路人,自身也要懂教育。教师既要善于运用教育学、心理学等方面的知识来为学生答疑解惑,也要善

---

[1] 列宁全集(第14卷)[M].北京:人民出版社,1988:89.
[2] 习近平.在哲学社会科学工作座谈会上的讲话[N].人民日报,2016-05-19(2).

第一章　新媒体时代高校思想政治理论课改革创新的重大意义

于运用教育学、心理学常识了解和把握学生的成长特点和规律,因材施教,用真心真情来感染学生,促进学生的健康成长。最后,教师要拥有宽广的知识视野。高校思政课教师还要涉猎广泛,博采众长。新媒体时代,教师和学生平等地获取各类信息。一方面,教师面对学生感兴趣的话题,要能够有所了解,不能一无所知,如果教师与学生有着相似的兴趣爱好,那必然会在无形中拉近双方的距离,提升高校思政课教师的亲和力;另一方面,教师要从学生热衷的话题中挖掘出思想政治教育的元素,就要学的更多、懂得更多,这样才能够把思政课道理讲活,让思想政治理论课变得接地气、有温度。

3. 提高教师的人格魅力

"教师的人格魅力是教学亲和力生成的重要源头和根本保障。"[1]教师要不断提高自身的道德修养,拥有坚定的信仰和高尚的人格,以自身的模范行为和高尚品行去感染学生。首先,思想政治理论课教师政治要强、情怀要深。思想政治理论课不仅仅是一门传授知识的课程,它还有着育人的特殊功能。因此,高校思想政治理论课教师要以培养社会主义建设者和接班人为己任,打造有温度的思想政治理论课堂。坚持立德树人,关爱学生,无私奉献,不断提高自身的政治素养,将做好思想政治理论课教师视为自己的毕生追求。其次,思想政治理论课教师思维要新、视野要广。教师要以宽广的视野来观察这个世界,与时俱进,不断用新知识来充实自己的头脑,拓展自己的视野,要有自己独到的理论见解,将思想政治理论课教学与时事政治紧密结合,引导学生明辨是非,正确判断形势。最后,思想政治理论课教师自律要严、人格要正。马克思在《1844年经济学哲学手稿》中说过:"如果你想得到艺术的享受,那你就必须是一个有艺术修养的人。如果你想感化别人,

---

[1] 白显良.论高校思想政治理论课教学亲和力的逻辑生成[J].思想理论教育导刊,2017(4).

那你就必须是一个实际上能鼓舞和推动别人前进的人。"①教师要想影响和教导学生,就必须以身作则,表里如一,坚定马克思主义信仰,用严格的标准要求自己,坚持以理服人、以德育人、以情动人,做学生追求真善美路上的引路人。

(二)丰富教学内容,提升高校思想政治理论课教学内容的亲和力

由于时代在快速地发展与进步,高校思想政治理论课的内容也应该与时俱进,不断汲取最新知识来充实教学内容。但在上述的调查中可以发现,当前高思想政治理论课的教学内容存在墨守成规、陈旧过时的问题。要不断提升思想政治理论课教学内容的深刻性、时代性、针对性。

1.增强教学内容的深刻性

理论性、思想性是思想政治理论课的主要属性,因此提升思想政治理论课的亲和力,归根到底是要提升理论的深度和亲和力。思想政治理论课的教学要坚持以教材为纲,但又不能仅仅拘泥于教材的内容。教材的内容是思想政治理论课的基础。教师要在讲授好教材内容的基础上,进一步挖掘教材背后的深意。善于抓住主流,透过现象看本质,将基础知识与时事政治相结合,将教学内容与学生的实际需求相结合,由浅入深,由表及里,赋予思想政治理论课以新的内容,使思想政治理论课跟上时代发展的步伐,增强教学内容的深刻性和先进性。在增强内容深刻性的基础上,也要注重教学内容的生动性。坚持将灌输和启发相结合,在发挥好思想政治理论课堂显性教育的基础上,利用好隐性教育。不仅要让学生掌握理论知识,更要让学生学会思考,学会学习。

2.增强教学内容的针对性

思想政治教育要始终围绕学生,坚持为学生服务,因此教学内容必须有

---

① 马克思恩格斯文集(第1卷)[M].北京:人民出版社,2009:247.

第一章　新媒体时代高校思想政治理论课改革创新的重大意义

针对性,做到有的放矢。针对不同年级、不用阶段的学生,要根据他们的接受程度和实际情况,传授不同的教学内容。当前,由于学习压力的不断增大以及来自学校、家庭等各方面的原因,大学生的心理问题也在逐渐增多。对此,要根据他们的心理特点,增加一些有关于学习、情感、与父母同学的相处等方面的知识,帮助他们解决问题,顺利度过青春期,让学生真正感受到思想政治教育与生活的密切联系,善于运用思想政治理论课堂上学习到的知识和方法去应对现实生活中的问题。针对不同性情的学生,也要采用不同的教育方法。例如有些学生的理解能力较弱,就需要教师有更多的耐心去将知识简化或是生动化,灵活运用学生身边所发生的熟悉的案例,将抽象的理论转化为通俗的语言,帮助他们更快地把握理论,掌握一定的运用理论知识认识问题、解决问题的能力。教师也可以利用当下流行的微信、QQ等社交软件了解把握学生的思想动态,从而把学生关注的问题、思想困惑的问题,及时融入高校思政课教学内容中,开展有针对性地教学。

3.增强教学内容的时代性

当今世界正经历百年未有之大变局,不稳定性不确定性明显增强。高校思想政治理论课作为一门与时代紧密相关的课程,必须与时俱进,不断为教学充实符合时代特点和时代规律的内容,使思想政治理论课堂永葆生命力、富有时代活力。教师要时刻关注社会热点、国内外新闻,并将其融入自己的教学内容中,把握时代脉搏,善于推陈出新,吐故纳新。面对传统思想政治理论课堂的内容,要取其精华,去其糟粕;面对新信息、新知识,既不盲目地否定一切,也不肯定一切。要警惕学生被腐朽落后的思想侵蚀,善于引导学生辨别真伪,博采众长,不断提高思想政治教育的影响力和亲和力。新媒体时代,大学生在生理、心理、思想等方面与过去相比也都发生了很大的变化。针对这一现象,要根据时代变化,不断调整教学内容。既要不断更新修订教材,更新教学案例库,也要不断将书本内容转化为通俗易懂的课堂语言,满足学生对于新知识的渴求,激发学生的学习兴趣,让学生愿意主动去了解和关心时政。

(三)改进教学方式,提升高校思想政治理论课教学方式的亲和力

思想政治理论课堂是否具有亲和力,不仅要受到教师、教学内容的影响,也会受到教学方式的影响。随着科学技术的不断发展和信息设备的日益完善,教学方式也出现了多元化,慕课、微课、虚拟仿真教学等已占据一定地位。但在上述调查中可以发现,传统教学方式仍然占据主导地位,教学手段缺乏新意。因此,创新教学方式,就成为十分必要之事。

1. 用好网络平台,增强教学的生动性

当今社会是一个信息时代,随着信息技术的飞速发展,信息传播手段日益多样,传播速度不断加快,网络平台的出现给思想政治理论课提供了诸多便利,学生和教师都可以足不出户就完成学习和教学。新式的教学手段可以满足学生对于新事物的渴望和好奇,激发学生的兴趣,因此,善于运用新媒体和网络平台,可以增强教学的生动性,提升思想政治理论课的亲和力。首先,教师要熟练掌握新媒体技术。通过制作课件、使用图片视频等素材,来吸引学生注意,将理论通俗化,增强课堂的生动性,给学生带来视觉上的直观感受;善于运用慕课、雨课堂、易班等教学平台,如有条件也可在课堂上给学生配备电子设备,实现真正的云教学。其次,教师要善于利用网络来搭建网上思想政治理论课教学平台。要加强教学互动与反馈,可以利用学校学院的官方新媒体,开辟专门的思想政治理论课区域。教师可以将自己的课件、讲课视频等上传至平台供学生在课后巩固复习;同时也可以在平台上分享一些优秀文章、观点看法等供学生学习;学生也可以利用此平台向教师提问,教师则定期登录负责答疑解惑。最后,教师要与时俱进,善于从互联网上汲取营养,获取最新信息。教师要了解时下学生的兴趣爱好,要将学生感兴趣的话题融入思想政治理论课堂中。使用一些正面的网络流行语言,

第一章　新媒体时代高校思想政治理论课改革创新的重大意义

自然能够拉近与学生的距离,吸引学生的注意力。

2.善用隐性教育,寓教于乐

调查显示,高校思想政治理论课在一些大学生的心目中是一门枯燥乏味的学科,一提到思想政治理论课,总是会和灌输、说教联系在一起。要改变这种现状,让思想政治理论课"接地气",就要善用隐性教育,寓教于乐,让学生在不知不觉中接受思想政治教育的熏陶。首先,学会讲思政故事。高校思政课教师要将思政课所要传达的马克思主义立场、观点、方法融入生动的思政故事中,让学生在情感上加以认同。讲思政故事要注意故事的真实性、生动性、全面性,确保故事真实有效。教师还要紧密联系时政,善于讲新故事。对于过去一些老生常谈的旧故事要学会用新方法来讲述,使之转化为鲜活的故事。但老师要认识到故事是为了讲好思想政治理论课服务的,不是为了讲故事而讲故事,不能忘记了讲故事的初衷,要用简单平实的语言讲清楚思政之道。其次,创新教学方式。除了传统的课堂教学外,还可通过各种社会实践活动,例如组织学生参观博物馆、纪念馆,走访红色革命基地,听宣传讲座等,让学生走出课堂,去了解党史国史,增强学生的体验感,让学生在走访实地的过程中耳濡目染,学会思考,进一步坚定马克思主义信仰。最后,教师要注重增强教学互动。让学生自主参与到思想政治理论课中来,可以通过让学生进行课前的新闻播报、阅读原著并进行分享等活动来增强学生的学习能力;也可以通过开展一些小活动,如模拟"两会""联合国会议""法庭"等让学生身临其境,帮助学生加深对学到的知识的理解,让学生在自主学习的过程中增强对思想政治理论课的认同。

大学生时期是青少年世界观、人生观、价值观形成的重要时期,高校思想政治理论课作为思想政治教育的重要渠道,肩负着培育时代新人的重任。思想政治理论课的亲和力在很大程度上会影响思想政治理论课的效果。因此,提升高校思想政治理论课的亲和力,使得高校思想政治理论课获得大学生的认同和青睐就至关重要。新时代,我们要不断提升高校思想政治理论课的亲和力,占领思想政治教育的制高点,坚持立德树人,守正创新,满足大学生的发展需求,培养合格的社会主义建设者和接班人。

第五节　新媒体时代高校思想政治理论课的获得感

"获得感"一词因习近平总书记2015年在中央全面深化改革领导小组第十次会议上提出"让人民群众有更多获得感"①而逐渐流传,发展成一大热词。新时代,在国家日益重视高校思想政治工作,重视高校思想政治理论课的背景下,思想政治理论课高质量发展,要以学生的感受为落脚点。思想政治理论课获得感是检验思想政治理论课教学效果的重要尺度。新媒体的出现为思想政治理论课的开展提供了全新的平台。立足于新媒体时代,深入探究思想政治理论课获得感的内涵、逻辑并提出提升路径,是丰富相关理论研究、推动思想政治理论课改革进程、增强思想政治理论课实效的重要课题。

一、新媒体时代高校思想政治理论课获得感的内涵

(一)新媒体时代高校思想政治理论课获得感的概念界定

内涵是概念的内容,明确概念才能有效把握内涵。思想政治理论课获

---

① 习近平主持召开中央全面深化改革领导小组第十次会议[N].人民日报,2015-02-28.

第一章 新媒体时代高校思想政治理论课改革创新的重大意义

得感,可拆分为思想政治理论课和获得感。思想政治理论课是政治老师将思想政治元素传递给学生的一种双向互动性课程,在不同学段有不同的学名和重点传授给学生的思想理论。"获得感"一词又可拆分为获得和感。获得即收获、得到,这种得到既包括物质层面,也包括精神层面,两个方面缺一不可;感是感受,是一种主观的情绪体验,就二者之间的关系来看,"感"以"获得"为前提,经历了"获得"后必定会产生相应的"感"。由此可见,因有所获得而产生的一种积极的主观情绪体验就是获得感。当获得感被应用于思想政治教育领域,用作评价思想政治理论课实效的标准时,就产生了"思想政治理论课获得感"一词。虽然思想政治理论课涉及的主体是师生双方,但究其根源,课程的核心对象是学生,思想政治理论课教师的获得感也源自学生的获得感。因此,本书将新媒体时代思想政治理论课获得感的主体集中定位于学生。

既而,新媒体时代高校思想政治理论课获得感,是指在网络数字技术发展基础上不断变化的、实现人们社会角色转变的、信息载体盛行的时代,将新媒体融入高校思想政治理论课,使大学生在思想政治理论课教师的引导下通过课程学习,因有所获得而引发的一种积极的情绪体验和美好的感受。

(二)新媒体时代思想政治理论课获得感的内涵构成

值得注意的是,新媒体时代思想政治理论课只是呈现形式发生变化,其课程性质和作用没有改变。因而,根据思想政治理论课所起作用、产生影响的不同方面,新媒体时代思想政治理论课获得感仍然涉及知识、情感、思想、行为等方面。具体表现为,学到知识后的满足、对思想政治理论课的开设表示认同、树立正确思想信念后的坚定不移,以及利用所学内容指导行为并实现既定目标后的得意。但也正因为将新媒体融入思想政治理论课,让新媒体在思想政治理论课教学过程中发挥自身的优势,从而使新媒体时代思想政治理论课获得感表现在更多方面,主要涉及媒介素养、视野、公共参与三个方面。

1. 媒介素养获得感

新媒体时代思想政治理论课的媒介素养获得感主要就是指学生经过在思想政治理论课中使用新媒体这一过程,因自身对于媒介信息的选择、理解等能力有所提升而产生的一种积极情绪。新媒体是一个网络平台,受众面向全世界,传播者也面向全世界,其中有的人兼具受众和传播者两种身份,有的则只有一种身份。世界上没有两片完全相同的树叶,同样地,不是所有人都会认可同一个信息;而新媒体承载着海量无穷的信息,其中更是鱼龙混杂。信息的繁多复杂性,使得那些身心还不完全成熟的大学生,在面对爆炸式信息时,往往茫然无力甚至会陷入信息陷阱。因此,新媒体时代的思想政治理论课需要具备媒介素养。主动拥抱新媒体,在思想政治理论课上广泛使用新媒体。既要掌握新媒体的各方面知识,把新媒体的特征和要求告知学生;也要引导学生学会正确使用新媒体,如何鉴别繁多复杂的信息并学会合理利用这些信息,不让自己在万千信息中迷失方向。久而久之,增强学生对新媒体所传递信息的辨析筛选能力,使他们能更加从容地面对各种媒介信息。

2. 视野获得感

新媒体时代思想政治理论课的视野获得感是指学生借助于新媒体,因自身视野得到拓宽而产生的一种积极情绪。新媒体时代,不仅要在课堂上使用新媒体,课外也可以运用新媒体传递思想政治理论课的教学内容。这也使得学生不仅在课堂上可以通过更多的形式接受知识,在课后闲暇之余也可以通过刷手机就可以轻易接触到各种知识。不再局限于当下,而是超越知识学习的时空局限。一"机"在手,尽可以知晓过去的事情、现在的事情,甚至预测未来的事情;自己身边的事情、全国范围内的事情,甚至全世界发生的事情。古今中外,一"网"打尽。既充分满足了学生的求知欲与好奇心,也能够帮助学生总结汲取古今中外的经验教训,更好地解决自身遇到的各种问题。不断扩展自己的知识视野、历史视野和国际视野。

3. 公共参与获得感

新媒体时代思想政治理论课的公共参与获得感是指将新媒体融入思想政治理论课教学后,学生因公共参与的要求得到满足、能力有所提升而产生的一种积极情绪。大千世界,每个人都不是孤立的,而是与他人、国家、社会有着紧密联系的一个个主体。作为社会一员的学生,自然希望自己能够积极参与社会活动和公共事务。通过对高校思政课的学习,为学生的社会参与打下基础。思想政治理论课本身所具有的知识体系,主要涉及鸦片战争以来中华民族的屈辱历史,中国共产党团结带领人民百年奋斗创造的光辉历史。学生经过思想政治理论课的学习,能更明确身上肩负的社会责任,强化他们为国家与社会的发展建言献策并以实际行动推动中华民族的伟大复兴的想法。新媒体的出现放大了这样的责任和想法,借助互动性极强的新媒体平台,学生既可以随时随地翻阅相关视频文章,也可以积极主动参与相关话题的讨论,在增强民族自豪感中树立远大理想。

二、新媒体时代高校思想政治理论课获得感的生成逻辑

强调新媒体时代思想政治理论课获得感不是空穴来风,而是遵循了一定的逻辑依据,主要是理论逻辑、现实逻辑和价值逻辑。理论逻辑是开展研究的起始,现实逻辑是开展研究的支撑,价值逻辑体现了研究的主要目的和作用,三者共同推进了课题研究的产生与发展。

(一)新媒体时代思想政治理论课获得感的理论逻辑

1. 马克思主义关于人的全面发展学说

马克思和恩格斯在《共产党宣言》中指出,共产主义社会,"将是这样一

个联合体,在那里,每个人的自由发展是一切人的自由发展的条件"①。这表明,人的自由发展是全面的发展,而不是指某个人或某个人某一部分的发展。既包括人的体力与智力的发展,也包括人的道德和个性的发展。马克思主义关于人的全面发展的学说是新媒体时代上好思想政治理论课的重要理论依据。当代社会既是一个知识爆炸的社会,也是一个充满竞争的社会。思想政治理论课的教育教学,既要通过理论的传授引导学生坚定共产主义理想和中国特色社会主义信念,为实现人类的自由而全面发展不断努力,也要通过理论的传输引导每个学生成为全面发展的人,强调提升学生的道德、身体、文化、心理等方面素质,重视培养他们的创新精神与能力,促使他们成为全面发展的、符合社会需要的人才。

2. 马斯洛的需求层次理论

"人是一种不断需求的动物"②。美国人本主义心理学家马斯洛提出人是有需要的,根据需要出现的先后顺序以及人们对各个需求不同的渴求程度,他将人的需要一共分为五个层次。其中,情感需要、尊重需要及自我实现的需要这三个需要对学生个人的成长有重要意义,也是讲好思想政治理论课所要达成的效果。需要是感到某种缺乏或不平衡而力求满足的心理倾向。思想政治理论课获得感在一定程度上就是指思想政治理论课对于人的需求的满足程度。其中,物质方面有所获得是产生获得感的前提。随着时代的发展进步,人民生活日益向好,会有更多、更好、更高的需求产生,比如精神方面的富足。新媒体时代思想政治理论课获得感正是在物质得到保障的今天所产生的一种精神需求,这种精神需求与马斯洛的需求层次理论相契合。

---

① 马克思恩格斯文集(第2卷)[M].北京:人民出版社,2009:53.
② [美]马斯洛.马斯洛人本哲学[M].成明编,译.北京:九州出版社,2003:1.

第一章　新媒体时代高校思想政治理论课改革创新的重大意义

3. 接受理论

接受是人们在生活中对周遭事物最常见的一种态度,表明对某种事物的接纳、认同。接受一开始被运用于评价文学的价值,认为文学的价值在于读者参与创作并能够被读者所认可,之后接受理论开始与社会各领域相结合进行研究,其中衍生而来的最具代表性的就是传播学中的受众理论,"真正意义上的接受研究,是在大众传播迅速发展,全球信息化、符号化的时代开始的"①。传媒的迅速发展使得每个人可以接触到的信息瞬间增加,人们需要对庞大的信息群进行选择,此时关键点就变成了受众的态度。新媒体时代,学生可以接触到的信息呈爆炸式增长,这也表明他们要面临多次的信息筛选,接受什么、不接受什么,以及如何接受是学生逃不过的困惑之处,而强调新媒体时代思想政治理论课获得感就是引导学生这一受众合理运用新媒体上好思想政治理论课,形成对思想政治理论课的积极态度,使他们能真心地接受思想政治理论课,从而发挥出思想政治理论课的价值。

(二)新媒体时代思想政治理论课获得感的现实逻辑

1. 推进思想政治理论课改革与建设的内在要求

社会的发展与科技的进步密不可分。思想政治教育作为一项重要的社会活动,也是与先进的科技分不开的。既而,思想政治理论课作为思想政治教育的重要途径,也就与不断发展的科技密切相关。新媒体是科技发展的产物,作为新生事物,它是一把双刃剑。它的广泛应用在给思想政治理论课教学带来新机遇的同时,也不可避免地带来了挑战——思想政治理论课教学环境、教学内容、教学方式等都有所改变,这就出现了我们如何适应这些改变的问题。面对新问题,我们不能完全否定过去,而要在过去的基础上进行改革与建设。因而,新媒体时代,思想政治理论课的改革与建设势在必

---

① 刘建军.接受理论对思想政治教育的启示[J].教学与研究,2000(2).

行。增强获得感是思想政治理论课程改革的重要目标①。其最终成效如何,一大判断标准就是思想政治理论课获得感的高低程度。为了使思想政治理论课改革与建设能在新媒体时代取得成效,思想政治理论课获得感不能只是作为终点处的静态衡量标准,而是应该被当作一个动态目标,即应在思想政治理论课的持续改革与建设的进程中,不断提升思想政治理论课获得感。

2. 应对世界发展新形势的必然要求

时代发展变迁,世界形势也在随之不断变化。虽然当今世界以和平和发展为时代主题,但是不难窥见各国之间暗流涌动,大国关系时有转变,各国之间的竞争依旧存在。其中,就有一个看不见的战场——思想文化领域。新媒体时代,西方国家的政治文化理念更是会被包装在文化产品中,悄无声息地向我国民众大量输送。这对"三观"还不够健全的大学生来说,就是一个重要挑战。一旦他们被这些思想文化侵蚀,就会带来一系列消极影响,影响中国特色社会主义事业发展大局。高校作为意识形态工作的前沿阵地,抓好思想政治理论课就尤为重要。通过高校思想政治理论课,让大学生始终树立马克思主义的信仰。因此,强调新媒体时代高校思想政治理论课获得感,实际上也是要求青年大学生在国际形势风云变幻、国家意识形态安全面临重大挑战面前,能够坚定社会主义主流意识形态,进行正确的是非判断,使自己的思想不被侵蚀。

3. 实现中国梦的时代诉求

中国梦的内涵概括起来就是国家富强、民族振兴、人民幸福。青年兴则国家兴,青年强则国家强。高校思想政治理论课所面对的大学生是实现中华民族伟大复兴的重要力量,强调新媒体时代高校思想政治理论课获得感,

---

① 房广顺,李鸿凯.以大学生获得感为核心提升思想政治理论课教学质量[J].思想理论教育,2018(2).

第一章　新媒体时代高校思想政治理论课改革创新的重大意义

在一定程度上也是使大学生通过高校思政课生成奋斗精神、汇聚强大合力,坚定实现中华民族伟大复兴的自信。中国梦是关系每个中国人的重大梦想,需要每个中国人共同努力才能实现,尤其是作为深度融入新媒体的青年大学生,他们更是未来建设国家的主力军。通过高校思政课教学,引导他们"把爱国情、强国志、报国行自觉融入坚持和发展中国特色社会主义、建设社会主义现代化强国、实现中华民族伟大复兴的奋斗之中"[①]。通过新媒体平台,他们也可以通过接收的正能量,进一步认识到自己的时代使命,坚定不移地为之努力,以更好的状态投入建设国家的队伍中,加快实现中国梦的征程。

(三)新媒体时代高校思想政治理论课获得感的价值逻辑

高校思想政治理论课是以大学生为主要教育对象的课程。强调新媒体时代高校思想政治理论课获得感的价值,自然也应聚焦于大学生这一主体,有效地迎合他们的需求,促进他们的发展。

1.以学生为中心,迎合学生的需求

传统的思想政治理论课教学,主要是老师主讲,这是一个单向的灌输理论的过程,没有体现学生在课程学习中的主体地位。由于信息相对闭塞,学生也难以拥有与教师相匹配的知识能力。但在新媒体时代,学生可以轻松接触许多信息知识,甚至有时比老师知道的还多还快,见识面不断扩大的他们不再安于教学过程中被动的接受者角色,而是开始关注自身,要求自己变成课堂的参与者。从刚接触思想政治理论课的小学生到成年的大学生,由于他们具备的能力不同,所以要求参与思想政治理论课的形式和参与度也不同,但始终不变的是希望通过思想政治理论课的学习而有所收获,这是学生对思想政治理论课程学习最基本的需求。思想政治理论课一旦脱离学生

---

① 习近平.思政课是落实立德树人根本任务的关键课程[J].求是,2020(17).

的实际需求,就容易导致学生对思想政治理论课产生抵触的态度。因此,坚持以学生为主体,是思想政治理论课稳定发展的中心环节。思想政治理论课改革创新所要遵循的主要原则就是围绕学生、关照学生、服务学生。强调新媒体时代思想政治理论课获得感,就是使学生对思想政治理论课产生一种积极的情感态度,充分体现以学生为中心的理念,迎合学生对于思想政治理论课的要求。

2. 以学生为重点,促进学生的发展

"思政课是落实立德树人根本任务的关键课程"①。思想政治理论课要培养学生良好的思想品德、开阔的视野、正确的行为习惯,使其成为合格的社会主义建设者和接班人。既而,强调新媒体时代思想政治理论课获得感,也就要在增强知识、情感、思想、行为等四个方面的获得感上下功夫。在这一过程中,学生会被动地在不知不觉中增长自身的知识。不光是思想政治理论课的相关课程知识,还有社会知识,同时还有积极认同的情感态度、正确的思想观念与思维方式、良好的行为习惯等。除了生成这些基本方面的获得感,还包括媒介素养、看待问题的视野,以及公共参与方面的获得感,这些都是学生不断成长成才的不可或缺的方面。因此,强调新媒体时代思想政治理论课获得感,在某种程度上就是在提高学生的内化与外化程度,提升他们的思想素质、文化素质、心理素质等,使他们在遵循身心发展规律的基础上循序渐进地成长与发展。

三、新媒体时代高校思想政治理论课获得感现状

了解新媒体时代背景下思想政治理论课获得感的相关现状是提出对策

---

① 习近平.思政课是落实立德树人根本任务的关键课程[J].求是,2020(17).

第一章 新媒体时代高校思想政治理论课改革创新的重大意义

的前提。对此,通过发布问卷调查,从大学生视角出发,了解他们对思想政治理论课的认知。在此基础上我们对所得数据进行进一步的分析,明确现状并找到其中存在的问题,从而为提升新媒体时代思想政治理论课获得感提供科学合理的建议。

(一)调查对象概述

调查对象为全国范围内的若干高校大学生,通过微信"问卷星"小程序生成问卷,共发放问卷450份,其中有效问卷428份,回收率为95.11%,具有一定的参考性,能够反映新媒体时代思想政治理论课获得感的情况。

(二)调查分析

通过对问卷中各项问题的回答数据进行分析,我们可以了解到新媒体时代思想政治理论课获得感现状主要表现在五个方面:

1.学生在思想政治理论课中有所收获,但仍需进一步增强学生的获得感

根据问卷调查的反馈结果可以看出,学生通过思想政治理论课的学习有所收获,产生了一种积极的情绪体验和美好的感受。在给思想政治理论课获得感评分(1~10分,10分最高)时,平均分在6.95。对于思想政治理论课学习后的收获(见图1-5-1),表示学到知识、培养爱国爱社会的情感情怀、树立正确的"三观"、培养拓展思维方式、提升政治素养、增强与人交往合作等实践能力、注意运用马克思主义思想观点解决问题的学生分别占比为59.81%、71.03%、77.57%、55.14%、57.94%、29.91%、43.93%,更有85.05%的学生表示经过思想政治理论课的学习,愿意为国家的建设发展贡献自己的力量。

学到知识	59.81%
培养爱国、爱社会的情怀情怀	71.03%
树立正确的三观	77.57%
培养、拓展思维方式	55.14%
提升政治素养	57.94%
增强与人交往合作等实践能力	29.91%
注意运用马克思主义思想观点解决实际问题	43.93%
其他	1.87%

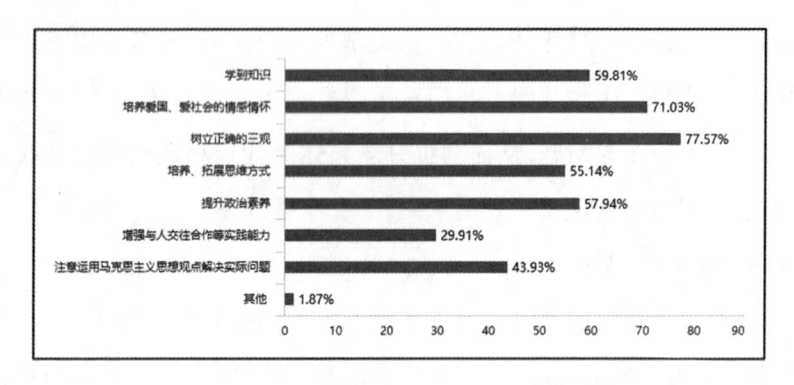

图 1-5-1 思想政治理论课学习后的收获

虽然经过思想政治理论课的学习,学生在知识的增长、情感的陶冶、思想的塑造和行为的改善等方面有所收获,但还远远不够。如对"思想政治理论课后你对于课上内容是否有印象"这一问题的回答,有 74.44% 的学生表示有印象但是不深刻,表明学生在知识方面的获得感不充足;在"你对思想政治理论课的态度如何"这一问题的回答中,持喜欢态度的占比为 22.43%,而 67.29% 的学生则表示一般,更有 10.28% 的学生坦言自己不喜欢思想政治理论课;对于"思想政治理论课实际教学距离你的预想如何"这一问题的回答,觉得能够满足预想的只有 40.19%。这些数据表明思想政治理论课教学仍有很大的进步空间。要充分发挥新媒体在思想政治理论课上的辅助作用,借助新媒体平台进行教学,满足学生的课程预想,引起学生的课程兴趣,从而不断检验学生的学习效果。

2. 新媒体与思想政治理论课开始有所结合,但是其供需矛盾仍较为突出

新媒体成为学生获取思想政治理论课有关信息的重要媒介。在"你在课外会如何获得与思想政治理论课有关的信息资讯"这一问题的回答中,有 80.37% 的学生是通过 B 站、微博、头条等新媒体,充分说明了新媒体对学生上好思想政治理论课有重大影响。学生在新媒体的影响下,希望将新媒体

第一章　新媒体时代高校思想政治理论课改革创新的重大意义

与思想政治理论课教学结合起来。因而,在"你是否希望思想政治理论课教学与新媒体结合"这一问题的回答中,有60.75%的学生表示希望,有19.63%的学生表示非常希望,由此可见学生对新媒体与思想政治理论课教学的结合有很高的期望。在实际教学过程中,新媒体已与思想政治理论课相结合,但是对学生此种需求的满足还远远不够。如在"你的思想政治理论课老师是否会借助新媒体进行教学"这一问题的回答中,只有9.35%的学生表示经常会,有43.93%的学生表示不会;在"你的思想政治理论课老师上课时更多地使用哪种教学手段"这一问题的回答中,有22.43%的学生表示会使用雨课堂等结合新媒体的教学手段。

3. 学生对思想政治理论课在思想上重视,但在行动上有所忽视

在"你觉得新媒体时代是否仍有必要设立思想政治理论课呢"这一问题的回答中,表示有必要的占57.94%,表示非常有必要的占25.23%;对于"在你看来思想政治理论课是否重要"这一问题,仅有12.15%的学生表示不重要,没有什么实质性的作用,这表明学生能够在思想方面基本认同设立思想政治理论课的重要性和必要性,但学生行动上有所懈怠,学习思想政治理论课的积极主动性较差。在"你是否会主动预习或者复习思想政治理论课相关知识"这一问题的回答中,仅有5.61%的学生表示经常会,更多的学生只是有时会主动预习或者复习,甚至有不少学生从不主动学习。在"你在思想政治理论课上表现如何"这一问题的回答中,有76.64%的学生选择自己感兴趣的部分听,还有5.61%的学生选择完全不听、做其他事。产生这一问题的原因主要在于没有充分发挥新媒体的实时监督作用。新媒体不同于需要休息的教师、家长,它可以实时在线运作以监督检验学生学习情况,有了外界的一定约束,学生久而久之也能养成良好的学习习惯。

4. 老师能力有一定保证,但还有较大的提升空间

对于"你觉得思想政治理论课教师能否将知识讲解透彻"这一问题,表

示老师没有能够讲解透彻知识的学生占比为8.41%,但同时也仅有18.69%的学生表示自己的老师将知识完全讲解透彻了。由此可见,大多数老师都会讲解知识,但还未达到一定的深度和高度,能否将知识深入浅出地讲给学生听是最能体现出教师教学能力高低的,但很明显一些思政课老师难以达到这个要求。在"你认为目前思想政治理论课教学内容存在什么问题"这一问题(见图1-5-2)的回答中,有40.19%的学生认为内容重复、浪费时间,有80.37%的学生认为内容过于理论化、难以理解,有57.94%的学生认为远离生活、作用不大,有33.64%的学生认为内容与时政热点结合较少;在"你认为当前的思想政治理论课教学方法如何"这一问题的回答中,仅仅有24.3%的学生表示教学方法多样,让人有学习的兴趣,觉得枯燥的学生和没有什么感觉的学生所占比例相差不大。无论是内容还是方法,都要通过老师自己设计的课堂活动来落实,如今让学生觉得学起来难、缺乏学习的兴趣,证明老师的主导作用没有充分发挥,这一作用需要老师自己不断学习、提升能力来保障。然而,有的思想政治理论课教师却安于现状,对新媒体技术不是很了解,更无法熟练运用,只能采取传统的单一的讲授法来推进课程,无法借助新媒体将抽象的理论知识"活化",使学生轻松理解有关知识。同时,因为未能有效地借助新媒体给予各个思想政治理论课教师跨越地域、时差的沟通交流学习的平台,所以对他们的考核无法做到人人覆盖。缺乏外界的督促,有些老师便产生了得过且过的想法,不注重自身能力的提升。

第一章　新媒体时代高校思想政治理论课改革创新的重大意义

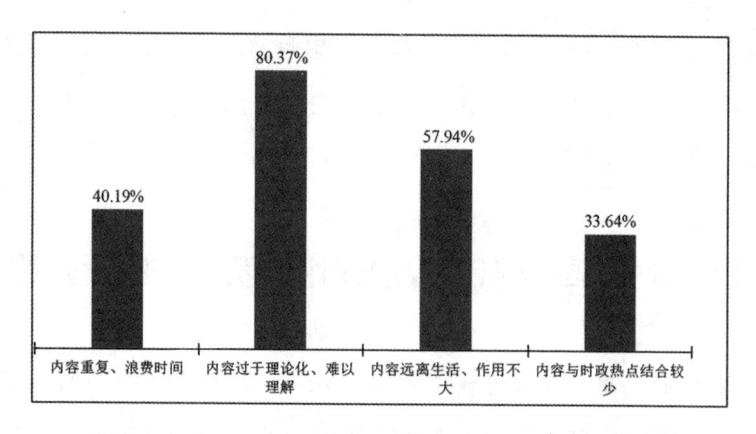

图1-5-2　你认为目前思想政治理论课教学内容存在什么问题

5.师生之间有所互动,但互动程度有待进一步提高

在"你是否会在思想政治理论课上与老师进行互动"这一问题的回答中,适当互动的学生占70.09%,甚至有24.3%的学生从不互动;对于"课后你是否会就不明白的地方去找老师请教"这一问题,有77.57%的学生表示不会去找老师,仅有少数人会去找老师,这些数据表明师生之间在课堂内外有适当的互动但是互动还不完全。在"你认为思想政治理论课堂氛围如何"这一问题的回答中,有67.29%的学生认为气氛平淡,甚至有1.87%的学生觉得压抑,究其原因在于师生互动强度不够,没有进行双向的沟通与交流,从而产生一定的共鸣效应。绝大部分学生认为不想找老师是因为自己性格内向害羞,这也是当前思想政治理论课没有充分发挥新媒体的作用所致。新媒体平台上学生可以隐蔽自己的真实身份,获得一个虚拟身份,在虚拟身份的掩护下,学生觉得自己可以"无所顾忌",与老师的互动交流也会变得更加畅通。

结合上述分析,新媒体时代思想政治理论课获得感现状介于一般和比较高之间,获得感还不是很强。新媒体时代思想政治理论课获得感构成复杂,增强思想政治理论课获得感不是一件易事,需要各方一起努力才能实现。调查问卷的数据启示我们当前高校思想政治理论课教学与新媒体的结合程度远远不够，教师的主导作用与学生主体地位的实现是影响高校思想政治理论课获得感提升的主要因素。

四、新媒体时代高校思想政治理论课获得感的提升路径

新媒体时代，推动高校思想政治理论课改革创新，就要主动抓住新媒体时代这一机遇，借助新媒体这个载体帮助解决高校思想政治理论课面临的困境，从教学理念、内容、模式、考核四个方面入手，不断增强高校思想政治理论课获得感。

（一）树立新媒体教学理念

理念是行动的先导。一切教育活动都不是凭空发生的，都有相应的教育理念做支撑。因此，不断更新、丰富教育理念是保证所采取的措施能切实增强思想政治理论课获得感的前提。

第49次《中国互联网络发展状况统计报告》显示的数据清晰地表明当前社会数字化大发展的号角已经吹响，各类新媒体已成为年轻人获取信息的主要渠道。思想政治理论课面对的群体从小学生到大学生，数量庞大，他们每个人都处在新媒体信息传送的漩涡之中。但目前我国的新媒体在使用方面，较多地被人们用来当作娱乐的工具，还未大范围运用于教育领域，因此没能充分发挥它的教育价值。在学生深度融入新媒体，新媒体又能切实推动思想政治理论课焕发生机的形势下，与其放任学生自己探索新媒体，不如主动出击，主动拥抱新媒体。以合理高效的方式将新媒体融入高校思想政治理论课教学中，指导学生合理使用新媒体进行学习，从而凸显新媒体的教育意义。

总之，要如习近平总书记要求的那样，"要运用新媒体新技术使工作活

第一章　新媒体时代高校思想政治理论课改革创新的重大意义

起来,推动思想政治工作传统优势同信息技术高度融合"①。新媒体时代,要审视并积极探索新媒体具有的潜在的教育作用,积极倡导将新媒体引入高校思想政治理论课教学理念,进一步提升大学生的思想政治理论课获得感。

(二)借助新媒体改进教学内容

不同学段的思想政治理论课教学内容各有不同,都有各自的侧重点。小学思想政治理论课重在向小学生强调一些规则规范;初中思想政治理论课的教学内容以道德与法治为主;高中和大学多以马克思主义及其中国化为主要教育内容,其中高学段的教学内容包括低学段的教学内容,是对低学段的教学内容的深化与拓展。随着学段的增长,思想政治理论课所教授的内容越来越理论化,因此需要借助新媒体改进教学内容,使教学内容通俗化、生活化。

教学内容通俗化就是使思想政治理论课的教学内容在传授的过程中可以更好地让学生理解和接受。学生不能很好地理解相关内容的原因在于其抽象思维发展尚不完全,既然抽象理论难以理解,就应转换思维,努力将其转变成形象理论。可以利用新媒体容纳海量信息这一特点,借助新媒体平台搜集多种多样的教学素材,以图文、视频、音频、动画等形式呈现,使死板抽象的教学内容变得立体丰满;还可以借助新媒体搜集知名专家和学者对某个教学内容的讲解视频,知名专家和学者本身对知识的掌握运用程度较高,再加上其授课时娓娓道来,深入浅出,让人能听得懂记得住。

"生活是理论的发源地和忠实注脚。"②教育寓于生活。思想政治理论课作为教育的一部分,也应贴近生活,让学生能在生活中感受到思想政治理论

---

① 习近平.把思想政治工作贯穿教育教学全过程 开创我国高等教育事业发展新局面[N].人民日报,2016-12-09(01).

② 杨红星,梁燕.生活化 生态化 叙事化:高校思想政治理论课教学探索的三个维度[J].河北师范大学学报(教育科学版),2017(1).

课教学内容的存在与价值。其中最直接的方式就是在课上指出教学内容与实际生活的对应之处，即借助生活化的素材来讲解某个知识点。除此之外，还可以在讲完某个知识点后，要求学生思考与之相联系的生活实际，帮助他们构建起知识与生活的联系。生活化素材的发现，就可以借助新媒体这个工具。新媒体的运行不受时空的限制，借助新媒体实际上等同于给自己找了一副可以窥探外界的眼睛。即使偏居一隅，也能窥视大千世界。不论古今中外的人与事，都可以在需要时调取，从而成为辅助讲解高校思想政治理论课教学内容的案例。

（三）利用新媒体创新教学模式

教学模式就是指思想政治理论课教师授课的形式。过去科技不发达的年代，采取最多的形式是教师站在讲台上自顾自地说。学生在下面听，老师问学生答。用到的授课工具是无声的粉笔和书本。因此，整个课堂氛围显得较为平淡。近年来，随着科技的发展及强调以学生为主体的理念，老师们开始使用多媒体，制作精美的幻灯片，注意在课堂上增设师生互动的相关环节，如自由辩论、模拟法庭等。尽管老师们对于思想政治理论课的教学模式作出了一定的调整，但不少学生还是感觉自身的课堂参与度不高。对此，要利用新媒体创新教学模式，进一步增强高校思想政治理论课教学的互动性，推进高校思想政治理论课教学的实践化。

增强思想政治理论课教学互动性，是在借助容纳海量资源的新媒体平台筛选到合适的教学素材，成功吸引学生的注意后，引导学生进行思考，让他们积极表达自己的想法。如使用网络在线课堂，可以开启实时弹幕。随着移动互联网技术的发展，课堂上每个学生都能通过电子设备接入新媒体教学工具，实时接收信息、多屏互动将是常态。互动不仅可以在课堂上，也可以延续至课后。通过建立思想政治理论课教学微信公众号、思想政治理论课教学微博等，给学生和老师提供互动的平台，让学生能以匿名的方式进行留言。这既有利于高校思想政治理论课教师及时地解答学生存在的疑难困惑,满足学生的求知欲,又能进一步增强师生互动和生生互动。

推进高校思想政治理论课教学实践化是指,不仅要丰富课堂实践活动,比如就某个知识点展开辩论、演讲;还要拓展课外实践途径,提倡学生走出课堂、走向社会,比如参观主题博物院、红色教育基地等。或利用新媒体进行直播,或利用新媒体对这些活动的图片、视频进行剪辑上传分享,留存并宣传大学生思想政治理论课实践化的活动情况,新媒体的交互和传播作用会使其迅速扩散。这既满足了学生们一定的表现欲,同时也是对他们实践活动的认可,将推动更多的大学生参与到思想政治理论课教学实践化的队伍中来,使他们不仅学在课堂,更能学在课下、用在课下。

(四)通过新媒体进行教学考核

增强思想政治理论课获得感需要老师与学生两方共同努力,不仅要明确学生如何做,还要明确老师如何做,同时确保老师与学生之间能进行积极有效的互动,对此可以通过新媒体考核师生双方以及两者之间的互动情况。

针对学生行动上忽视思想政治理论课这一问题,可以通过不受时空限制、信息分享便捷化的新媒体,监督学生完成相应的学习任务,强化学生对思想政治理论课学习的自觉性。可以通过新媒体提前将与本课有关的教学材料分享给学生,让学生在课前先大概了解本节课的主要内容,建立一定的学习兴趣;课后再通过新媒体布置一些作业或进行资源分享,其中作业可以多以探究性实践性活动为主,要求学生切实采取行动。通过课后的任务,学生可以进一步巩固所学的知识。新媒体是建立在数字网络技术发展基础之上的,每个人的在线学习情况都会被记录,教师可以用之作平时成绩和综合评价的参考。不仅如此,教师在通过新媒体记录学生学习情况的同时,也可以运用新媒体让学生评价教师的教学质量,这样的多主体考核更有参考价值。总之,运用新媒体加以考核,有助于纠正大学生觉得上思想政治理论课就是为了应付学习任务、得到理想的学习成绩这一认知偏差，进一步提高大学生学好思想政治理论课的行动力。

　　尽管学生在课堂上居于主体地位，但也不能因此忽视了高校思想政治理论课教师在思想政治理论课上的主导作用。提升高校思想政治理论课获得感离不开老师的主导作用。新媒体时代，教师要增强对新媒体运用于思想政治理论课的功能认同。高校对教师除了进行基本的知识考核，还应注意培训并考核他们的新媒体技术运用能力。同时注重考核高校思想政治理论课教师在学生群体中的认可情况，可以让学生通过新媒体平台对老师进行匿名制评分或提出建议。具体在考核内容上，要求学生在进行评价活动时不要只考虑老师的教学能力，还要评价教师为人的修养素质。同时，也要加大对教师的考核与指导。通过新媒体开展线上课程评比，让高校思想政治理论课老师将自己的讲课视频上传，由专家点评并定期选择优秀课堂，然后通过新媒体平台进行宣传和推送，让这些优秀的教师可以成为其他教师提升自我的榜样，从而激励高校思想政治理论课教师不断超越自我。

第二章　新媒体时代社会思潮对大学生思想行为的影响与引导

高校是社会思潮传播的重要领域,更是思想政治工作的前沿阵地。近年来,"泛娱乐化""佛系青年""饭圈文化""键盘侠"等现象,对大学生思想行为产生重要影响,甚至一些社会思潮借助新媒体日益渗入高校学生的日常生活。新媒体环境下,充分发挥思想政治理论课的舆论引导作用,对于引导学生增强"四个自信","厚植爱国主义情怀,把爱国情、强国志、报国行自觉融入坚持和发展中国特色社会主义事业、建设社会主义现代化强国、实现中华民族伟大复兴的奋斗之中"[①],具有重要意义。

[①] 习近平.用新时代中国特色社会主义思想铸魂育人 贯彻党的教育方针落实立德树人根本任务[N].人民日报,2019-03-19(01).

第一节　新媒体时代高校社会思潮传播

新媒体时代社会思潮传播模式呈现出一些新特征,表现为传播内容的现实性、碎片化,传播方式的交互性、潜隐化和传播时效的及时性、裂变性。因此,新媒体时代要实现社会思潮在高校的有序传播,以及社会主流意识形态在高校的有效传播,需创新新媒体管理机制、引导积极的社会思潮传播、探索新型思想政治教育模式、坚持以社会主义核心价值观为导向。

一、新媒体时代社会思潮在高校传播的现状

新媒体凭借其便捷性、互动性、多样性、即时性、草根性、自由性等特征,构成了独特的传媒生态环境,缩短了人与人之间沟通的距离,也使得各类社会思潮在我国呈现新的发展态势。

(一)新媒体时代我国社会思潮变化趋势

社会思潮是指"某一时期内在某一阶级或阶层中反映当时社会政治情况而有较大影响的思想潮流,它以一定的社会存在为基础,以特定的思想为理论核心,并与某种社会心理发生相互影响、相互制约、相互渗透的作用"[1]。当前我国正处在全面建设社会主义现代化国家和实现中华民族伟大复兴的关键时期。然而伴随着世界百年未有之大变局的加速演进,不确定因素增加,不同价值观之间的交流、碰撞日渐增多,呈现出较为复杂的局面,引发了

---

[1] 梅荣政.用马克思主义引领社会思潮[M].武汉:武汉大学出版社,2008:57.

第二章　新媒体时代社会思潮对大学生思想行为的影响与引导

社会思潮的激荡。新媒体的出现促进了社会思潮传播的变革,对社会主义主流意识形态安全和社会稳定造成了一定的冲击。党的十八大以来,我国的意识形态领域,呈现出主流意识形态的"一"与各种社会思潮的"多"并存,主流意识形态影响力逐渐增强,即"一元主导、多元共生"的局面[①]。据《人民论坛》重大社会思潮研判,十年来国内受关注程度较高、现实影响深刻的社会思潮分别为民粹主义、民族主义、生态主义、消费主义、泛娱乐主义、历史虚无主义、新自由主义、普世价值论等[②]。(见表2-1-1)

表2-1-1　2010—2019年十大社会思潮榜单

排序	2010年	2011年	2012年	2013年	2014年	2015年	2016年	2017年(国内)	2017年(国际)	2018年(国内)	2018年(国际)	2019年
1	新自由主义	普世价值论	民族主义	新自由主义	新自由主义	民族主义	民粹主义	民粹主义	民粹主义	民族主义	贸易保护主义	逆全球化
2	民族主义	新自由主义	创新马克思主义	历史虚无主义	民族主义	历史虚无主义	新权威主义	民族主义	分离主义	历史虚无主义	民粹主义	贸易保护主义
3	社会民主主义	创新马克思主义	新自由主义	民族主义	新左派	新自由主义	民族主义	生态主义	种族主义	民粹主义	单边主义	民粹主义
4	文化保守主义	道德相对主义	拜物教	创新马克思主义	民粹主义	民粹主义	极端主义	消费主义	极端主义	泛娱乐主义	排外主义	多边主义
5	道德相对主义	社会民主主义	普世价值论	普世价值论	普世价值论	新左派	新自由主义	泛娱乐主义	逆全球化	新左派	极端主义	民族主义
6	新左派	文化保守主义	极端主义	宪政思潮	生态主义	普世价值论	虚无主义	激进左派	生态主义	消费主义	新自由主义	科技本位
7	历史虚无主义	新国家干预主义	新儒家	民粹主义	历史虚无主义	新儒家	新左派思潮	文化保守主义	泛娱乐主义	文化保守主义	生态主义	消费主义
8	功利主义	民族主义	民粹主义	新左派	极端主义	生态主义	功利主义	历史虚无主义	新自由主义	生态主义	种族主义	泛娱乐主义
9	大国心态	民粹主义	道德相对主义	新儒家	新儒家	极端主义	消费主义	普世价值论	普世价值论	女性主义	女性主义	生态主义
10	伪科学	公平正义	社会民主主义	伪科学	宪政思潮	道德相对主义	生态主义	普世价值论	西方左翼	新自由主义	普世价值论	女性主义

(二)新媒体时代大学生对社会思潮了解现状

新媒体的发展加速了各种社会思潮的传播,对我国政治、经济、文化等方面产生了巨大影响,对社会大众特别是高校学生也带来巨大影响。因此,探究社会思潮的传播特点,对于增强主流意识形态引导力具有重要的现实意义。

---

① 陈琳,单宁.当前国内社会思潮趋势走向[J].人民论坛,2018(6).
② 贾立政,等.重大社会思潮十年发展变革趋势研判[J].人民论坛,2020(3).

新媒体时代的高校思想政治理论课教学改革与创新

高校是社会思潮传播和思想政治工作的重要阵地。习近平总书记强调:"高校思想政治工作关系高校培养什么样的人、如何培养人以及为谁培养人这个根本问题。"[①]当代大学生思维灵敏、好奇心强,易于接受新观念、新事物,容易受到各种社会思潮的冲击。为了了解高校学生对社会思潮的认识现状,我们通过问卷调查和个别访问形式开展实证研究,共计随机发放问卷580份,有效回收557份,回收率约为96%。数据来自随机抽取的全国各地高校学生。调查对象的基本情况见图表2-1-2。

表2-1-2 调查对象的基本情况

性别	占比	年级	占比	专业	占比	政治面貌	占比
男	35.41%	大一	14.4%	文科类	26.07%	共青团员	67.32%
女	64.59%	大二	19.07%	理工科类	27.24%	中共预备党员	10.51%
		大三	13.62%	艺术体育类	7.78%	中共党员	15.95%
		大四	41.63%	经济管理类	35.02%	民主党派	1.56%
		大五	1.95%	其他	3.89%	群众	4.28%
		研究生	9.34%			其他	0.39%

通过问卷调查发现,对于"你知道什么是社会思潮吗"这个问题,约1/4的大学生表示较为了解,约1/3的大学生对于社会思潮了解一般,还有约1/3的大学生对社会思潮较为陌生。对于"你知道哪些社会思潮"这个问题,通过整理问卷调查和随机个别访问发现,大学生较为熟知的社会思潮有民族主义、民主社会主义、拜金主义、历史虚无主义等,对一些生僻的社会思潮不是太了解,例如民粹主义、新自由主义、新左派思潮等。由此可见,高校大学生对于社会思潮的了解并不深入。

从大学生了解社会思潮的渠道来看,在校大学生对社会思潮的了解渠

---

① 习近平.用新时代中国特色社会主义思想铸魂育人 贯彻党的教育方针落实立德树人根本任务[N].人民日报,2019-03-19(01).

第二章　新媒体时代社会思潮对大学生思想行为的影响与引导

道依次是新媒体(81.35%)、课堂教学及相关学术讲座(53.97%)、书籍报刊(45.24%)、社会交往(30.56%)、广播电视(29.37%)、其他(0.79%)（如图2-1-1）。调查表明,虽然大学生仍会从传统的课堂学习、书籍报刊等途径了解社会思潮,但目前来看这些已不再是大学生了解社会思潮的首要渠道了,而是微信、微博、QQ等新媒体,也有一些大学生通过社会交往等情感方式了解社会思潮,充分说明了新媒体的出现使社会思潮与大学生的学习、生活的联系更加紧密。

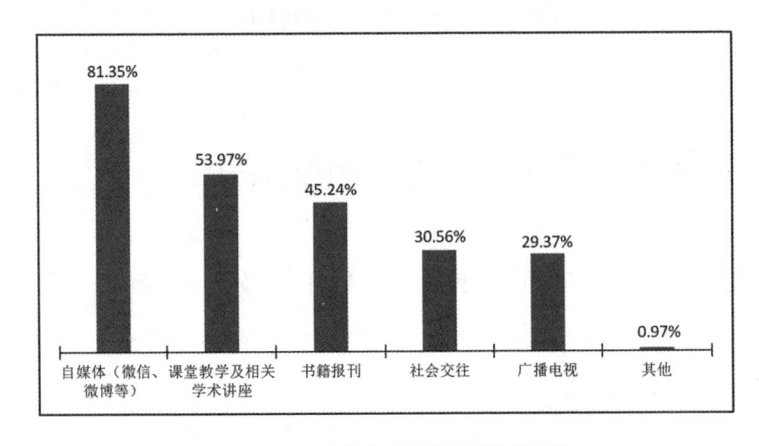

图2-1-1　大学生了解社会思潮的渠道

调查显示,有关大学生接触社会思潮的原因,54.37%的大学生是在好奇心的驱使下了解,51.59%的大学生是为了找到解决社会现实问题的方法,35.32%的学生认为它有道理,而34.92%的大学生因专业学术研究需要了解社会思潮(如图2-1-2)。从中我们可以看出高校学生了解各种社会思潮具有一定的猎奇性,同时社会思潮强大的现实针对性也是吸引高校学生的一个重要方面。

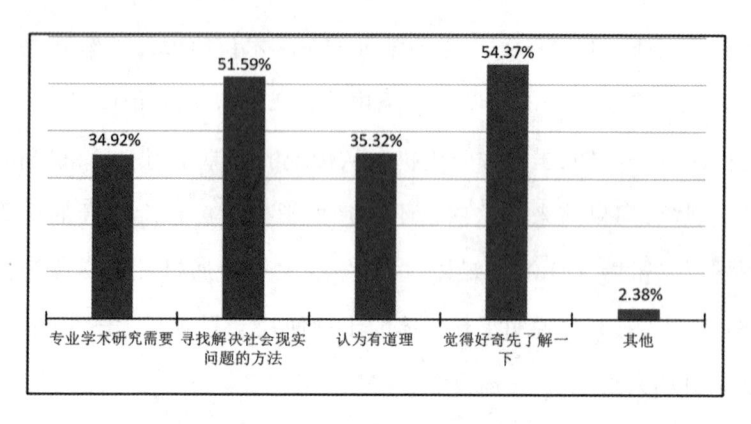

新媒体时代的高校思想政治理论课教学改革与创新

图2-1-2 大学生接触社会思潮的原因

柱状图数据：专业学术研究需要 34.92%；寻找解决社会现实问题的方法 51.59%；认为有道理 35.32%；觉得好奇先了解一下 54.37%；其他 2.38%。

二、新媒体时代高校社会思潮传播的特点

"做好高校思想政治工作,要因事而化、因时而进、因势而新。"①针对新媒体条件下社会思潮在高校传播的新情况,我们有必要总结新媒体条件下社会思潮传播的特点。

（一）传播内容现实性、潜隐化

不同社会思潮代表着不同社会群体、社会阶层的利益诉求和价值取向。② 一种社会思潮是否能为大众所接受、所认同,不仅取决于其理论内容是否正确、科学,还取决于它能否满足大多数人的现实利益诉求。一些社会思潮在内容上与大学生的思想特点和现实需要相符合,极易受到大学生的推崇。还有大学生强烈的求知欲和社会责任感,使他们不愿受传统观念的束缚,对那些形式新颖、言辞犀利的社会思潮,容易投入较大的兴趣。因此,

---

① 习近平.把思想政治工作贯穿教育教学全过程 开创我国高等教育事业发展新局面[N].人民日报,2016-12-09(01).
② 单刚.当前高校社会思潮的传播特点及引领路径研究[J].学校党建与思想教育,2011(17).

第二章 新媒体时代社会思潮对大学生思想行为的影响与引导

从高校大学生群体的内在需求来确定传播内容的社会思潮,会对大学生一些普遍关切的问题和思想困惑给予解答,以吸引大学生获取他们的支持和认同。例如新自由主义、民主社会主义思潮,抓住大学生关心的社会发展过程中存在的自由平等、贫富差距、民主法治等现实问题,并从不同角度给出了所谓的解决办法,具有一定的迷惑性,这就在一定程度上加大大学生对它们的辨识难度。

我国的主导意识形态是以马克思主义为指导的社会主义意识形态,其传播和教育大多以显性方式呈现,而其他社会思潮由于不具备政治权威性,其传播也不是强制的[①],具有潜隐性。马克思指出:"一个人的发展取决于和他直接或间接进行交往的其他一切人的发展。"[②]如今活跃于各大新媒体平台的一些作家、学者、媒体人及社会成功人士等,通过发表言论,或明显或隐蔽地宣扬某些意识形态的价值取向,并凭借自身的地位和丰富的经验形成了一定的话语优势,受到一些大学生的追捧;同时也可以发现,社会思潮不再有明确的话语,而是以各种方式隐藏在一些新闻热点和图片、视频中,以隐蔽的方式实现某种政治意图。由此可见,社会思潮在高校的传播和普及趋势是相对隐性的,需进一步增强青年大学生对社会思潮的辨识能力。

(二)传播方式交互性、碎片化

新媒体时代的本质是大众传播方式的颠覆性变革,交互性成为新媒体时代信息传播的重要特征。新媒体时代,社会思潮传播并不是通过"一对一"或"一对多"的单向过程,而需要人与人之间的平等交流、双向互动,从而获取和发布信息。例如QQ、微信、微博、抖音、今日头条这几种最常见的新媒体,在这里,每个人都可以表达自己的价值观念。对于自己认可的观点,

---

① 毕红梅,李婉玉.微时代社会思潮对大学生的作用机制[J].思想理论教育,2015(10).
② 马克思恩格斯全集(第3卷)[M].北京:人民出版社,1960:515.

可以通过转发、评论等多种方式作出反馈；对于观点上的分歧，也可以质疑和反驳。由此，传播者便能依据大学生的反馈和需求随时调整传播方式，在互动过程中，既扩大了社会影响力，又满足了大学生的社交需求。

"传统媒体中意识形态话语模式是以宏大叙事为主，新媒体领域意识形态话语模式则是以碎片化叙事为主。"[①]新媒体作为信息共享的即时交互性平台，信息传递更加地流动和分散，更加地简洁化、微观化和碎片化，在大学生群体中产生了强烈反响。如今的"00后"大学生群体，碎片化时间较多，新媒体成为他们热衷的渠道。他们利用零碎的时间来查看、编辑、共享和接受碎片化信息，碎片化信息正在缓慢地改变着大学生的阅读习惯。

（三）传播时效及时性、裂变性

与传统媒介相比，新媒体从传统自上而下的单向传输方式，转变成了网状、双向结构传播，使社会思潮的传播更具及时性、裂变性。

问卷显示，大学生获取信息的主要渠道中，自媒体所占比重达90.27%（如图2-1-3），表明新媒体已经融入了大学生的日常生活。社会思潮来源于意见表达和利益诉求，新媒体条件下传播的时效性可以说是"零时差"，人们可以通过新媒体获取第一手信息资源。社会思潮在新媒体条件下真正实现了动态表达，从而大大提高了社会思潮的影响力和渗透性。这种及时、迅速的传播更容易冲击心理敏感又涉世未深的大学生群体的心灵，从而激起他们的表达意愿，赢得支持和认可。

---

① 曹建文.警惕新媒体舆论场中非主流意识形态话语表达的"泛自由化"[J].红旗文稿,2017(20).

第二章 新媒体时代社会思潮对大学生思想行为的影响与引导

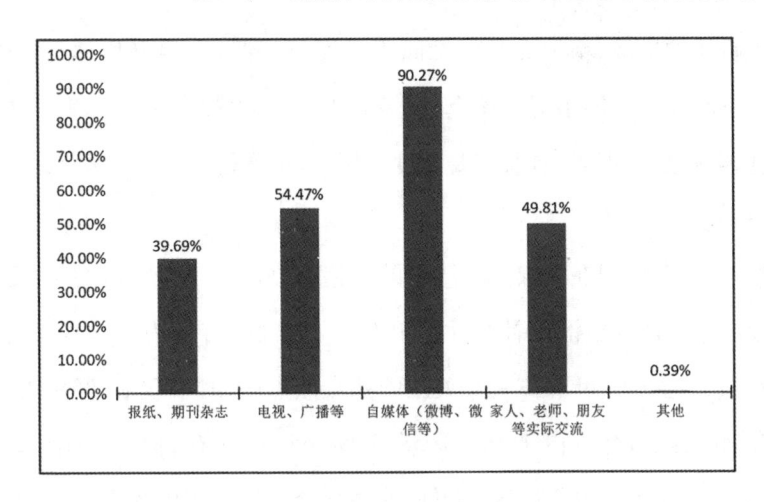

图 2-1-3 大学生获取信息的主要渠道

同时,裂变式的传播效应大大占据了主流意识形态的传播空间。新媒体上的"风吹草动"都有可能在大学生群体中迅速发酵。各种社会思潮为了得到大学生在思想、情感上的认可,时常包含了现实利益因素,更容易满足大学生的生理和心理需求,引发他们的情感共鸣。当某些突发性社会事件爆发时,会迅速做出回应,从而引起更多的人在新媒体上讨论、分享、转发,呈现裂变式传播特征,影响舆论走向。

三、新媒体环境下社会思潮传播对大学生的影响

中央文明委印发的《关于深化群众性精神文明创建活动的指导意见》指出:"在国际国内形势发生重大而深刻变化的时代条件下,面对各种思想文化交流交融交锋的复杂局面,马克思主义指导思想面临多样化社会思潮的挑战,社会主义核心价值观面临市场逐利性的挑战,传统教育引导方式面临

77

网络新媒体的挑战,精神文明建设面临新形势新课题。"[1]新媒体环境下,各种社会思潮在互联网上异军突起,对高校思想政治教育工作产生了重要影响,这些影响是一把双刃剑,需要深度分析、辩证看待。

(一)积极影响

第一,社会思潮在新媒体环境下的传播有助于大学生开阔视野,更加关注社会现实。社会思潮是社会生产和生活的产物,传播内容呈现实性。问卷显示,大学生通过新媒体主要关注的社会热点中,时事政治、经济发展、文化教育、娱乐八卦分别占71.67%、58.37%、65.37%、63.81%(如图2-1-4),可见大学生通过新媒体渠道更加关注社会发展过程中的实际问题,尤其是社会热点问题。先进社会思潮的传播有助于大学生增长见识,促进他们对社会民生问题展开思考和讨论,引导他们积极表达自己的观点、提高思辨能力,并能够理论联系实际参与到社会实践活动中去。但同时也要注意,大学生的"三观"尚未完全成熟,在看待一些社会问题时,不能实事求是、辩证地看待,极易走入一些有害社会思潮宣传的陷阱,这需要警惕和保持关注。

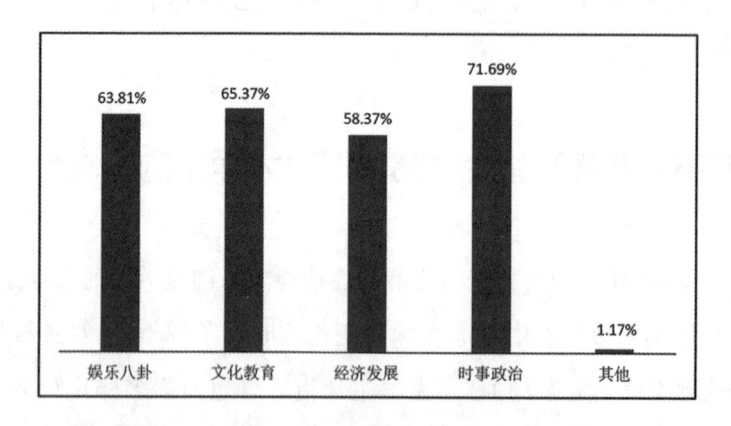

图2-1-4 大学生通过新媒体主要关注的社会热点

---

[1] 中央精神文明建设指导委员会.关于深化群众性精神文明创建活动的指导意见[N].人民日报,2017-04-06(09).

第二章　新媒体时代社会思潮对大学生思想行为的影响与引导

第二,新媒体视域下社会思潮的传播有助于增强高校学生的民族自信,激发爱国热情。在全球化进程中,中国在政治、经济、文化等领域面临着诸多挑战。例如近年来,世界范围内的局部冲突此起彼伏,而中国一贯主张和平解决这些问题,正常而温和的民族主义思潮迅速影响着一批热血爱国的大学生。这些热点事件往往成为新闻报道的焦点。大学生通过新媒体渠道可以自由表达对这些事件的观点和看法,更加客观、理性地对待民族伟大复兴征程中的困难和挑战。在增强民族自信中,做出正确的价值判断和选择,投身到中国特色社会主义事业的建设中,实现自身价值。

(二)消极影响

"在各路思潮大军中,积极性与消极性并存,开放性与保守性并存,先进性与落后性并存,这是当代社会思潮的基本特征。"[1]问卷显示,对于"你认为当前高校社会思潮传播是否存在问题",8.51%的大学生认为"问题较严重",75.89%的大学生认为高校社会思潮传播"有一些问题",15.6%认为"基本没有问题"。可见消极影响不容忽视。

第一,新媒体环境下高校社会思潮传播冲击着主流意识形态的主导地位。党的十八大以来,面对形势复杂的局面,习近平总书记发表了一系列重要讲话,深刻阐述了意识形态工作的重大理论和现实问题,增强了党在意识形态领域的主导权和话语权,马克思主义在意识形态领域的指导地位更加鲜明。[2] 但是我们也应该看到,随着互联网的迅速发展,尤其是微博、知乎等新媒体的普及,它们一方面在为信息的交流传播提供更便捷渠道的同时,另一方面也给一些不良社会思潮提供了滋生的土壤。那些形形色色的、零星碎片化的、良莠不齐的社会思潮内容,在信息爆炸的网络世界中,泥沙俱下。

---

[1] 邹东涛.如何释放多元社会思潮的正能量[J].人民论坛,2014(30).
[2] 蔡勇春.牢牢掌握意识形态工作领导权[J].求是,2017(23).

以利益"代言人"自居的各种错误思潮的发声者,利用新媒体到处发表言论,较容易占领话语权制高点,抢占舆论的主导权,俘获大量的粉丝,尤其是当前"00后"大学生群体。他们利用煽情的谎言向大学生宣扬西方所谓的新自由主义、普世价值观等错误社会思潮。需要关注的是,这些包含西方资产阶级意识形态的思潮极易隐藏在大学生热爱的影视、游戏、图片中,这严重影响了大学生的自我判断,冲击着高校社会主义核心价值观教育,冲击着社会主义主流意识形态的地位。对此,我们必须予以辨析和批驳。

第二,部分高校学生受不良社会思潮影响容易引发信仰危机和价值观危机。近年来,西方一些意识形态领域的社会思潮传入中国,其中也包含一些消极颓废的思潮,例如享乐主义、功利主义等不断侵蚀着大学生的心灵,导致一些大学生理想幻灭、信念动摇、目标丧失等严重后果。不良的社会思潮对大学生的影响又深刻地反映在大学生日常的学习生活中,例如在西方功利主义影响下,部分高校学生受到物质利益的诱惑,以物质利益为第一诉求,价值取向越来越功利化,一不留神就陷入了消费主义、拜金主义泥潭。将人际交往建立在物质利益交换的基础上,原有的理想信念就会抛之脑后,自我满足,过度消费,一切事情向"钱"看,变得懒惰、贪图安逸。

四、新媒体环境下正确引领高校社会思潮传播的对策

马克思曾说:"如果从观念上来考察,那么一定的意识形式的解体足以使整个时代覆灭。"[1]因此,如何消解新媒体环境下社会思潮在高校传播带来的消极影响,是目前亟待探讨的问题。具体而言,应该客观理性地认识社会思潮,创新新媒体管理机制,积极探索高校思想政治教育新模式,以社会主

---

[1] 马克思恩格斯文集(第8卷)[M].北京:人民出版社,2009:170.

第二章 新媒体时代社会思潮对大学生思想行为的影响与引导

义核心价值观引领社会思潮。

（一）客观理性认识社会思潮，加强批判和引导

作为一种社会意识形态，社会思潮的存在有其特定的现实基础，并在一定程度上反映了一些群体的利益和现实需求。新媒体条件下社会思潮传播内容的多样性为人们提供了多重选择。因此，要客观理性地认识社会思潮，用批判的眼光去对待。面对当前社会多种思潮并存的新情况，必须加强当前在高校流行的社会思潮的研究工作，加强对高校社会思潮的传播内容的管理，增强思潮引领的针对性和有效性。

高校思想政治教育工作者要在客观认识和把握社会思潮的性质和危害性的基础上，进行客观地分析。要紧紧抓住大学生思想意识中的一些困惑和误区，注重从价值观导向的角度，对社会思潮的传播内容进行批判和引导。要用理性的态度、平实的话语与大学生进行交流沟通，大力弘扬社会主义核心价值观，为大学生全面发展营造良好的社会氛围，在潜移默化中促进社会主流意识形态的认同。对于错误的社会思潮，必须旗帜鲜明地加以批判，理直气壮地坚决抵制；对于中性、无害的思潮要以包容为主，充分尊重个性，引导其与我国主流意识形态相适应，取其精华、去其糟粕，主动吸收借鉴有益部分，为我所用。例如西方生态主义思潮所倡导的生态保护、人与自然和谐发展思想，与我国现阶段提倡的"建设美丽中国"不谋而合，具有一定的进步意义。

（二）创新新媒体平台管理机制，抢占新媒体舆论阵地

互联网是高校思想政治工作的主体和前沿阵地。新媒体时代意识形态领域的许多新情况、新问题通过新媒体传播，许多错误思潮也都以新媒体为温床产生并发酵。因此，必须创新新媒体平台管理机制，抢占新媒体舆论阵地，把握话语主动权。

针对新媒体时代高校社会思潮传播带来的消极影响：一方面，党和国家

的相关部门要加强对新媒体的监管力度,增强对不良社会思潮相关言论的鉴别力。要提高新媒体信息准入门槛,加强意识形态安全建设,严厉打击鼓吹历史虚无主义、民族虚无主义等错误社会思潮的言论和行为,通过法律手段有效治理不良社会思潮。另一方面,高校要加强对不良社会思潮的监督,做好大学生的思想工作,加强大学生的世界观、人生观、价值观教育。不断更新新媒体教学内容,加快高校各级新媒体平台建设。当前,多数高校已经纷纷建立了微信公众号、微博公众号等大学生喜闻乐见、适应学生网络阅读习惯的新媒体平台,借助这些媒介"发声"。高校思想政治教育工作者要善于运用新媒体平台,时刻关注热点话题,加强对舆情的监控及舆论的引导。建立贴近学生的、方便快捷的沟通渠道,定期推送符合主流意识形态的信息。同时学习新媒体中社会思潮传播的策略,有针对性地借助新媒体扩大主流意识形态的传播范围,把握舆论导向,占领思想政治教育高地。

要加强校园舆论环境建设,把握话语主动权。随着微信、微博等新媒体的广泛运用,大量的碎片化信息通过转发、评论、点赞的形式在大学生群体中扩散,大学生对时事热点新闻的关注度不断上升。为此,需要高校思想政治教育工作者加强校园舆论环境建设,在高校网络思想政治教育中带头引导舆论走向,向学生传播积极的社会思潮;关注网络动态,通过具有代表性的新媒体运营传播正确的思想观点,吸引学生的注意力;有意识地培养大学生中的网络舆论领袖,引领网络舆论;等等,从而不断提高主流社会思潮的说服力,引导学生正确辨析社会思潮,牢牢掌握意识形态工作主动权。

(三)探索新型思想政治教育教学模式,提升主流意识形态的吸引力

"要运用新媒体新技术使工作活起来,推动思想政治工作传统优势同信

第二章　新媒体时代社会思潮对大学生思想行为的影响与引导

息技术高度融合,增强时代感和吸引力。"①针对当前大学生使用新媒体的现状及其本身的思想行为特点,新时代大学生的思想政治工作要不断创新教育教学方式,提升主流意识形态的吸引力。

要创新高校思想政治教育方法。高校要拓宽思想政治教育渠道,坚持实践育人。当前,新媒体与思想政治教育结合是大势所趋,但仅仅通过线上教育是不够的。实践是检验真理的唯一标准。教育者要积极拓展课外思想政治教育基地,不断创造新模式。通过课外活动、社会实践等途径开展更加直观的思想政治教育。

要创新高校思想政治理论课教学方式。思想政治理论课是培养大学生辨别社会思潮能力的重要渠道。在当前新媒体的迅速发展使传统的课堂地位受到挑战的情况下,要坚定地守住课堂第一阵地,加强对主流意识形态的宣传教育,提升思想政治理论课授课质量。这需要高校思政课教师在日常课堂教学中要紧扣教学重点,以大学生喜闻乐见的手段将枯燥的理论与时事热点相结合,增强课程的实效性。高校思政课教师通过播放一些有趣的视频、动画等方式,将理论穿插在课堂中,把抽象的概念形象地展现在学生面前,从而增强大学生的理论素养,提高大学生对社会思潮的辨析能力、独立思考的能力,自觉抵制不良思潮的侵袭。

(四)坚持以社会主义核心价值观引领社会思潮

社会主义核心价值观要真正实现其意义和价值,就必须在实践中加以弘扬。当代大学生正处在思想观念形成的关键时期,必须用社会主义核心价值观对其加以引导,使他们树立正确的价值观。因此,高校思想政治工作的一个重要着手就是要把社会主义核心价值观融入高校大学生的日常行为

---

① 习近平.把思想政治工作贯穿教育教学全过程　开创我国高等教育事业发展新局面[N].人民日报,2016－12－09(01).

中,帮助他们提高明辨是非和抵御风险的能力。这就要求高校把社会主义核心价值观融入大学课堂、大学课本中,融入学生日常接触的新媒体中,大力推进从课堂、教材到日常生活融入的创新。充分利用重要传统节日、重大节庆和纪念日,有重点地进行社会主义核心价值观的教育活动,激发师生弘扬和践行社会主义核心价值观的积极性与主动性。

要善于把新媒体作为大学生社会主义核心价值观教育的新载体,积极利用微博、微信等新媒体平台传播与社会主义核心价值观相关的知识和信息。要充分利用新媒体传播信息、数据便捷的巨大优势,把社会主义核心价值观教育融入直播、VR、AR、拍短视频中,将抽象的理论转化为简单易懂的案例和图像,使学生产生共鸣,辅之以课堂理论分析,实现"线上线下"的有机融合,从而有效引领思想教育的前沿,扩大社会主义核心价值观的影响力。

第二节 "泛娱乐化"现象的影响及应对

改革开放四十多年来,我国文化建设迈出历史性步伐,实现了翻天覆地的变化,人们的精神文化需求逐步提升。然而一些媒体在利益驱动下一味迎合市场,逐渐被消费主义、享乐主义充斥,呈现出一种"泛娱乐化"状态。大学生作为娱乐文化的重要受众,深受"泛娱乐化"现象的负面影响。因此,要从实际出发深刻分析其影响的实质,并提出针对性改进建议,以遏制媒体市场的恶性发展,为大学生的思想行为提供正确的价值导向。

第二章 新媒体时代社会思潮对大学生思想行为的影响与引导

一、"泛娱乐化"现象概述

(一)"泛娱乐化"现象的内涵

虽然当前并未形成对"泛娱乐化"概念的统一界定,但要想定义"泛娱乐化"的内涵,首先要对何为"娱乐"和"娱乐化"有一个明确的认知。按照《现代汉语词典》中对"娱乐"的解释,"娱乐"应是指使人身心愉悦或精神放松的活动。"化"是一个动词,代表一种性质或状态的改变。"娱乐化"就是将原本不具有娱乐性质的事物转变为具备使人身心愉悦的属性。所以娱乐化本身能够放松人们的身心,带来一定的审美享受,能够缓解压力,为紧张的人带来轻松和欢乐。可以说,娱乐化在一定范围内是一种有益的调节。

而"泛"具有"肤浅"和"水向四处流"的意思。因此,"泛娱乐化"与"娱乐化"在本质上其实是"度"的不同。任何事物的发展都不能超过一定的界限,超过界限就有可能是深渊。刘景态、洪兵认为,"泛娱乐化"是指"电视媒体制作播出的格调不高的娱乐类、选秀类节目过多,人为制造笑料、噱头、'恶搞'、'戏说'过滥,连新闻、社交类节目也掺进娱乐元素,甚至用打情骂俏、大话'性感'、卖弄色相的情节和画面来取悦观众。"[1]李紫娟、李海琪认为,"'泛娱乐化'依靠互联网技术,以'娱乐'作为外衣,渗透到大众日常生活的各个领域,满足着人们的感官欲望。这种通过网络新兴媒体以舆论形态传播,以感官刺激、欲望满足等方式实现'娱乐至上'的'泛娱乐化'倾向,对青年大学生的思想、行为等产生消极影响。"[2]上述学者都认为"泛娱乐化"是一种消极现象,在"泛娱乐化"的载体上也从强调传统媒介到强调网络新

---

[1] 刘景态,洪兵.电视节目泛娱乐化的成因和对策研究[J].经济研究导刊,2009(11).
[2] 李紫娟,李海琪.网络"泛娱乐化"倾向对青年大学生的危害及其应对[J].中国青年社会科学,2021(6).

兴媒体。科技的发展带动电子信息技术的飞跃,大众传媒的外延得以扩展,新媒体强势来袭。因此,媒体人也将盈利视野从传统媒体转向新媒体,再加上新媒体的即时性、便捷性、海量性、视觉性等特点深受大众喜爱,新媒体已成为大众获取信息和娱乐的首要媒体,故新媒体的"泛娱乐化"比传统媒体程度更深且更难以控制。

综上所述,"泛娱乐化"是以现代媒介为主要载体,以消费主义、享乐主义为核心,一味迎合观众消遣娱乐需求,以是否取悦受众为产品价值标准,将肤浅庸俗的内容以搞怪、戏谑的方式展现出来,试图通过娱乐大众来达到盈利的目的,从而导致媒体市场广泛呈现娱乐价值备受推崇的文化现象,是一种消极的媒体状态。

(二)"泛娱乐化"现象的特征

"泛娱乐化"现象所处背景和产生的原因,决定了"泛娱乐化"注重感官刺激、盲目迎合世俗、过度消费明星、内容浮浅庸俗的特征。

首先,信息技术的飞速发展,充当了"泛娱乐化"产生的硬件条件。信息技术与网络媒体早已不仅是工具,而已成为一种环境。如果说电视媒体以图像为优势,那么具有互动性、多向性、公众参与性的新媒体则是为我们构建了持续感官刺激的幻想世界。新媒体技术以其自身的功能肯定了娱乐的特性,将娱乐的内容展现得淋漓尽致。它将声音、画面、色彩完美展示,动人、刺激、富有感染力,带给观众感官的享受,更是一种全新的生活方式。虽然运用新媒体技术传播娱乐内容本身无可厚非,但当媒体市场的呈现方式达到"泛娱乐"程度时,媒介就成了"泛娱乐化"的"帮凶"。

其次,大众文化中日益呈现的消费之风是"泛娱乐化"产生的环境条件。如今,物质资料不断丰富,人们的精神需求也日益提升。然而消费主义的盛行,让人们对于精神文化的需求更多地转向了娱乐文化。娱乐文化的消费早已不再是纯粹的文化娱乐活动,而是一种流行的消费方式。于是,在资本逻辑的驱动下,娱乐呈现市场化的运作方式。内容庸俗,方式搞怪,只为满足观众的感官享受,盲目迎合世俗,刺激消费,以牟取利润,从而导致文化产品同质化、低俗化、批量化严重。相对于文化生产阶段的精英文化,大众文化便是文化的消费阶段。文化产品的消费最为典型的就是综艺节目,明星效应便是收视率和盈利的保障。明星的出演、代言、客串、赞助均成为产品增值的标签,甚至一条微博都可以调动一个产业的消费,出现所谓的"明星同款"而备受追捧。过度消费明星,表面上以娱乐文化的形式出现,实则商业性质浓重,只为最大限度刺激"追星族"的消费。偏偏这样"娱乐化"的方式又与当下城市生存语境中人们的娱乐心态相契合,于是"泛娱乐化"的受众就在这样的形势下产生了。

第三,快节奏的生活使人们生活压力越来越大,人们从内心期待紧张的神经能得以放松,获得快感,娱乐文化恰好迎合了人们的需求。且在争分夺秒的时代,新媒体又是唯一能够集快捷、移动、生动为一体的媒介。于是短视频、游戏、综艺、网剧便成了人们在短暂闲暇时间内足不出户就能享受得到的精神消费品。娱乐成为人们短暂逃避现实和获得虚拟满足的重要方式。娱乐文化和信息技术的结合为疲惫的人们塑造了一个虚幻的世界,让人们在麻木神经的状态下获得内心的满足,并短暂地逃离当前高压的状态,于是内容浮浅庸俗的娱乐文化便应运而生。

二、"泛娱乐化"现象对大学生影响的现状调查

(一)问卷设计以及实施情况

在综合分析"泛娱乐化"现象现状、大学生现状、前人研究成果后,以大学生为对象进行本次问卷设计。问卷的第一部分是有关个人信息的内容,第二部分是主体,包括大学生对媒体娱乐内容的接触情况,大学生对"泛娱

乐化"现象的认知和态度情况,"泛娱乐化"现象对大学生影响情况,以及大学生对媒体市场"泛娱乐化"现象未来发展的建议和想法。问卷通过线上向全国多地大学生随机发放,共发放调查问卷562份,有效回收540份,回收率为96.09%。

(二)调查概况

本次问卷对象,男生占44.49%,女生占55.51%。样本的年级分布分别是本科四个年级分别占比为5.31%、20.82%、30.2%、31.84%,硕士研究生与博士研究生分别占比为11.43%、0.41%。从样本的基本信息来看,博士研究生人数较少,本科生与硕士研究生人数几乎占全部比重,且各个年级均占一定比重,由此可见,本问卷具有一定的代表性和可信度。

研究"泛娱乐化"对大学生的影响,首先要了解大学生对媒体市场娱乐内容的接触情况(如表2-2-1、表2-2-2所示),88.15%的大学生均表示自己平时会收看娱乐节目,且在闲暇时刻的娱乐方式中,电子设备的选择率占比排名前三,刷手机短视频的比重高达51.85%,位居多项娱乐方式榜首。由此可以看出,网络媒体在大学生的学习生活环境中占据很大比重。网络媒体内容的"泛娱乐化"对大学生的影响不可忽视。

表2-2-1 你会优先选择哪种方式娱乐?(多选)

选项	人数	所占百分比
刷手机短视频	280	51.85%
看娱乐节目	264	48.89%
玩游戏	216	40.4%
阅读和运动	203	37.59%
户外出行	176	32.59%
睡觉	225	41.67%
其他	22	4.07%

第二章 新媒体时代社会思潮对大学生思想行为的影响与引导

表2-2-2 你平时收看娱乐节目吗?

选项	人数	所占百分比
不看	64	11.85%
偶尔看	320	59.26%
经常看	145	26.85%
每期都看	11	2.04%

在对娱乐节目的看法和态度上,从表2-2-3、表2-2-4可以看出,娱乐综艺类节目,是大学生平时最喜欢的电视节目类型,占比高达94.63%;新闻类节目排名第二,占比为35.2%,与排名第一的娱乐综艺类节目相距较大。或许正是由于他们喜欢观看娱乐综艺类节目,了解娱乐综艺类节目,所以大部分大学生对娱乐节目的认知较为清晰。有74.63%的被调查者认为,娱乐节目同质化,缺乏创新,低俗化倾向明显,存在"泛娱乐化"现象;有67.04%的被调查者认为,娱乐明星成为宣传主流,追求利益至上,过于看重节目收视率,炒作严重。由此可见,大部分大学生对娱乐节目是持负面看法的,仅有22.22%的被调查者认为,娱乐节目起到了人们平时放松休闲的作用;有22.04%的被调查者认为,娱乐节目形式新颖,内容吸引眼球。

表2-2-3 你平时喜欢的电视节目的类型是?(多选①)

选项	人数	所占百分比
新闻类节目	190	35.2%
科学教育类节目	104	19.26%
娱乐综艺类节目	511	94.63%
体育类节目	141	26.11%
体育类节目	40	7.41%
服务类节目	62	11.48%
养生健康类节目	15	3.78%

① 未注明选项是多选的问题,均为单选题。

表2-2-4 你对如今娱乐节目现状的看法是？（多选）

选项	人数	所占百分比
节目形式新颖，内容吸引眼球	119	22.04%
节目同质化，缺乏创新，低俗化倾向明显，出现"泛娱乐化"现象	403	74.63%
娱乐明星成为宣传主流，追求利益至上，过于看重节目收视率，炒作严重	362	67.04%
起到了人们平时放松休闲的作用	120	22.22%
不了解，没想过	27	5%

大学生对于"泛娱乐化"对自身影响的自我评判，如表2-2-5所示，近96%的大学生都觉得"泛娱乐化"对自身一些方面造成了影响，认为自己语言风格方面受影响的占60%。在审美情趣方面，也有55.93%的大学生觉得自己受到了"泛娱乐化"的影响。包括在思维能力、人际交往、生活态度、价值观念方面，认为自己受到影响的大学生所占比重分别为22.04%、55.93%、37.96%、44.07%。可见，大学生具有"自知之明"，能够认识到"泛娱乐化"对自己有较大影响。

表2-2-5 你觉得"泛娱乐化"对你的哪些方面造成影响？（多选）

选项	人数	所占百分比
语言风格	324	60%
人际交往	194	35.93%
审美情趣	302	55.93%
生活态度	205	37.96%
价值观念	238	44.07%
思维能力	119	22.04%
无影响	22	4.07%

在"泛娱乐化"现象出现原因和责任归咎的问题上（如表2-2-6所示），76.67%的大学生认为电视媒体一味迎合大众导致"泛娱乐化"需承担责任，认为责任在于社会风气的助长、媒体市场的管理不当、主流价值观的

缺失,所占比重分别是64.07%、62.04%、60%,认为责任在于观众盲目需求的最低,占50.93%。在对今后媒体市场该如何发展的想法和建议中,绝大部分大学生都认识到了现如今媒体市场的"泛娱乐化"现象并认为亟待改善,96.73%认为媒体市场应该自我调整、自主创新,增加节目内涵,其中甚至有15.51%的同学认为如今的媒体市场已经需要完全推翻,强加管理,对现在的媒体市场抱有强烈的不满。但也有部分大学生对媒体市场的"泛娱乐化"现象听之任之,认为无须改革或任由市场调节。

表2-2-6 你认为泛娱乐化现象的责任是?(多选)

选项	人数	所占百分比
观众的盲目需求	275	50.93%
电视媒体一味地迎合大众	414	76.67%
社会风气的助长作用	346	64.07%
媒体市场管理不当	335	62.04%
主流价值观的缺失	324	60%

三、"泛娱乐化"现象对大学生的影响及原因分析

(一)"泛娱乐化"现象对大学生影响的主要表现

习近平总书记在党的十九大报告中指出:"青年兴则国家兴,青年强则国家强。"[1]"泛娱乐化"现象对大学生所处的学习生活环境,以及对大学生的思想和行为都造成了影响,这是一种潜移默化的深刻的消极影响。主要体现在:

第一,审美情趣方面,低俗的商业化制作,一定程度上引起大学生审美

---

[1] 习近平.决胜全面建成小康社会　夺取新时代中国特色社会主义伟大胜利——在中国共产党第十九次全国代表大会上的报告[M].北京:人民出版社,2017:70.

观的庸俗化。一些视频门户网站为了吸引高收视率高点击率,对一些低俗的话题毫无顾忌地谈论。青春偶像剧的制作播出也让大学生逐渐弃文学著作而对浅薄文学作品趋之若鹜,从而导致大学生审美庸俗化、感官化。如在大学生的消费观中,存在着的所谓的追求"明星同款",其实质就是"泛娱乐化"过度消费明星,带来的"追星族"典型的"追风"消费心理。是否具有美感不再是"追星族"审美的最高标准,是否实用也不再是购买时最重要的考虑因素。"明星同款"带来的满足感或虚荣心改变了追星的大学生们审美情趣。

第二,思维能力方面,娱乐文化中大量的搞怪、戏谑内容,让当代大学生在其影响下深陷"套路"无法自拔,甚至流传着"自古深情留不住,总是套路得人心"这类让人啼笑皆非的说法。且过于迎合观众减压放松需求的娱乐文化均以较为轻松、随意的内容和形式出现,对于大学生较为严谨的逻辑思维的培养和形成是不利的。观看娱乐节目其实是"一个人的狂欢",缺乏实践锻炼和社交的大学生很容易形成"以自我为中心"的思维方式。

第三,生活态度方面,在"泛娱乐化"所渲染的轻松愉快和逃避现实压力的自我满足中,"佛系青年"现象应运而生。这一代名词的相关观点可以概括为"不争不抢、不求输赢、有无均可"的生活状态与生活态度。人们对"佛系"的褒贬不一,"佛系人生"虽然也包含洒脱乐观、坦然随性的生活态度,"但其本质其实是一种消极的遁世主义和生存悲观主义,最终不可避免会走向价值虚无主义"[①]。当代大学生长时间地因自我放松的需求沉迷娱乐文化,以短暂的娱乐麻痹自我,在快节奏的生活压力下藏匿于网络中逃避现实,最终形成以"佛系青年"自诩,实则消极遁世的生活态度。

第四,价值观念方面,"泛娱乐化"使当代大学生社会责任感、历史认同、

---

① 宋德孝.青年"佛系人生"的存在主义之殇[J].中国青年研究,2018(3).

第二章　新媒体时代社会思潮对大学生思想行为的影响与引导

政治认同欠缺。问卷数据显示,当问及大学生喜欢哪种电视节目时,娱乐综艺类节目遥遥领先,新闻类节目不及娱乐综艺类节目的一半。这意味着大学生政治思想意识不强,缺乏社会责任感,不愿去关注和思考具有严肃性和深度性的重大问题,自然不会从社会历史的角度去思考自身使命与责任。甚至一些政治人物和事件在娱乐节目中都以戏剧化的形式展现出来,抹去原本不该抹去的色彩,使得大学生在戏谑过程中无法感受到这些人物和事件所具有的沉重的力量,无法明确意识到自身肩负的历史使命与社会责任。同时,以历史为题材的影视作品的制作播出,有些严重歪曲事实,模糊了大学生的历史认同。"宫廷戏说""名著改编""抗战神剧"层出不穷,尤其是穿越剧等视听节目,任意编造、随意裁剪历史,使大学生在盲目地沉溺在视觉刺激中,"去阐释和补足日常生活的空虚与精神缺失"[1],最终导致一些大学生历史观混乱。

第五,语言风格方面,越来越多的"网红"用语进入人们的生活。中华汉字文化博大精深,"网红"用语虽然也在丰富我们的语言文化,但也挑战着汉字文化的传承问题。大街小巷随处都可以听到"网红"用语的使用,这些"网红"用语也大多是通过娱乐节目进行传播的,同时新出现的热门用语也会对娱乐节目的制作播出起到引导作用。问卷显示,被调查的大学生中有相当一部分人表示看娱乐节目是为了了解时尚前沿。这些热衷于走在时尚前列的大学生,最新的"网红"用语都会在他们的语言风格中得到充分体现。另外,饶有趣味的"表情包文化"逐渐成为网络聊天中的主流,各式表情包不断推出,到了几乎没有什么表情包制作高手用不了的素材的境地。以往用语言文字表达的问候,如今一张表情包就能表达了许多含义。表情包的便捷和生动性,不仅改变了大学生的语言风格,同时助长了追求感官刺激的"泛

---

[1] 黄艺.泛娱乐化时代网络直播平台热潮下的冷思考[J].新闻研究导刊,2016(2).

娱乐化"现象。

第六，人际交往方面，在网络带给人们便捷的同时是否拉远了人们心灵距离的争论还未成定论之际，"泛娱乐化"更增添了网络世界的趣味性，助长了当代大学生远离社交、足不出户、沉迷网络的风气。"泛娱乐化"为社交活动匮乏、精神世界空虚的大学生们提供了乐趣，让他们在封闭自我之后通过娱乐文化麻木自身。"泛娱乐化"让大学生失去的是灵魂的深度和走出"舒适圈"的能力和勇气，更有毕业后离开校园走向社会，缺乏一定的人际交往和社会适应能力。

(二)"泛娱乐化"现象对大学生影响的原因分析

"泛娱乐化"现象对大学生影响的原因是多方面的，主要有以下四个方面：

第一，监管存在"真空地带"。近年来，我国颁布了多项针对传媒行业的法律法规，可以说相关部门对传媒市场的监督管理从未缺位。"限娱令"以及其他相关法律法规等规范传媒市场所做出的努力，使得"泛娱乐化"现象得到一定的改善。但当下关于网络活动的规则机制仍然存在一些法律法规难以规范和约束的灰色中间地带，并不能完全约束被资本逻辑驱使的媒体市场主体。在互联网这片复杂的领域，在这个"人人都是自媒体，人人都可发声"的新媒体时代，新媒体具有的开放性、及时性、海量性和一定程度匿名性等特点，使得网络监管起来较为困难。在主流声音传播的同时，网络空间总是伴随着质疑的声音。就像一场"编码"与"解码"的角色转换，事物被完成"编码"时总会带着"被挑选出来的意义"和一种主导性的"解码"方式，并且一定会有人发现这层"主导性"而发出对"主导之外"的质疑。尤其是当"编码者"是主流媒体时，那些不被引导的网民便产生了对信息不信任的"解码"，于是主流声音在网络空间的信任度就被大打折扣。

第二，媒体自身的定位缺失。大众传媒是人们获得信息、了解世界的重要途径,我国文化市场的改革,"使得当前我国的大众传媒改变了过去单一的意识形态的宣传功能,改变了传播的强制方式,但传媒具有双重身份和角色,决定了它也必须具有双重功能"①。身处社会主义市场经济中的传媒行业,为了生存,媒体人不得不根据消费者的需求和市场导向生产出能够获得资本和利润的文化产品;媒体行业本身又承担着传播优秀文化和正能量的社会责任,也兼具着引导舆论和传播观点的功能。然而,当前的传媒市场并未完全肩负起积极塑造社会和国家正面形象的职责,反而因一味地追求经济利益而将社会责任抛之脑后。有的在利益的驱动下不择手段,甚至为了盈利,用欺骗的手段凸显文化产品的娱乐性,只为刺激消费,只为了收视率,而违背社会道德。还有一些粗制滥造、不够正规的媒体行业,为了满足部分受众的低级趣味,甚至制作一些低俗的娱乐文化产品,降低市场上文化产品的整体质量,扰乱了媒体市场的秩序。部分大学生受众也正是接受了这些低俗甚至腐朽的娱乐文化的荼毒。总之,一些以金钱至上的媒体未能肩负起自己的社会责任,未能摆正自己在文化建设与营造良好社会风气中至关重要的定位,在利益驱动下使得媒体市场的"泛娱乐化"愈演愈烈。不仅对当代大学生造成不可忽视的消极影响,对良好社会氛围的营造也形成了负面影响。

第三,高校思想政治教育工作存在不足。近年来,中共中央高度重视高校思想政治教育工作。虽然取得了一系列成就,但做好高校思想政治教育工作一直在路上。高校对大学生媒介素养的教育还没有达到理想的状态。媒介素养是一个人接受、处理与运用媒介信息的能力。面对"泛娱乐化"对大学生的消极影响,除了加强对媒体市场的整顿,从大学生自身出发,培养自身媒介素养以抵御"泛娱乐化"影响也至关重要。然而在当前的高校中,

---

① 张小争,等.明星引爆传媒娱乐经济[M].北京:华夏出版社,2005:4.

对大学生媒介素养教育的重视程度仍不够,在课程设置上不够完善。也许对于将来从事媒体行业的新闻专业的学生大多会开设这门课程,但不仅仅是媒体人,学习其他专业的大学生,或者从事其他行业的人,都是媒体的受众。因而也应该具备一定的媒体素养,能够在纷乱复杂的媒体信息面前做出理智的判断和正确的选择。大学生本身社会阅历和经验就较少,若是再不进行一定的媒介素养教育,就有可能在"泛娱乐化"的媒体市场中被庸俗文化诱惑沉溺其中,最终在思想和行为上深受影响。再而,高校的政治理论课作为思想政治教育的重要方式,课堂上有忽视学生主体性,授课生搬硬套、照本宣科的痕迹。著名教育家杜威曾说"教育即生活",我们不能脱离实际来开展教育。尤其是思想政治教育这一传播思想、塑造大学生价值观的工作,坚决不能脱离学生的生活、经验和兴趣。

　　第四,大学生对娱乐文化产生依赖。唯物辩证法认为,影响事物发展的最终决定因素,还是事物内部的因素。因此,大学生受"泛娱乐化"现象的消极影响,关键还是在于大学生自身的局限性。大学生的思维本就非常活跃,大学期间是大学生形成世界观的关键期,容易关注到媒体市场各类纷乱复杂的信息。加上信息时代的便利,网络和智能手机等通信设备不受限制,又为大学生接触娱乐文化创造了硬件条件。因此,大学生较容易接触到质量不一的娱乐文化而沉溺其中。大学生处于即将从校园步入社会的转折期,怀有对未来的迷茫和压力,容易对能放松自我的娱乐文化产生依赖,并妄图逃避现实,沉溺其中,最终因自己薄弱的意志力和明辨是非能力在"泛娱乐化"的媒体市场中迷失自我。

四、应对"泛娱乐化"现象对大学生影响的策略

（一）加强对"传媒市场"的监督管理

比起没有权威、界限不清的"通知"和"规定"，纷繁复杂的新媒体更需要有明确严厉的规章制度进行规范。针对网络空间复杂又快速的发展，相关法律要根据实际情况不断完善，绝不能允许有"真空地带"的存在。对媒体人，要根据其行为和社会贡献程度设置奖惩制度，让那些致力于社会责任的媒体人因履行好社会责任而不断坚定自己为民、为国的信念和价值判断。要进一步变革和完善传统的传媒盈利模式和评估体系。媒体盈利的关键不应靠"点击率"这样单纯的量化标准，媒体的重要使命是传承主流文化、宣传社会主义核心价值观、引领精神文明。因此，要通过加强对"传媒市场"的监理，在整个社会树立良善的"传媒市场"理念。我们应充分认识到，资本逻辑不能左右我们的价值判断，市场只是人们走向幸福生活的手段，媒体不论是"新"还是"旧"，都不能被市场所驱使。

（二）强化大众传媒自身建设

在媒体市场"泛娱乐化"的今天，大众传媒自身要在利益面前强调自律，提高娱乐文化产品的含金量。娱乐本身并不具有庸俗的标签，相反娱乐拥有放松人们紧张神经，为受众带来欢乐的功能。传媒市场需要娱乐，适当的娱乐化可以营造愉悦轻松的氛围。但"泛娱乐化"超过了娱乐化的一定范围就会走向另一个极端。"物极必反，月满则亏。"要让娱乐化保持在一定范围内，让娱乐内容的设置保持在一定界限和尺度内。不仅需要政府相关部门的监督管理，更需要传媒行业自律，坚持娱乐适度原则，守好娱乐道德底线。社会赋予传媒行业一定的社会责任，大众传媒就要认清定位找准目标，而不是粗制滥造，以低质庸俗的内容博眼球、博关注。问卷数据显示，当大学生

被问及娱乐综艺节目中最吸引人的特点时,认为明星、固定的主持人,或是搞笑的内容都是吸引点,但所占比重最高的,是获得内容形式方面的创新点。因此,为了传媒行业的长远发展,大众传媒应该构建娱乐新理念,提高娱乐的含金量,创新及正能量的宣扬始终符合时代和社会的主题和需求。而缺乏自主创新,一味模仿,甚至为制造笑点而内容无下限的娱乐节目,最终也只是同质化的产物,无法在媒体市场占据主流,走在前列。提高娱乐含金量,树立"导向决定生存,市场决定发展"和"质量比数量更重要"的理念,生产符合大众深层次需要、高品位、高格调的娱乐模式。坚持对真善美的追求,注重人文关怀,坚持以人民为中心、社会为导向,宣传和弘扬社会主义核心价值观,才是大众传媒正确的发展道路。

(三)高校加强思想政治教育工作

习近平总书记强调:高校"要坚持不懈传播马克思主义科学理论,抓好马克思主义理论教育,为学生一生成长奠定科学的思想基础"[1]。高校思想政治理论课"承担着对大学生进行系统的马克思主义理论教育的任务,是巩固马克思主义在高校意识形态领域指导地位、坚持社会主义办学方向的重要阵地,是全面贯彻党的教育方针、落实立德树人根本任务的主干渠道和核心课程"[2]。因而在"泛娱乐化"现象已然对大学生多方面都产生消极影响的今天,高校更应加强思想政治教育工作。首先,改善思想政治理论课过重的"灌输"痕迹,改革思想政治理论课的课堂模式。要将思想政治教育的作用发挥好,必须联系社会现实。思想政治教育只有立足社会现实,深深根植大学生的生活和现状,联系大学生的经验和兴趣,以学生为主体,才能塑造大

---

[1] 习近平.把思想政治工作贯穿教育教学全过程 开创我国高等教育事业发展新局面[N].人民日报,2016-12-09(01).

[2] 教育部关于印发《新时代高校思想政治理论课教学工作基本要求》的通知[EB/OL].中华人民共和国教育部,http://www.moe.gov.cn/srcsite/A13/moe_772/201804/t20180424_334099.html,2018-04-13.

学生的思想，培养大学生树立正确的价值观。高校思想政治理论课作为高校思想政治教育的关键课程，如果仅仅关注理论知识的讲解和为应付考试的死记硬背，那其功能就大打折扣了。其次，加强对大学生的媒介素养教育。把大学生的媒介素养教育纳入高校思想政治工作内容。在如今信息贯通的时代，不仅仅是从事传媒行业的专业媒体人需要进行媒介素质教育，包括大学生在内的每一个传媒市场的参与者，都应该具备一定的媒介素养。这是一个言论自由的时代，也是一个遍布"键盘侠"和网络"喷子"的时代。人人都有发言的权力，每个人都是为自己发声的"自媒体"，都可能引起舆论，这就必须增强媒体人的素质。同时，媒体人也是受众，也应在媒介素养教育中拥有正确理性看待传媒的能力。大学生既是受众，又是媒体人，要使他们在"泛娱乐化"浪潮中大浪淘沙，奋进成长，亟须对他们进行媒介素养教育。最后，加强对校园文化活动和校园媒体的建设。校园文化活动是最贴近大学生的"户外思政课"，要将校园文化活动营造良好校园文化氛围、丰富大学生课余生活的职能发挥出来。摒弃"指标化"的活动数量和"形式主义"的活动内容，重视高校校园社团建设，将校园文化活动开展好，办出"主题好、形式好、内容好、参与高"的活动，"讲"好"户外思政课"。校园媒体作为校园文化宣传的主要阵地，更要守好阵地，坚定立场，将校园媒体建设成为基于大学校园的最真实理性的"校园发声者"，塑造成一个真正的"校园舆论领袖"。

（四）大学生注重自身素质提高

习近平指出："青年一代有理想、有担当，国家就有前途，民族就有希望，实现我们的发展目标就有源源不断的强大力量。"[①]面对"泛娱乐化"媒体市

---

① 习近平同青年代表座谈:在实现中国梦的生动实践中放飞青春梦想[N].人民日报,2013-05-05(01).

场的干扰和诱惑,大学生要对理论文化知识有系统深刻的掌握,从而提高信息辨别能力,尤其是能给予我们科学世界观和方法论指导的马克思主义。大学生在校期间要认真学习马克思主义,用科学的理论武装头脑,指导行动,在马克思主义指导下建立正确的价值观,对媒体市场中的娱乐内容作出科学理性的判断。要自觉认真地接受媒介素养教育,主动学习媒体知识,提高网络社会思潮的鉴别能力、不良文化的抵制能力。文化阅读方面,努力改变"碎片化"阅读方式,回归纸质沉静的阅读,培养自身耐心,祛浮祛躁,学会闹中取静,保留内心一方净土,方能在"泛娱乐化"中保持自我。要主动追求高雅文化,升华自身审美情趣。大学生要主动远离低俗文化,通过阅读中外名著、欣赏高雅音乐戏曲等方式,提升自己对高雅文化的品鉴能力,提高自己的审美境界。在新媒体时代,还要防止沉溺网络娱乐,培养健康的兴趣爱好。面对压力选择更好的休闲娱乐方式,走到户外,面向现实,不能在安逸的娱乐环境中蒙蔽自我,进行虚拟逃避。

"泛娱乐化"现象对大学生造成的多方面消极影响不可小觑,而推进媒体市场健康可持续发展也不是一蹴而就的。因此,要从"泛娱乐化"现象形成的背景出发,深刻分析其原因及实质,结合实际就亟待解决的问题提出切实可行的方案。在党委、政府、媒体行业、高校和大学生自身的共同努力下,定能一步步改善媒体市场的发展状态,从源头上消弭"泛娱乐化"现象对大学生造成的消极影响。

第三节 "佛系青年"现象的特征及引导

中共中央、国务院印发的《中长期青年发展规划(2016—2025年)》中明

第二章 新媒体时代社会思潮对大学生思想行为的影响与引导

确指出,要注重激发青年的参与热情和创新活力,促进青年的社会融入和社会参与。然而,作为青年群体中的突出群体,高校大学生却在近年来屡屡被爆出对学习积极性不高、对班团活动提不起兴趣、对学校的要求漠不关心、对老师家长的鞭策满不在乎、对评奖推优敬而远之等问题,社交媒体成了他们的精神寄托空间。好像一切都和他们无关,既不知道自己应该干什么,也没有想干什么的目标和动力,对所有事物都是无欲无求的状态。不仅如此,这种状况还呈现蔓延的态势。于是,他们有了一个"雅称"——"佛系青年",并且大有推广之意,认为"佛系"才是人生的真谛。"佛系青年"俨然成为当前青年群体的典型特征。那么高校中的"佛系青年"具有怎样的表征,生成逻辑是什么,如何进行教育引导？针对这一现象,我们有必要研究高校青年们的生活状态,这对于改善高校青年的生活态度,打造青年积极向上的精神面貌具有重要意义。

一、高校"佛系青年"现象概述

(一)"佛系"和"佛系青年"

"佛系",更像是一种生活信仰。信仰是人类特有的心理现象,是人类对外界物质和精神的高度信任和心理依赖。信仰也是人类思想和行动的动力之源,在很大程度上决定了社会个体的世界观、人生观和价值观。对于青年人而言,信仰具有独特的精神价值,直接决定了青年人世界观、人生观、价值观的形成和发展。"佛系"是与"佛"无关的一种状态。"佛系"并不是信佛,而是一种生活和为人处世的态度和行为方式。"佛系"与"佛"两者有本质的区别,信"佛"之人,外表淡然,内心则积极领悟佛法、积极广修佛缘,是一种较为积极主动的处世观;而"佛系"的生活和行为方式完全是随性的,是面临自身难以突破的困境之后思想和行为上的"中立主义"。

"佛系"一词源于日本,本指喜欢一个人待着,只关注自己内心世界和人生步调的男性。2017年底,"佛系青年""佛系孩子""佛系生活"等字眼开始在网络上流行,表明了一种远离世俗,基本隔绝一切,平常都是漠不关心的态度。常挂在嘴边的是,"这不是问题"和"谁在意"。由于这样的句子流传于年轻人群体,促使"年轻人的佛系"文化流行。这是年轻人的亚文化的重要特性。移动新媒体技术的快速发展,加速了这种状态,这种状态愈演愈烈。

随着社会经济的发展和社会竞争的加剧,精神追求出现多样化发展的趋势,在社会上产生了社会信仰危机,使得人们处于焦虑而又无能为力的窘境。尤其是青年一代,在户籍、教育、住房、医疗、社会保障等方面难以应付自如,往往陷入"啃老"的境地。"佛系"的出现,在某种程度上可以说是社会信仰缺失的后遗症,实质是青年一代缺乏改变现实的动力、社会信仰空无状态下的无奈的自嘲和逃避。

(二)"佛系青年"现象

"佛系青年"追求平和、淡然的生活方式,正是青年一代内心信仰缺失而内心又无能为力的外化表现。比如在交朋友方面,他们会慎重地选择交朋友。结交朋友,是结交他们喜欢的,不会为了别的目的来维持一些所谓的接触。再如在恋爱方面,"佛系青年"通常有一种旁观"看世界"的精神,较为满意自己的私人生活,对于恋爱,不刻意去做,一切随缘,认为该来的就来,不来的怎么也不能来,所以大多数"佛系青年"实际还在等待恋爱,这也是"佛系青年"结婚的态度。还如在对待偶像明星方面,"佛系"的年轻人不喜欢做像粉丝一样的事,他们不混"饭圈"。最近,就有不少年轻人称自己喜欢的明星为自己的偶像,就像多数追星的人一样,像这些偶像的粉丝一样形成了被称为"饭圈"的小组。这些粉丝会为保护他们的"爱豆"尽最大努力。但是"佛系"的年轻人就没有这样做,他们不故意追求什么,从来不会。

总之,"佛系青年"有自己的世界,对于其他的事情是不太在意的,包括考试。"佛系"学生认为考试就像游戏一样,当我拿到高分数的时候,我幸福,但在分数不理想的时候也没有感到悲伤。和老师交流的时候,我不想表明自己的意见,我觉得他们都是假的。这一现状让人不免忧虑。当前"佛系青年"的群体规模越来越大,已经开始影响到大学生的正常生活,甚至开始出现了推广"佛系"生活状态的趋势,这不得不引起重视。

二、高校"佛系青年"现状分析

高校"佛系青年"的形成不是一个因素影响的结果,而是多个因素共同作用的结果。因此,我们应该对高校"佛系青年"形成的理由进行多层次的研究。从经济层面来看,不平衡的经济发展现状,让一部分大学和年轻人觉得"世界是愚蠢的"。随着科学技术的快速发展,一些大学生越来越依赖虚拟科技产品,越来越忽略社会互动的现实,陷入生活孤独。

"佛系青年"特征明显,常常被冠以"不思进取""慵懒""缺乏血性"的标签。在社会大众眼里认为是被"丧文化"摧毁的一代,甚至有媒体以偏概全地对"佛系青年"横加指责,认为"佛系文化"属于"丧文化"的一种。但实际上,两者对待事情的态度是截然不同的:"佛系文化"是中立的生活态度,对待事情虽然没有自己的标准或者目标,但不至于不做,主张"一切随缘""无所谓";而"丧文化"是完全消极的生活态度,表现为不想工作、情绪消极、懒惰,对任何事情提不起精神,是一种消极的生活态度。

"自我"膨胀是"佛系青年"的一个重要特点。在此心理的作用下,青年人在情绪、认知和行为上会产生诸多改变,在心理学上被称为唯我性平衡期。"95 后""00 后""佛系青年"将自身的兴趣爱好放在第一位,愿意按照自己喜欢的方式待人处事,于是社会大众给他们贴上了善于"表达自我"的标签。但在进入社会后,这种以"自我"为中心的处世观在社会群体观念中将会产生消极冲突。"佛系青年"的处世观介于过激主义与逃避主义之间,既不同于无欲无求的乐观主义者,也不同于因挫折而轻言放弃的悲观主义者。"佛系青年"群体需要根据实际情况来决定取舍,以乐观、包容的心态去生活,淡然面对生活中遇到的挫折和困境。

"95 后""00 后"青年群体是伴随着 21 世纪的脚步而成长的一代,其童年是在科技和网络的前沿时代度过的,而且"95 后""00 后"青年群体大都是"独一代",生活在相对优越的社会和家庭环境中。在家庭环境中以"自我"为中心,在学校、社会中仍然是以"自我"作为行为处事的法则。因此,"自我中心"就成为"佛系青年"的思想内核。如今"95 后"青年群体即将进入而立之年,"00 后"青年群体也将全面迈向工作岗位,他们在生活和事业上面临中国社会所谓的"成家立业"。随着社会经济的发展,对于"成家","95 后""00 后"青年群体的婚姻成本相对于父辈的"老三件"(自行车、手表、缝纫机)或"三转一响"(自行车、手表、缝纫机、收音机)而言,变成了"房子、车子、票子"。婚姻成本虚高,生活压力增大。对于"立业",现在社会竞争日趋激烈,"95 后""00 后"青年群体面临更加残酷的社会竞争,但"佛系青年"在面临生活压力和激烈的社会竞争时,因所处社会阶层的局限或家庭条件的相对富足,并未表现出顽强、拼搏、进取的精神斗志,反而出现以"自我为中心"的逃避。这是时代和个人的双重作用,我们不应该片面地"一刀切式"地否定。

(一)调查问卷概况①

本次样本基本信息如下:参与问卷调查的学生共有 615 名,有效问卷 602 份。男女比例各占一半。年龄上 20 岁以下约占 16%(不含 20 岁),20~22 岁约占 54%,22~24 岁约占比 18%,24 岁及以上约占 12%。(见图

---

① 数据值按整数的近似值计算。

2-3-1)专业上人文类的学生大约有24%,社科类的约占28%,自然科学类的约占48%。大一至大四的学生均有,分别占比分别约为20%、35%、30%、15%。其中党员约占3%,团员约占90%。群众约占7%。经过对问卷上的数据进行归类和分析,可以对当前的大学生"佛系"现象有一个大致的判断。以下我们根据调查问卷采集到的信息,分门别类地进行讨论。

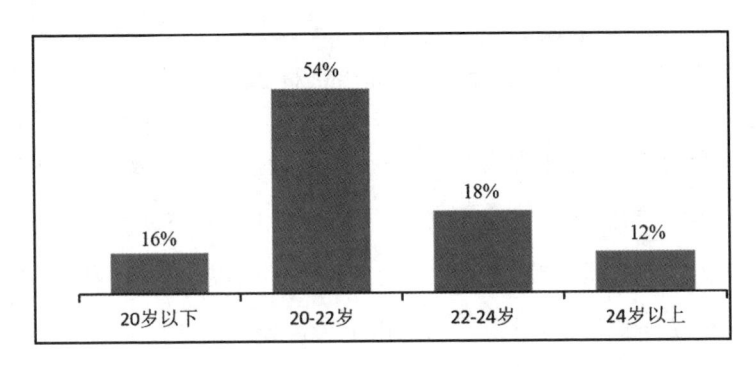

图2-3-1 调查对象年龄分布

(二)现状分析

在学习态度上,没有兴趣的学生约占到10%,希望进步的学生约占20%,时刻争优的学生约占10%,不想争取的学生约占据着60%,比例较高。(见图2-3-2)这些不想争取的学生抱着极其随意的态度,他们认为学习对于自己来说是非常普通的一件事情,没有值得特别注意的地方。而且调查群体中,不想争取的群体基本上自认为是"佛系青年",认为自己秉持着一切随缘的心态。他们对于老师布置的任务,基本上能拖就拖,这部分学生的比例约占到调查总人数的70%。并且在调查对象中,对于能否独立完成学习任务,只有约5%的学生非常赞同,不确定和不赞同的约占75%。

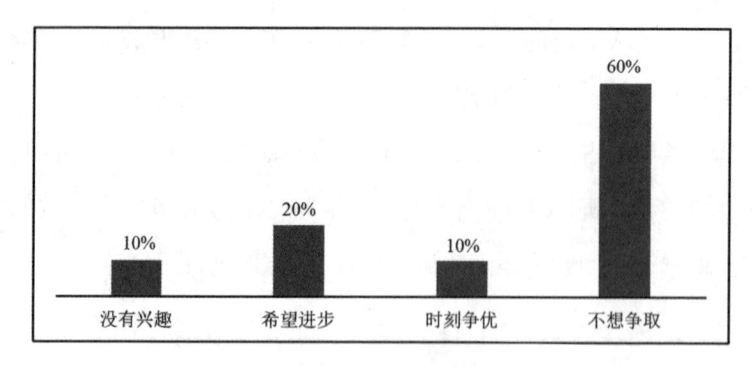

图 2-3-2　学习态度情况

对于个人状态,如果遇到相关的机会,全盘接受的人数约有30%,分情况对待的学生约有20%,完全不会,只完成分内工作约占到50%。这一部分人普遍认为学习的压力较大,因此分内的工作都难以保质保量地完成,并且对于机会的认同感较低,觉得一切都由上天注定。对于学习和休息的协调上面,超过50%的学生认为一定要劳逸结合。但是对于未来的人生规划,调查群体中只有约10%的学生非常明确,另外约35%的学生表示遵守父母的安排,约55%的学生表示无所谓。认为现在的生活状态充满干劲的只有约20%,得过且过的约有53%,颓废的约有20%,还有约7%的学生表示不清楚。(见图2-3-3)

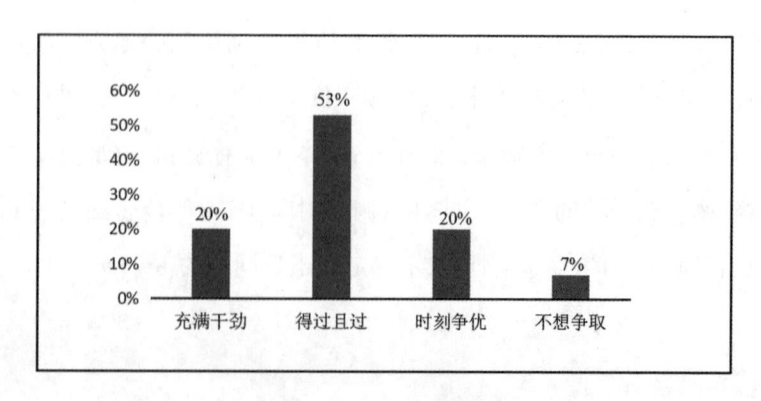

图 2-3-3　生活状态情况

第二章　新媒体时代社会思潮对大学生思想行为的影响与引导

在生活方式上,通过调查,学生的作息时间的差异较大,晚九点以前睡觉的约占5%,晚九点到晚十点约有20%,晚十点到晚十一点的约有30%,晚十一点之后的约有45%(见图2-3-4),喜欢熬夜的学生较多。再进一步调查发现,熬夜的学生中沉迷于电子产品的约占50%以上,因为学习压力的约有15%,受他人影响的约有23%,失眠和其他的占有12%。

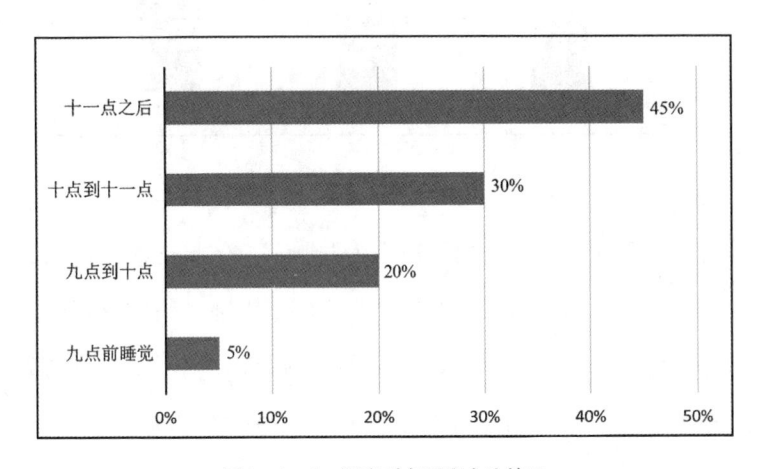

图2-3-4　调查对象睡眠占比情况

坚持每天锻炼的学生约有20%,每周1~3次的约有10%,每周4-6次的约占5%,基本不锻炼的将近65%。在对"佛系"的态度上,约65%的学生非常明确,约17%的学生比较明确,一点也不明确的约占18%。即而在他们眼中,认为"佛系"是非常好的学生约占75%,较好的约有10%,一般的约有15%,反映了被调查对象对"佛系"总体上还是持肯定态度的。调查中,有约95%的学生认为"佛系"状态是随遇而安的,仅有少部分认为是社会的悲哀。

在平时的交际方面,经常和朋友一起的约为20%,宅在宿舍的约有62%,不想和人见面、沉浸在社交平台的约有18%。(见图2-3-5)他们对恋爱的理解上选择终身伴侣的只有约5%,一切随缘的约有60%,认为单身状态很好的约有30%,其他的约有5%,反映了他们对于交朋友这件事情并不热心。在休闲观念上,约有65%的学生认为随意就好,约10%的学生喜欢随波逐流。

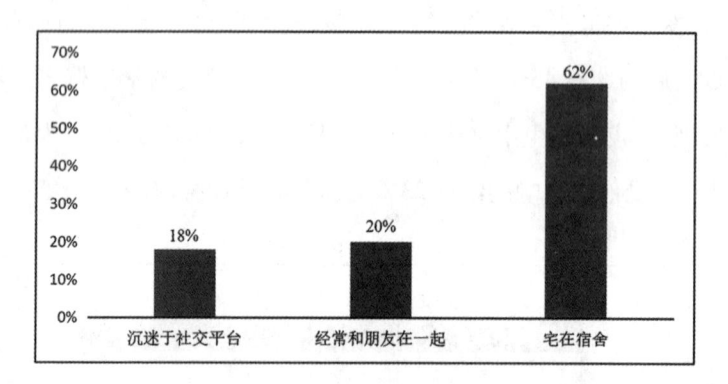

图2-3-5 调查对象交际情况

在对于"佛系"的态度上,如果被视为"佛系",有点介意的约占20%,约有60%的学生表示不介意,很介意的约有20%。"佛系"在其生活中出现的频率较多,约占85%,偶尔的约10%,从不的约5%。对于身边的佛系人员,认为没有的约占到20%,约60%的学生认为很多,约20%认为有一些。约55%的学生认为佛系是一种随意和豁达的生活态度,约20%的学生认为是懒惰与消极,约15%的学生认为表里不一,约10%的学生认为不清楚。(见图2-3-6)

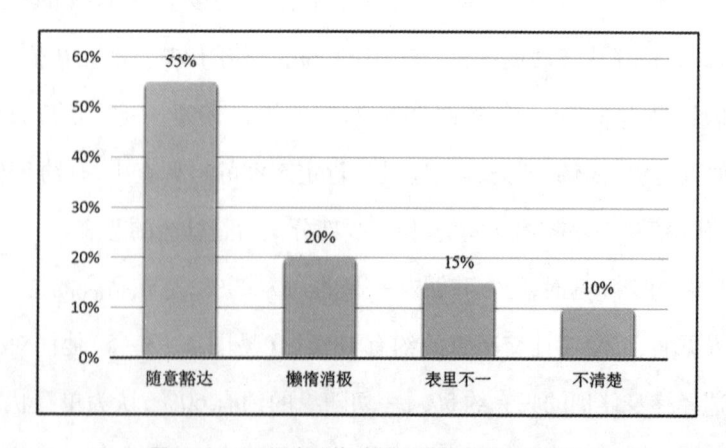

图2-3-6 调查群体对"佛系"的态度占比情况

第二章 新媒体时代社会思潮对大学生思想行为的影响与引导

"佛系"生活对他们普遍有较大影响,约20%的人只想活在自己的世界里,对于未来的人生没有规划的约占到15%,觉得每天这样也很好的约有16%,无所谓,反正不想在乎的约有49%。非常赞同自己是"佛系青年"的约有65%,赞同的约有20%,不确定的约有10%,不赞同的约有5%。面对思想政治教育,他们认为这对"佛系青年"有影响的约占到15%;影响不小,但是要注意方式的约占45%;还有约40%的学生认为没有影响。对于佛系产生的原因,约20%的学生表示竞争激烈、压力大,约15%的学生表示只是因为个人生活偏好,随波逐流的约有16%,人生迷茫的约有30%,新媒体加速传播的约有10%,其他不清楚的约占到9%。(见图2-3-7)

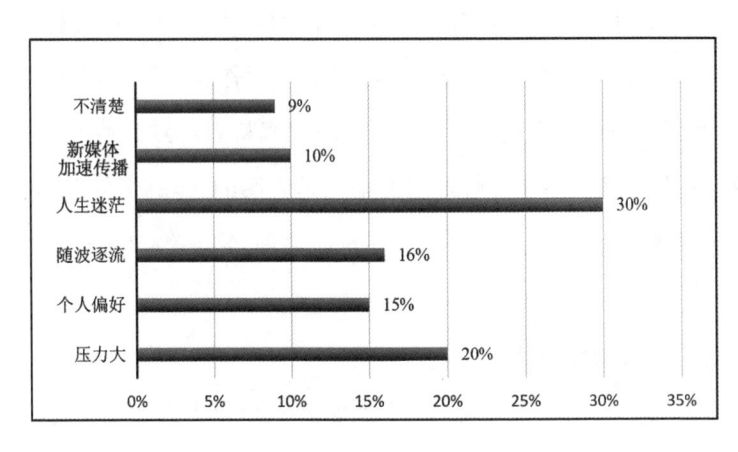

图2-3-7 "佛系"的产生原因情况反映

三、高校"佛系青年"现象存在的问题

通过对部分学校学生的调查,我们发现"佛系青年"的比例已经不容忽视。另外,大部分年轻人都赞成"佛系"的生活态度和行动,而且有扩大的趋势。且问卷显示,在大学和大学生当中"佛系"生活成了比较一般的生活状

态。大多数人认为,虽然学生的这种普遍的生活状态并没有被否定,但这是不可忽视的现象之一。对于"佛系青年"存在的问题,通过可以归纳为以下四点:

（一）信念渐趋消解化

大学生是实现中华民族伟大复兴的新生力量。但是在多种原因的影响下,高校大学生成了"佛系青年"。他们坚定的信念、高尚的信仰动摇了,渐渐消失了。虽然其中的一些"佛系青年"意识到了自己缺乏理想信念,迫切需要树立高尚的理想、强烈的马克思主义信仰,但他们并没有采取实际行动,而是向反抗的方向迈进,甚至几乎每天都在和虚空相伴,思维一片混乱。还有一部分"佛系青年"的理想信仰"高空游走",理想慢慢被搁置。他们没有找到人生的方向,只好自己安慰自己。面对工作、学习、生活等与书本上不一样的实际困难,显得彷徨无助,有的理想就从云端跌到谷底,一时找不到解决问题的办法。不能理解理想的未来是光明的,但脚下的路是曲折的。没有了实现理想的愿望,"佛系青年"的远大理想和坚定信念就会渐趋消解化。

（二）生活日渐浅表化

在"佛系青年"的眼里,因为世界是虚空的,所以个人的主观经验是最重要的,复杂的思考不重要。所以,对于人生的理解,"佛系青年"只停留在表面。他们会翻阅手机上的学习研究软件,或者为了得到每天的一些预备知识而阅读专业书籍,觉得这是对自己简单的满足。但由于难以进行深入地学习研究,也仅止于此。他们的学习并不是自愿的,而是每天的象征性任务。此外,由于微信、微博和移动App等新媒体的开发和普及,提供了多样化思潮传播的新平台。通过这些新平台,多种社会思潮特别是存在主义渗透到"佛系青年"的日常和生活中,改变了他们的生活哲学。存在主义提倡的是满足"佛系青年"精神的自我存在和自由主义。受存在主义思潮的影响,大学中的"佛系青年"陷入世俗化的危机。"佛系青年"不再认为学习是唯一的终点,他们追求自由轻松,不愿总处于过于劳累的状态。因此,存在主义影响下的高校"佛系青年",日常生活越来越表面化。

(三)交往日趋虚拟化

高校"佛系青年"的社会沟通是虚拟的,他们与他人的精神共享越来越依赖虚拟平台。"佛系青年"的看法总是消极的,他们把社会的相互作用看作虚拟化的社会形式,从而使自己变成了虚无的个人。不仅仅是面对社会,"佛系青年"对整个社会的接触都没有积极的态度。通过微信和微博等社交媒体平台,他们热心在线聊天,但实际上是陌生人在网上的互相慰藉。这个假想的社会化是简单的仪式性行为,是一种孤独的总和。真实的社会交往会需要他们迈出自己的生活圈子,并且要敞开心扉,理解他人,剖析自我,这使得他们恐惧,不得不一味逃避,沉迷于虚拟社会的梦想破碎。因此,"佛系青年"一般都借助虚拟平台来发声。

(四)休闲过于娱乐化

"佛系青年"的精神生活面临着复杂、混乱、平静的危机。在娱乐生活方面,聚焦主观经验,忽视娱乐生活的本质和意义。不去思考娱乐生活的深层意义,在娱乐中不与他人进行深层次的沟通,不努力和别人建立友谊,只为了当前经验的欢乐而参加娱乐活动。因此,"佛系青年"的娱乐生活仅靠一时的表面感情经验已失去了原来的意义,而且缺乏长期和诚实的态度。同时,为了寻求"感觉"的刺激和幸福的经验,"佛系青年"在娱乐生活中追求"幸福第一",寻求主观的娱乐体验,因此陷入"没有现实的喜悦"的两难境地。在没有富足的精神支撑的情况下,"佛系青年"被娱乐生活包围,滑入了低俗化的深渊。

四、高校"佛系青年"现象存在问题的原因分析

（一）经济之维：发展不平衡的阻隔性

习近平总书记指出，中国特色社会主义进入了新时代，中国社会的主要矛盾转化为人民日益增长的美好生活需要和不平衡不充分的发展之间的矛盾。大学中的年轻人也有这种矛盾。他们期待着更好的生活，但却面临经济发展不平衡的挑战。首先，中国东部城市比较发达，中西部地区相对滞后。当高校青年大学生毕业的时候，面对两种选择：在更多的机遇下，去东部沿海地区获得更多的发展，但也会遇到各种各样的、更多的压力；或者是生活在中西部，没有什么压力。这是进退两难的选择，人生经验不足的大学生很难选择，左右摇摆。第二，城乡不协调的经济发展意味着在大城市的大学生有更多的机会和良好的基础。不具备良好的平台和条件的农村青年学生们，可能在发展中就会碰壁。这之后他们之间的差距，甚至会有所拉大。随着时间的流逝，有些学生会感到空虚、孤独。在今天经济迅速发展而又充满竞争的社会，社会需要的是能够适应社会、满足社会需要、能够创造价值的学生。但是一些青年学生主动脱离社会，害怕竞争，沉迷于他们的小世界不能自拔。总而言之，经济发展和经济发展不均衡所带来的负面效应影响了一些年轻大学生的思想和行为，并使得他们陷入了"佛系状态"。

（二）科技之维：科技进步的两面性

现代科技的蓬勃发展，一方面为生产力的发展提供了强有力的刺激，改变了年轻学生的想法、价值和生活方式；但另一方面科学技术的不合理使用也带来一些负面结果。科学技术的快速发展扩大了社会需求的合理性，在本质上，社会需求合理性强调总体优先，满足整体需求，重视实用目的，追求利润最大化。这种社会需求合理性可以促进科技的发展和社会财富的增

长,但也会适得其反。正如我们所看到的那样,社会需求合理性一定程度的扩大,可以使人们成为单纯的经济动物,获得物质财富成了人类唯一感知自由的指标,并带来物质快乐。大学生使用新兴的科学技术,会变得活跃。但比起中年人和老年人,现代科学技术的发展可能会给他们带来的负面影响更大。特别是在当今社会,高度发达的科学技术使一些企业家借助互联网的帮助取得成功,成为一个富裕的商业人士。他们获得了更多年轻人的崇拜,年轻大学生既产生了对新兴的科学技术的崇拜,也梦想成为这一领域的成功人士。但理想与现实存在一定的差距,当他们在现实的打击下,一旦理想破灭,就会陷入悲观的情绪而不能自拔。

(三)文化之维:多样文化的冲击性

在新媒体时代,意识形态和文化的普及更加方便。因为现实主义的流入,西方的网络文化、价值观还会在微信、微博和其他"微媒体"的帮助下大行其道,影响到年轻人的想法。然而,一些年轻学生尚未建立成熟的世界观、人生观、价值观、判断力和前景规划。他们容易受不健康的文化倾向影响,作出了错误的选择。此外,多样化的文化有着强烈的魅力。许多好奇心极强的年轻学生自然地接受了多样化文化的影响,而且取悦自己。移动互联网技术的迅猛发展,也亟待建立一个面向多样化文化共存的新通信平台。要合理开发并普及大幅改善多样化文化传播速度和覆盖的微媒体。但是由于文化的不均匀性和缺乏监督,异质文化借助"微媒体"而广泛影响学生。有些青年学生失去了处理多样文化的能力。随着时间的流逝,这些多样文化必然影响他们的思想文化建设,侵蚀年轻大学生的思想。

(四)精神之维:存在主义的催化性

存在主义的代表萨特相信人类是"作为个人独立的","人类总是在创造的过程中"。人类的生存和发展过程是线性化过程。过去的已经过去,什么都做不了。人类的未来是不确定的,人没有出生的理由,也没有死亡的理由。因此萨特提倡"人类什么都没有",避免了个人的无知,得出了自我主义的结论。他提倡存在主义,将重点放在个人心理经验上,最终得出人们和世界是虚无的存在。存在主义思潮进入大学,一些青年大学生受到了影响。特别是一些在生活中遇到挫折的大学生,在无法有效地满足欲求和无聊时,就容易接受存在主义。他们认为世界是空的,因为一切都是空的,所以奋斗失去了意义。这是长期持续的影响过程,如果大学生逐渐沉溺于存在主义的思潮当中,他们的精神的层面是虚无的,最后会懒惰而无追求地活着。

五、高校"佛系青年"现象的引导策略

(一)强化理论教育

习近平在党的十九大报告中对青年作出要求:"广大青年要坚定理想信念,志存高远,脚踏实地,勇做时代的弄潮儿,在实现中国梦的生动实践中放飞青春梦想,在为人民利益的不懈奋斗中书写人生华章!"[①]作为年轻人的一员,当代青年大学生的理想和信念的教育,必须要在马克思主义指导帮助下确立升华。首先,要重视青年大学生的理想信念教育。高校教育教学内容,必须以理想信念和政治理论为主,详细传输理想和信仰教育的内容,帮助"佛系青年"确立坚定的理想信念。在日常生活中,高校要打造良好热烈的校园文化氛围,举办各种以理想信念教育为主题的活动。在活动中,将"佛系青年"的个人梦想与民族梦结合起来。其次,推动从"理想"到"生活"的塑造,加强理想世界和现实世界的联系。具体来说,要在理想信念教育过程中结合"佛系青年"的意识形态问题和实践问题。深入研究"佛系青年"的思

---

① 习近平.决胜全面建成小康社会 夺取新时代中国特色社会主义伟大胜利——在中国共产党第十九次全国代表大会上的报告[N].人民日报,2017-10-28(01).

想和行为,帮助他们摆脱学习和人生的困难,满足他们合理的多方面需求。最后,革新理想信念教育模式。要积极参与大学生的理想信念教育,建立教育者和教育对象之间的平等对话平台,创新对话交流形式,大力提升理想信念教育的实效。

(二)挖掘自身潜力

人的自我意识是自我看待自己的能力。这是人类的特性,是人类最高品质的源泉,也是和别人区分自身特性的基础。要唤醒学生长期休眠的自我意识,发现"可能的自我"。但个人对自己的潜力大小是不自知的,因为自己会下意识地认为自己已经做到了最好,或者认为自己的能力远远不够。"佛系青年"之所以数量日渐庞大,就是感觉自身的能力有限,不能也不愿去挑战自我,因此选择消极的态度逃避生活中的磨难,把希望寄托于虚无缥缈的随缘之上。希腊德尔斐神庙有句箴言"认识你自己"。"认识自己"很重要,高校思政课教师要巧妙地利用学生的自我意识,指导、促进学生的自我追求,刺激最终需求,让所有类型的学生都能理解自身的特殊性。即推动学生离开"自然的佛系"状态,需要刺激学生的潜在性需求,增强个性化。具体来说,就是让他们"觉醒","鼓舞"他们充分挖掘自身潜力。

(三)塑造多元路径

在学生的学习目标,学习的方向,计划就业上增加选择的途径。实际上,大学生第一次踏入社会是慌乱的,潜在的问题较多。为了提升他们对未来的认知能力和适应能力,避免混乱,让他们在坚定理想信念、树立共产主义信仰的同时,要确立执行的学习目标和长期的生活计划。因此,就要将"佛系青年"的关注点和社会现实组合起来,让"佛系青年"不再沉迷网络,向现实进军。如开展文学、艺术和体育等各种各样的主题活动。在活动中,高校思想政治教育工作者要加强与"佛系青年"的沟通和交流,也可让他们彼此分享自己的学习经验和生活乐趣。只有在现实生活中,通过彻底的沟通交流,才能丰富他们的精神世界,实现感情共鸣,建立现实的友情,避免成为依赖虚拟社会的平台而成为"佛系青年"。在实际沟通中,也可重点关注培养那些率先走出"佛系人生"的青年学生,指导他们帮扶其他"佛系青年",相互帮助,共同朝着积极健康向上的方向发展。

青年的困境不仅存在于个人,而且存在于社会、国家层面。我们需要增强社会力量来唤起年轻人的精神、信仰和社会责任。不仅要为年轻人提供良好的生产生活环境,提供各种机会,让他们体现出自身的社会价值,而且加快推进以改善民生为重点的社会建设,不断改善社会保障。面对人生,年轻人更需要采取积极主动、健康向上的态度来学习、工作和生活,适应社会发展的需要,争做负有时代责任、勇于砥砺奋斗、练就过硬本领、锤炼高尚品德的新时代青年。

第四节 "饭圈文化"现象的影响及应对

习近平在考察中国政法大学时说:"中国的未来属于青年,中华民族的未来也属于青年。青年一代的理想信念、精神状态、综合素质,是一个国家发展活力的重要体现,也是一个国家核心竞争力的重要因素。"[1]把思想政治工作贯穿教育教学全过程,对于"培养一代又一代拥护中国共产党领导和我国社会主义制度、立志为中国特色社会主义事业奋斗终身的有用人才"[2]有着举足轻重的作用。然而,随着新媒体的普及化和各种明星效应的增强,当

---

[1] 习近平在中国政法大学考察时强调 立德树人德法兼修抓好法治人才培养 励志勤学刻苦磨炼促进青年成长进步[N].人民日报,2017-05-04(01).

[2] 习近平.思政课是落实立德树人根本任务的关键课程[J].求是,2020(17).

代大学生对各类明星的喜爱越来越深入,逐渐发展成为各个明星的粉丝,各个明星的粉丝又组成了相对稳定的交流圈("饭圈")。因此,如何改善"饭圈文化"对大学生的影响,引导大学生规避不良"饭圈"文化的影响,成为整个社会和高校思想政治教育工作面临的一个重要课题。

一、"饭圈文化"的基本理论

(一)何谓"饭圈"和"饭圈文化"

"粉丝圈"是粉丝们对自己所属的追星群体的称呼,又名"饭圈"。"粉丝"的说法来源于英文单词"Fans",本意为狂热爱好者、迷。而"狂热爱好者""迷"恰好符合追星者对于自己喜爱的明星的情感状态:爱慕、崇拜。[①] 在2005年《超级女声》风靡全国后,"粉丝"就逐渐成为追星者的代名词,又因其谐音中文"饭",粉丝也常常被称作"饭",我们通常说的"某某某的粉丝"或"某某某的饭"可以理解为"喜欢某某某的追星者"。而"饭圈""粉丝圈"则是因喜欢某个明星"饭"们自发组成的追星圈,"饭圈"依托贴吧、微博、微信等各类线上线下平台,为喜欢的明星应援。因此,"饭圈"通常来说是由喜欢某一明星的粉丝构成,有一定的门槛且有一定管理机制的文化圈。

但是喜欢某个明星却不一定加入"饭圈"。一般来说我们认为追星的粉丝分两种:一种是单纯喜爱明星,但是不加入"饭圈";而另一种则是加入"饭圈"。加入"饭圈"的粉丝一般对明星的喜爱更加深沉,会利用自身和"饭圈"去吸引更多的粉丝喜爱该明星或加入"饭圈"。"饭圈文化"只有在"饭圈"内部才会形成。粉丝自身对明星的黏度高,在"饭圈"内稳定的充当某个特定的成分(比如贴吧中的贴主、管理员,微博后援会的主持人、管理员,或

---

① 吕鹏,张原.青少年"饭圈文化"的社会学视角解读[J].中国青年研究,2019(5).

者长期稳定在圈内的普通粉丝)。长此以往,该明星"饭圈"的"饭圈文化"就容易产生。一个人追星不会形成"饭圈文化",一个群体共同参与追星,才会形成潜移默化、约定俗成的"饭圈文化"。因此,长期加入"饭圈"的粉丝,其追星产生的,和追星相关的一些约定俗成的行为、观念,都可以算作"饭圈文化"一部分。比如,在微博按规定程序净化反黑(通过发微博、带一些美化明星的标题,用流量数据刷走本来容易搜到的"黑话题")、打榜(为了让明星保持热度,在微博中通过点击明星首页、转发明星微博等增加明星的曝光率)、在微博超级话题签到提升等级以证明你对明星的热爱程度、不可以做"白嫖"(心中喜欢但是不付出实际行动购买专辑或周边产品,贬义)、参与生日集资(明星生日时,由粉丝们出资,后援会用集资的钱购买一定数量的礼物送给明星)等等。

(二)"饭圈文化"的产生、演变和流行趋势

1."饭圈文化"的产生

追星其实是一种人们将自己的情感寄托在一个偶像身上,既能获得投射在偶像身上的代替性满足,也能通过偶像的成功实现另一种形式的自我实现的行为。在"饭圈文化"多元化的今天,除了演艺界明星之外,很多行业都会出现一些满足粉丝幻想的对象。比如乒乓球界有马龙、张继科,相声界则有张云雷。粉丝们相比乒乓球,更爱马龙,比起相声,更爱张云雷。

粉丝对偶像的崇拜是一种在视频、图片等媒介的帮助下,模拟现实语境来进行人际互动。而社交网络的流行打破了这一互动的单向性,粉丝可以随时被明星关注、回应,单方面的追求与互动被改变了,互联网在情感上实现了对粉丝的"动员"[①],粉丝和明星之间的互动由单向变成双向,粉丝的热

---

① 界面歪研社. 为什么饭圈文化无处不在? [EB/OL]. 澎湃, https://m.thepaper.cn/newsDetail_forward_4894461,2019-11-11.

第二章　新媒体时代社会思潮对大学生思想行为的影响与引导

情也因能够被喜爱的明星回应而提高。

2."饭圈文化"的演变

（1）第一阶段

"饭圈文化"归根到底是一种偶像文化，起源于日韩，追溯到20世纪末日韩偶像产业的快速发展，一大批偶像的出现带动了日韩偶像粉丝的大量产生和日韩粉丝文化的出现。我国在20世纪末和21世纪初也存在以刘德华、张学友的歌迷影迷会为代表的粉丝群体，但是因为时空限制、网络不够普及，使得不管是国内还是国外，这一时期的粉丝群体都表现出地域化、缺乏组织性的特点。虽然线下的歌迷影迷会也存在"会长"等地域性粉丝领袖，但是因为粉丝人数不多、需要定期缴纳"会费"，因此管理任务简单。① 这一时期，"饭圈文化"发展具有地域性的特点，不具有普遍性。

（2）第二阶段

真正让国内的"饭圈"膨胀式发展的标志性事件是2005年的"超级女声"。不同于刘德华、张学友用歌声和演技"圈粉"，"超级女声"的赛制要求粉丝为喜欢的选手投票，因此粉丝群体开始大规模出现。为了能够让喜欢的选手出道，粉丝们有组织地参与短信投票，并且"安利"（向身边朋友推荐自己喜欢的明星）身边的潜在粉丝，使其粉丝规模进一步扩大；同时，通过组建公益基金等方式帮助选手树立良好的个人形象，从而达到选手受到大众更多的关注而从比赛中脱颖而出的目的。这一时期，随着网络时代的崛起，"饭圈"逐渐摆脱组织不严密、地域性等特点，呈现出有组织化、有凝聚力的特点。

"饭圈文化"也随之发扬光大。开始有节奏地为明星做一些应援活动，也产生了一批国内的粉丝站。这些粉丝站以逐渐成熟的网络为载体，逐渐

---

① 吕鹏，张原.青少年"饭圈文化"的社会学视角解读[J].中国青年研究，2019（5）.

从20世纪的线下活动变为线上参与、线上管理。以百度贴吧为例，喜欢李宇春的粉丝可以通过关注"李宇春吧"而获得一些李宇春的消息，比如节目录制时间、粉丝见面会地点等。粉丝在线上线下进行的应援也比较符合大众对于粉丝形象的期待，多数粉丝活动比较理智和正常。通过问卷调查，大部分受访者对这一时期的"饭圈文化"印象比较好，认为粉丝进行的活动比较理智，可以接受。

（3）第三阶段

在《超级女声》使得"饭圈"进一步扩大后，国内"饭圈"基本沿原本道路发展。使国内真正产生大量追星者并且"饭圈文化"发生改变的，是鹿晗等起初在韩国出道后回国发展的偶像群体，他们带动了一批粉丝由韩圈转向内娱，间接带回了一部分韩国的粉丝文化，国内的粉丝文化和国际产生了衔接。紧随其后，《青春有你》《创造101》等一批从国外引进的"偶像养成系"节目，更加速了这种粉丝文化在国内扎根。这种本土偶像体系的逐渐成熟，又让国内产生了更多的粉丝，使得国内的"饭圈文化"更进一步发展。

这一时期，"饭圈文化"逐渐走向大众化，越来越多的人加入粉丝群体，国内粉丝聚集地也由贴吧转移到微博，粉丝可以通过关注每天更新关于偶像信息的账号，或者在"超级话题"进行发帖、讨论，或者在微博、QQ或微信建立群聊。在进入粉丝群以后，则会有各种不强制的任务，比如微博打榜、净化反黑（用刷屏明星的正面话题来替代明星的负面话题），在明星发微博或者新闻进行与明星相关的微博控评（在评论区用明星的正面相关词语刷屏），以达到帮助明星增加曝光度等行为。这些粉丝文化在近十年来逐渐成熟，成为各个明星的粉丝基本都存在的现象。虽然帮助明星增加曝光度的本意是好的，但是各家粉丝之间的骂战和控评、资源争夺等争议性互撕却从未停止，其中就会出现人身攻击、非法集资、诈骗的现象，由此可以看出"饭圈"中一些粉丝的盲目无知和法律意识淡薄。[①] 而这些不理智的行为,总是会引起路人(对该明星不太关注的网友)的反感,类似的事情层出不穷,加深了普通人对"饭圈"的偏见。

3."饭圈文化"的流行趋势

国内"饭圈文化"虽然发展不久,但是近十年的时间里,"饭圈文化"目前已经趋向定型,在稳定的基础上逐渐向以下三个方向发展:一是"饭圈"逐渐在向多元化方向发展。我们所熟知的相声,也出现了被"饭圈"文化"侵略"的现象,德云社的相声剧场被演唱会经常使用的各色各样的荧光灯填满,连郭德纲也说出乎意料。二是"饭圈文化"逐渐走向普遍化、大众化。根据调查显示,大多数人表示,在国内诞生了选秀节目后,身边喜爱明星的朋友更多了,当下处在审美多元化的时代,他们也能够理解和尊重他们的喜好。"饭圈"正在以旺盛的生命力逐渐走向大众化、普及化。三是"饭圈文化"越来越国际化。随着网络时代的到来,以往地域化、小范围的粉丝圈逐渐演变成全国范围甚至全世界范围内的一场"追星"活动。国内的粉丝通过推特、照片墙与国外"饭圈"接轨,在微博上传递世界各地"饭圈"的消息,使国内国外的"饭圈文化"互通性变强。

二、"饭圈文化"对大学生的影响现状

(一)调查问卷设计与实施

出于对明星的喜爱和崇拜心理,大学生或多或少加入过"饭圈"或受到"饭圈文化"的影响。不仅如此,一些大学生还会因"饭圈文化"或好或坏的

[①] 刘少娴. 如何看待饭圈文化?[EB/OL]. 搜狐网, https://www.sohu.com/a/355053501_815789,2019-11-20.

影响而改变自身的思想观念。鉴于学生中受到"饭圈文化"影响的群体如此庞大,研究"饭圈文化"对大学生的各个方面的影响是非常有必要的。

1. 问卷调查概况说明

本次调研通过在线问卷平台(微信小程序"问卷星"),随机抽取了一定数量的大学生进行问卷调查,共计回收问卷534份,问卷设计方面,结构包括基本情况部分和具体问卷部分。基本情况包括年龄、学历等方面内容。具体问卷部分调查了大学生对于"饭圈文化"的了解度、参与度,以及如何看待"饭圈文化"对大学生的影响,以进一步了解其对大学生思想行为产生的影响以及应当采取的应对措施。

2. 样本调查分析

本次有效调查对象的基本情况如下(数据均精确到小数点后一位):

从问卷收集的地理位置来看,遍及国内高校,保证了问卷数据的普遍性。从性别占比看,女性接近55.6%,男性为44.4%;从年龄结构看,大学生[含专科生、本科生、研究生(硕博士)]占比达到77.8%。

从大学生对于"饭圈"的了解程度来看,40%的大学生非常关注并且加入了"饭圈",并且是其中的一员,对"饭圈"稍有关注和比较关注的分别占24%和26.6%,对"饭圈"基本不关注的比较少,占比为9.4%。大多数大学生对于"饭圈"比较了解。(见表2-4-1)

表2-4-1 大学生对"饭圈"的了解程度

选项	小计	比例
基本不关注	50	9.4%
普通吃瓜群众	128	24%
比较关注	142	26.6%
非常关注且自己是其中一员	214	40%

第二章 新媒体时代社会思潮对大学生思想行为的影响与引导

在问及"追星对你产生了哪些影响"时,追星者的回答中,积极的部分占比较大,其中回答"丰富日常生活,提供休闲娱乐,调节心情"的最多,所占比达96.4%;回答"提供精神指引和激励""找到了志同道合的朋友""提升人际交往能力""增长各方面技能(视频、音频剪辑、修图、手工等各种创作)"的,分别占比为75.1%、71.3%、58.1%、56.2%;而负面影响占比较少,主要集中在占据时间较多,受到他人的精神压力,为爱豆过度消费、浪费金钱等。(见表2-4-2)

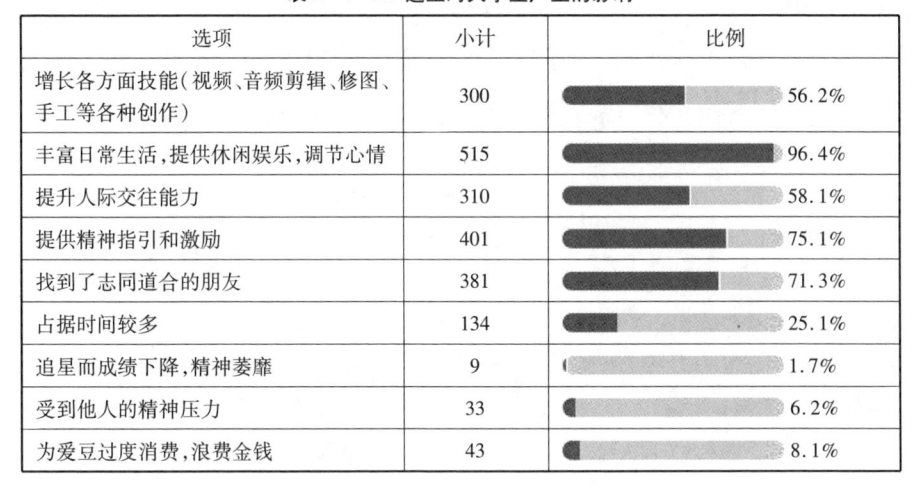

表2-4-2 追星对大学生产生的影响

选项	小计	比例
增长各方面技能(视频、音频剪辑、修图、手工等各种创作)	300	56.2%
丰富日常生活,提供休闲娱乐,调节心情	515	96.4%
提升人际交往能力	310	58.1%
提供精神指引和激励	401	75.1%
找到了志同道合的朋友	381	71.3%
占据时间较多	134	25.1%
追星而成绩下降,精神萎靡	9	1.7%
受到他人的精神压力	33	6.2%
为爱豆过度消费,浪费金钱	43	8.1%

关于对"饭圈文化"是否反感,问卷从正反面分别设计了一个问题。在被问及"是否反感粉丝控评、双方粉丝骂战、粉丝刷屏"时,高达58.6%的人选择了反感,而在被问及"'粉丝'集资送生日礼物、投放应援广告、发动投票以明星的名义集资做公益"、"'饭圈女孩'面对香港'废青'为国出征"是否反感"时,68.4%的被调查者认为这些行为并不会引起反感,甚至表示这是做公益、宣传国家等行为值得肯定。

对于追星是否会对人生选择产生影响,74%的被调查者认为追星可以对自己产生积极的导向作用,18.0%的人认为自己只是将追星当作精神寄托,和人生道路的选择无关。由此可见,大多数追星者都认为追星能够充实生活,有积极的作用。"饭圈文化"对大学生存在积极影响。

在问及被调查者对于"饭圈"的印象时,75.2%的人持中立态度,12%的人认为"饭圈"中粉丝素质较低,只有9.8%的人对"饭圈"印象比较好。大多数人认为"饭圈"风气并不是非常好。因此,在提及"是否要对'饭圈文化'进行引导"时,83.3%的被调查者认为大学中适当地引导非常有必要。而在问及如何引导时,回答主要集中在网络实名制、利用学校各种社团、学校利用网络正面宣传等方面,分别占比为60.1%、50.0%、42.3%;而回答"在政治必修课上涉及此方面内容"的,占比只有20.2%,这表明以思想政治理论课引导"饭圈文化"尚有较大的提升空间。(见表2-4-3)

表2-4-3 对"饭圈文化"的引导

选项	小计	比例
不需要引导	64	12.0%
专业课课堂中潜移默化	107	20.0%
利用学校各种社团宣传并举办相关活动	267	50.0%
网络实名制,加强对网络监管	322	60.1%
在政治必修课上涉及此方面内容	108	20.2%
学校利用网络正面宣传	226	42.3%
通过学生干部带头引导	34	6.4%
其他	11	4.7%

(二)"饭圈文化"对大学生影响分析

自从2005年《超级女声》在国内爆红以来,有组织的粉丝群体慢慢借助于一些网络平台,形成比较固定和严格的粉丝机制,从而逐渐演变成我们所说的"饭圈"。近年来,一些日韩选秀节目逐渐被引入中国市场,加上新媒体的助力,更是加速了"饭圈"的发展和"饭圈文化"的流行。日渐流行的"饭

第二章 新媒体时代社会思潮对大学生思想行为的影响与引导

圈文化"对大学生的影响不容小觑。

1. 积极影响

根据调查,不少大学生认为"饭圈文化"对大学生的影响是积极的,主要体现在以下三个方面。

第一,加入"饭圈"可以丰富日常生活,提供休闲娱乐,调节心情。90%以上的追星者认为,每天关注喜爱明星的消息,能够让自己在学习之余保持愉快的心情。根据调查数据显示,74%的追星者认为自己只是将追星作为日常娱乐,能够在追星的过程中调节学习压力、获得精神满足,很多平时生活中羞于与陌生人交流的追星者,也因为追星收获了志同道合的好友。(见图2-4-1)此外,由于"饭圈文化"的影响,制作者们还需要从新媒体剪辑视频,或利用官方发布的视频制作新的视频,这就间接导致一些加入"饭圈"的追星者,增长了类似视频、音频剪辑、修图、手工创作等各方面技能,形成了各种各样的兴趣爱好。

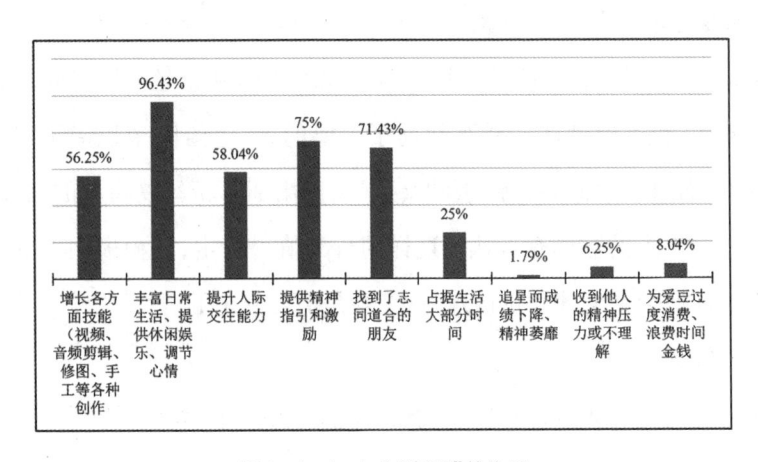

图2-4-1 加入"饭圈"的作用

第二,受明星的成功事例的激励,大多数追星者能够在遇到挫折时保持积极的心态,能在单调的生活中有继续前行的动力。撒贝宁曾经在节目中谈及"追星"的看法,他希望明星可以成为一个鼓励我们成长的目标。"饭圈文化"关注人数众多,在青少年中影响范围广,喜欢某个明星,将明星的美好品质作为自身的标杆不仅可以给人带来精神上的愉悦,还可以为自己寻找前进的动力。当这种文化日益形成并稳固时,圈内的粉丝群体能够长时间获得稳定的精神支撑,可以为自己带来精神享受,群体间互相分享,更能够使得这种精神享受最大化。

第三,"饭圈文化"还能够弘扬社会正能量。2019年8月,中国香港"废青"在外网中大肆造谣,支持"港独",反对港警。众多"饭圈女孩"自发在外网上抵制"港独",维护国家利益,这件事被《人民日报》点名表扬。"饭圈女孩"弘扬了社会正能量:一方面,不管"饭圈女孩"喜欢哪个国家的明星,她们都明白国家的主权和尊严不容许外国网友践踏;另一方面,她们不仅需要制作视频、图片、文字模板,还要冷静面对外网的恶评和谩骂。此外,一些粉丝在公益方面也较为积极,他们会以爱豆的名义做公益。李宇春粉丝会成立的"玉米爱心基金",多年来累计捐助善款2000余万元;又比如在新冠肺炎疫情中,不少明星的粉丝团队利用平时积累的人脉和粉丝的义务付出,筹集物资和善款,积极援助。这样既帮助了需要的人,也给明星积攒了好名声。在调查中,面对"你如何看待'饭圈女孩'为国出征和粉丝以明星的名义做公益"时,70%以上的被调查者认为这样的行为值得肯定,是积极向上的行为,有利于弘扬社会主义核心价值观,这无疑是值得肯定的。

2. 消极影响

虽然积极影响众多,但是也难掩其消极影响。根据调查发现,"饭圈文化"对大学生的消极影响主要体现在三个方面。

第一,对自身的不良影响。利用课余时间刷微博、推特,关注明星的动态,容易浪费课余时间,会造成学业上注意力不集中,严重的还会深陷网络世界。问卷调查数据显示,超过90%的大学生都曾经喜欢过明星,大约60%

的大学生有加入"饭圈"的经历并且比较了解"饭圈文化",还有20%左右的大学生经常加入各种粉丝群体,熟知"饭圈"各种规则与纪律。如此庞大的关注人数,势必会造成一部分大学生不能专注学业。除了主观因素影响学业以外,网络骂战也会导致精神压力。在调查中发现,有些追星者因为在网络上发表某些言论而被粉丝过度曲解,容易受到网络攻击,更有甚者被人肉搜索,这无形中造成了一定的精神压力。

第二,对家庭关系的不良影响。课余时间用来追星,容易受到家人的不理解,或多或少影响家庭关系的和睦。根据一些追星族的反馈,父辈普遍不能理解喜欢明星并且为其花钱的行为,认为只有学习和工作是正事,而追星则是"不务正业",两代人常常因为追星产生矛盾,容易造成家庭关系紧张。2020年初,随着肖战粉丝一系列事件的发酵,"追星族与家庭的关系"也随之再次被讨论。不少网友反映自己的家庭中有一些"追星族",因为微博粉丝站、大大(指"饭圈"中粉丝较多的达人,一般有崇敬之意)们宣扬购买明星发布的数码单曲、专辑,因欠债太多而不得不向家人借钱,导致了家庭关系的紧张。

第三,对整个网络乃至社会风气的不良影响。"饭圈文化"提倡在歌手和偶像发行专辑时买专辑,容易造成浪费金钱的现象。若单纯是粉丝,"混""饭圈"但却不购买任何明星相关产品,不帮助粉丝站刷正面话题、集资等完成站子要求的一些非强制性工作,则会被认为是"白嫖"(是某个明星的粉丝却不愿意为他花钱),在"饭圈文化"中,认为为明星花钱是表达对明星爱意的表现,而"白嫖"则会受到其他的粉丝的歧视。"饭圈文化"一般认为,专辑、周边等附属产品购买的数量越多,代表明星更火爆。因此,大有并不富裕的大学生为了让明星有更多的曝光量、热度,大批量购买专辑、周边等附属产品。2020年4月25日肖战发布单曲《光点》,该曲在网络平台上以3元一首的价格售卖,购买一张即可收听音源。但是为了刷新成绩,微博粉丝站和"大V"们不仅鼓励粉丝每人购买105张电子专辑,更是鼓动学生党省下生活费购买。据统计,单4月25日销量显示,购买3张电子专辑及以下的人数大约有75万人,按最高销量3张计算,这些人一共购买了220万张专辑。但是该单曲首日销量2437万张,也就是说,剩下的2200多万张专辑的购买者,每人都购买了3张以上,少则三四张,多则成千上万张。除了线上的应援之外,追星者会在线下观看演唱会,追行程,花销不菲。根据问卷调查,年花费在1000元人民币以下的占26%,年花费在1000~5000元人民币的占35%,年花费在5000~20000元人民币的占30%。作为正在上学、没有正式稳定收入的大学生,一年拿出这样一笔钱还是略显吃力,容易造成过度消费,造成时间和金钱的浪费。

三、"饭圈文化"对大学生的消极影响的原因分析

虽然积极影响占主导地位,但是次要矛盾同样关键。"饭圈文化"对大学生的消极影响的原因主要表现在以下四个方面:

(一)自身原因

大学生是一群还未正式步入社会的青年,世界观、价值观和人生观虽然比中学生要成熟,但依然未成形,容易受到营销号的宣传、微博大大的吹鼓不良诱导等不良影响,易陷入一个只有微博、微信和直播等新媒体的虚拟世界中。在问卷调查中,在被问及"你见过'饭圈'中哪些让你无法理解的事情?"时,有粉丝提及:"追站子大过追明星。"意思是粉丝站要求站内粉丝做的事情,若你不完成,则会被同站内别的粉丝认为对明星"不忠诚"。因此,要得到粉丝站的认可,必须长时间追随粉丝站完成任务。且粉丝站成立时

间长了之后,粉丝站本身会有一批"腿毛"①吹捧、支持粉丝站做的一些不当行动,比如辱骂队友、碰瓷别的明星并且受粉丝站洗脑的影响,认为这样的行为无可厚非,甚至拿无知当作骄傲。长此以往,难免会形成不正的"三观"。

(二)家庭学校原因

除了社会的不理解,家庭中父辈祖辈、学校老师对追星学生异眼相待,认为追星是一种分散学习精力的无意义行为由此对追星表示反对。究其原因,主要有以下三点:一是人们在满足生理、安全等低层次需求后,必将开始倾向于追求更高层次的需求,例如归属与爱的需求、审美需求等。当代大学生和父母出生于不同物质条件的年代,父辈大多出生于20世纪六七十年代。那时物资匮乏,社会主要矛盾集中在人民日益增长的物质文化需要同落后的社会生产之间的关系,生产力水平较低,生活水平自然比较低,满足于基本层次的需求,很少会寻求更高层次的需求。而当代大学生大多出生于21世纪前后,多数大学生不愁吃、不愁穿。因此,才会在学习之余关注喜欢的明星并有余力加入"饭圈"以找寻精神需求。二是父辈和学校普遍认为喜爱明星的行为并没有积极意义,更加希望学生以科学家、模范人物等有积极社会影响力的人物为榜样,树立人生理想,而这一榜样在他们的心目中并不包括"被商业化的"明星。两代人之间的价值观差异注定来自家人的不理解,从而扩大了两代人间的嫌隙,导致了家庭关系的紧张。三是当代家庭和学校在大学生身心发展的重要时期,并未充分关注他们的情感世界。迫于社会压力,家庭和学校更多地将成绩的好坏作为评判一个学生成功与否的标志,并不是特别关心学生的心理需求,而大学生处于心理发展的关键阶段,

---

① 腿毛:网络用语,贬义,指无论粉丝站或"大大"说什么言论做什么事情都无条件信任、支持的粉丝。

又急需寻求认同。当二者的需求不同,大学生又少有来自家庭以外的情感支持时,他们开始倾向于在网络上主动寻找情感支撑。他们会将"花钱买周边产品"的行为等同于对明星的喜爱的程度,会将"明星夺得专辑榜榜首"看作是自己对明星爱意的回报。因此,情感世界的空虚使得他们不断从网络上寻找刺激,最终导致金钱、时间的浪费。

(三)社会认知原因

在我国,"饭圈"基本由青少年群体构成。吕鹏、张原认为,"饭圈文化"更多的算是一种青少年亚文化,而非青少年主流文化。因其亚文化的特性,并未引起社会过多的关注。不仅受社会关注甚少,而且受到媒体一些负面报道影响,导致一些人谈"饭圈"色变,对于"饭圈文化"更是嗤之以鼻,认为加入"饭圈"为与自己不相关的明星应援是一件不可理喻的行为,或者对"饭圈"本身存在偏见和歧视。虽然这种看法较为极端,但是确实比较普遍。不仅是年纪较大的祖辈父辈不能理解,不了解"饭圈文化"的同龄人也不太能理解。因此,带来了比较严重的社会矛盾。有些人将"追星"定义为一种对个人、对社会有害的越轨行为,将"饭圈"看作是"脑残聚集地"和社会发展的"毒瘤"。长此以往,容易对追星者形成一种社会刻板印象,认为其因此荒废学业,道德品质差。追星者本人由于长期受到来自社会的偏见,难免会变得更加偏激,而陷入恶性循环。实际上,"饭圈"经过十几年的国内发展,已经逐渐趋向组织规则、权利义务兼具且明确的圈子,已经不是十几年前处于雏形时毫无纪律比较混乱的形态,在"饭圈"内部,虽然还存在一些不理智行为,但是大多数情况下粉丝和明星良性互动、共同成长[①],也形成了一种比较积极的有感染力、参与感和凝聚力的氛围。

---

① 丁佳,刘海荣."脑残粉"不脑残,粉丝群体"守护"偶像共同成长——以TFboys及其粉丝社群为例[J].新闻研究导刊,2017(10).

(四)传媒公司原因

传媒公司是直接推动"饭圈文化"形成发展的又一主体。在调查中,在问及"你认为'饭圈'骂战都是粉丝的原因吗"的问题时,较多被调查者提及,有时并不是粉丝希望引起骂战,而是明星所属的公司在面对各种网络谣言或其他难题时不能够很好地应对。比如在2020年初,肖战粉丝由于大量购买其电子专辑《光点》而引起广泛讨论时,其工作室的声明不仅不呼吁粉丝理性消费,而且避重就轻逃避网友质问,这样的不作为经常会激怒粉丝,导致粉丝炮轰公司,或者辱骂对方明星,由此而导致的网络骂战也数不胜数。而相比之下,易烊千玺的工作室表明不接受粉丝的公益捐赠、朱一龙工作室不仅呼吁粉丝不要浪费时间精力与金钱进行应援,还坦言以后会做好疏导粉丝的工作,由此可见媒体的正确引导显得无比重要。调查中,无论有没有加入过"饭圈",有20%左右的被调查者曾因为发表对明星的评价而受到其粉丝围攻。究其原因,除了其本人的言辞不妥之外,更多的是处于"饭圈"的粉丝受到各个粉丝圈部分畸形文化的影响,选择用不够理智的方式解决争端。

四、"饭圈文化"对大学生消极影响的应对策略

"饭圈文化"对大学生的影响有积极的一面和消极的一面。积极影响自然要发扬和提倡。但消极影响轻则影响青年大学正确"三观"的形成,甚至会导致大学生的越轨行为。因此,引导大学生理性对待"饭圈文化",显得尤为必要。面对大学生会受到的各种影响,83%的调查者认为社会和大学应该对此做出引导,避免其畸形化。鉴于上文总结出的三方面原因,应该从社会、家庭和学校以及自身三个层面分别采取措施。

(一)从大学生自身层面

1. 提高自身素质,形成正确的"三观"

由于涉世未深,大学生明显不够理性和成熟,思想还比较稚嫩,对于明星的认识不够深入。根据调查,大部分喜爱明星的追星者都因为明星美丽、帅气的外表或者相比于同龄人优异的实力而被吸引,很少深入探究明星的人品、镜头背后的面貌。因此,在追星上比较盲目。大学生应该努力提升自己的素质和眼界,多了解和学习思想理论,积极形成正确的追星观,避免盲目地追星。

2. 积极接受学校、社会的引导

除了提升自身素质意以外,大学生还应该积极接受学校和社会的引导,接受同学、辅导员、老师对自己的教育引导,积极改变思想观念,争取建立正确的追星观,成为一个理性的粉丝,进而影响身边人,使"饭圈文化"向积极、健康的方向发展。

(二)从家庭、学校层面

1. 重视家庭情感教育,关注大学生情感世界

大学生虽然已经初步踏入社会,但是仍未完全离开家庭的港湾。家庭对于大学生的情感教育不可缺失,他们依然需要家长的引导。父母除了关心成绩外,更需要了解和引导子女的情感世界。家长们既要摒弃以自己为主导的想法,换位思考,发自内心地去深入了解子女的喜好,发掘子女喜好中正面积极作用,尝试接受并认可子女的喜好;也要尝试平等地与子女就喜好问题互相交流想法,让子女知晓父母的真实看法与意见,使子女形成正确的价值观。

2. 利用学校社团、网络媒体宣传

学校方面进行的引导同样必不可少。大多数学校都有自己的官方社交账号,可以一方面在社交账号上更新关于学校的新闻推送,另一方面对学生

的网络行为做一些引导。学校组建的各种社团可以利用学生们的兴趣,以粉丝文化为主题,创办各种活动,帮助学生树立正确的追星观念。辅导员作为和大学生朝夕相处的老师,更是大学生精神健康发展的引路人,要经常与学生沟通交流,时刻关注学生的思想状态。可以通过运用新媒体分享正确追星观的视频和文章、图片,引导学生健康成长。

3.重视思想政治理论课的引导作用

作为必修课,高校思想政治理论课,如《思想道德与法治》《中国近现代史纲要》《马克思主义基本原理》《毛泽东思想和中国特色社会主义理论体系概论》《习近平新时代中国特色社会主义思想概论》等课程,是每个大学生都会接触的课程,高校思政课教师可以带领学生在思政课上针对当下网络出现的"追星""打投"现象,通过案例分析、研讨、辩论等教学方法,引导大学生如何上网、如何在网络上健康理性发言,以及如何树立正确的追星观念,以正确认识当下的"饭圈"现象。

4.学生党员、干部发挥引导作用

除了学校和课堂的引导,学生党员和干部的引导也必不可少。老师、辅导员与大学生的年龄差距比较大,在大学生心理层面有代沟,很难以朋友的身份彼此相处。而学生党员和干部可以在平时的学习生活中经常接触班级的同学,他们更能够深入了解每个同学。当有同学因追星的消极影响陷入网络世界时,他们能以好友的身份耐心引导,作出具有针对性的意见和建议。

(三)从社会层面

1.加强网络监管,逐步实行网络实名制

国家应该完善相关法律保障网民的权益。一般而言,偶像或公众人物比较容易受到公众舆论和社会道德的约束,偶像或公众人物的行为很容易被判断出是否存在问题,因此监管的对象首先是公众人物和社交媒体平台。① 针对被调查者所列举的"饭圈文化"中最令人气愤的行为,如双方粉丝在线上互撕(互相对骂),有些造谣者得不到惩戒等,监管要对准整个社交网络,目前网络监管虽已经有举报、黑名单、禁言等监管功能,但是监管力度还没有达到预期,有些素质低下的粉丝仍难以被惩戒。因此,60%的被调查者赞同网络实名制,且认为非常有必要加强网络监管。加大网络监管的力度,可以在一定程度上提高网民的网络素质,避免一些无谓的网络骂战,净化网络环境。对于网络实名制特别是社交媒体实名制,可以最大程度地保障网民在法律范围内的自由言论权。

2. 传媒公司要履行好社会责任

传媒公司或与文娱相关的企业要正确处理好经济效益与社会效益之间的关系。它们作为文化产业的一部分,要能够最大限度地利用自身的资源满足社会上人们日益增长的健康文化需求。要遵守法律法规,不传谣、不造谣、不信谣。既要经常利用社交媒体发声,积极主动应对那些容易引起误会的事件,第一时间报道、第一时间澄清,也要加强管理平台上的一些营销号,避免其引导一些不实谣言的传播。对于那些故意制造网络谣言、网络骂战、抹黑他人、道德败坏、违法犯罪的艺人和工作人员、传媒公司,实行全行业禁入。

---

① 曹宇.粉丝文化有利有弊,关键在于引导[J].人民论坛,2017(28).

第二章　新媒体时代社会思潮对大学生思想行为的影响与引导

第五节　"键盘侠"现象的透视与引导

"侠"在我们心中多是仗义执言、路见不平拔刀相助的豪迈英雄人物,体现了大家在生活中对于英雄人物的美好期望。而今在网络平台提供的虚拟世界中,"键盘侠"一词的出现使得人们对于"侠"一字有了新的认识。"键盘侠"凭借键盘,随意敲击着自己的看法,不负责任地批评他人生活和行为,但对于键盘前的自己却云淡风轻,现实生活中胆小怕事。因而作为网络用词,"键盘侠"是专指那些脱离人群,依靠键盘发泄情绪,却喜欢站在道德制高点评判社会事件或个人的网民。它最早起源于"招远事件",当时部分网民对那些不敢跟麦当劳歹徒搏斗的围观群众大力抨击,嘴上慷慨激昂,实际上是隔岸观火,当自己遇见类似情况事不关己高高挂起。这是一种典型的"双标"网络群体。网络中的侠客模式,或许正好给他们提供了低调冷淡生活中的情绪宣泄口,把自己口若悬河的技能用于网络中,为自己平淡无奇的生活注入一丝"营养液"。因而,"键盘侠"现象是一种社会现象,是"键盘侠"这一网络群体活动所触发的一系列网络社会效应。正确认识"键盘侠"现象的内涵特征、追溯"键盘侠"现象产生的原因,提出有针对性地引导策略,对于巩固共同为实现中华民族伟大复兴的中国梦而奋斗的思想基础,具有重要意义。

一、"键盘侠"现象的时代映像

一种社会现象的产生总是围绕着现象主体及主体所处的社会环境。大数据、人工智能时代的到来,为我们的生活提供了新的机遇和挑战。伴随着网民们对于网络信息鉴别能力的提高,"键盘侠"现象也展现出了新的时代映像。

(一)情绪化评论者

从调查结果[①]显示,超过一半的被调查者会在网络上跟帖评论。(见图 2-5-1)

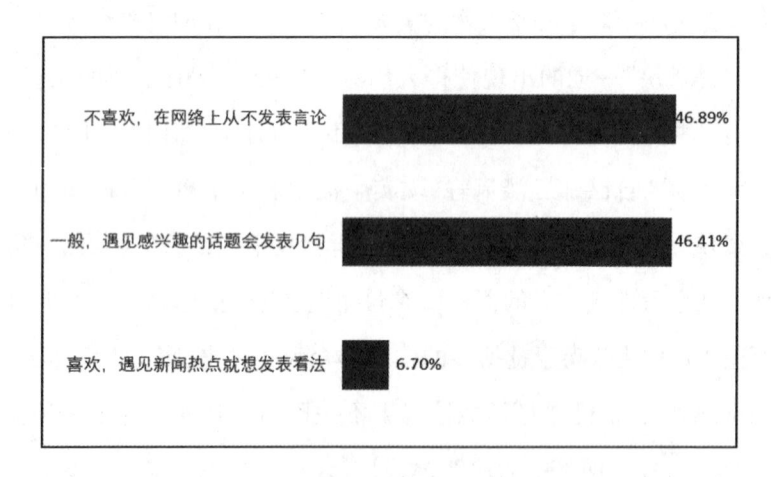

图 2-5-1　调查者在网络上跟帖评论情况

然而文字符号只能传递网民们的观点看法,带有浓重的个人色彩。作为社会个体所获得的不公平待遇或者自认为不公平的待遇,在互联网平台总是能够找到一处宣泄的出口。当网民在网络世界中看到与自己类似经历的事件后,会结合自己心中压抑的情绪,"随意谴责由自己划定的不善,惩治自己认定的恶"。他们不会不考虑事件的起因、过程、结果,只想宣泄情绪中的不满。评论的准确性也无从查证,这对其他阅读者就会产生消极影响,影

---

① 本次调查问卷通过"问卷星"平台共发放 620 份,收到有效问卷 608 份,回收率 98.1%。调查对象的身份,高校大学生 442 人,占 72.7%;企业人员 106 人,占 17.4%;农民 37 人,占 6.1%,其他人员 23 人,占 3.8%。

第二章 新媒体时代社会思潮对大学生思想行为的影响与引导

响他人的理智判断,从而跟风,进行情绪化的网络评论。

在互联网中情绪外化于网络评论的行为现象的影响有三:一是社会弱势群体对于公平公正的社会需求没有得到满足而产生不满情绪,当处于弱势地位的群体遭遇不公时却无处申诉,直到有人遇到类似事件在网上发声呼吁求助时,便会"报团取暖",大胆地在网络上宣泄自己淤积的不满情绪。这样一方面可以促进大家对一些网络事件的关注,从而取得一定的现实解决措施;但是另一方面,负面情绪高涨没有得到及时的法律控制和社会道德约束,那么就会形成网络暴力事件。二是情绪外化于评论的网民们多半在现实生活中缺少与他人良性的社会互动,缺乏有效的心理交流疏导。在现实社会所遭受的不公而引发的负面情绪通过键盘这一更"自由"的方式在网络上以张扬的口吻表达自己的不满。三是情绪化评论的传播旋涡。在现代网络媒体技术的发展下,人们习惯性选择把接收新闻信息的权力交给人工智能,"AI 会在海量信息源中推荐'想看'和'喜欢'的信息,人们看到有传染力的信息,加上自己的情绪化评论分享,这个信息就会迅速在社交圈中由同质人群进行二次、三次乃至几何级数增长的传播"[①],从而进入情绪化评论的传播旋涡,从信息发布者到点评者、分享者,谁都不能独善其身。

(二)博热度"出圈"者

互联网的产生便捷了大众获取信息的途径,从传统媒介升级到网络中的新兴媒介,人们进一步实现了信息评论自由。但是自由总是相对的。人们利用网络的便利性可以集合"志同道合"之人,获取大量的粉丝,形成一个网络群体。群体的主导人,比如网络大 V,他们发布的每一则信息和每一条评论都会有成千上万的人阅读、跟评和转发。这样就会形成网络集合行为,把分散在全国各地的人们通过网络这根线联系到一起,从而形成一定的社

---

① 陈曦.重塑网络"交规",要给键盘侠亮红灯[N].科技日报,2019-10-25.

会号召力和社会效应。

　　一方面,针对某一事件的社会效应形成后,可以增加社会事件的曝光度,引起人们对于社会弱势群体遭受不公正待遇的重视,呼吁社会对弱势群体的关注,从而促进社会和谐发展。积极的社会集合有助于提高民族凝聚力,增强民族的自信心,积极的社会集合发挥着社会黏合剂的作用,统一网络战线和现实战线,弘扬红色主旋律。如在关系到国家利益的具体大是大非事件中,网络上的评论一致对外,团结一心,这就是积极的社会集合,触发了人民内心深处的民族认同感和浓烈的爱国情怀。另一方面,错误的信息引导就像一面旗帜,无数慕名者"闻声"前来,基于平时的关注和信任,大多数粉丝会与信息发布者站在同一战线,群体基础开始形成。有了一定的阅览量,热搜度就会上升,对于还未了解事件全部信息的中间网民起到一定的心理暗示作用。有了前人的热门评论,后来者很容易代入或者联想到相同的语言情境。从问卷调查结果来看,32.54%的被调查者对于网络中的集合行为采取"自我反思,不予回应"的观点、15.30%的被调查者选择"与我无关,漠不关心"。(见图2-5-2)这就像是诺埃勒·诺依曼提出的"沉默的螺旋",即人们面对一个话题的讨论,若是大部分观点与自己的想法一致,那么同一战线的"友军"看法就会大肆传播开来;若是大部分观点与自己的想法不一致,那么人们往往会选择沉默,不予回应。这样周而复始,势强的一方队伍会不断增大,而势弱一方的大旗可能就被埋没在对方的队伍中。这就为博"热度"者提供了出圈便利。

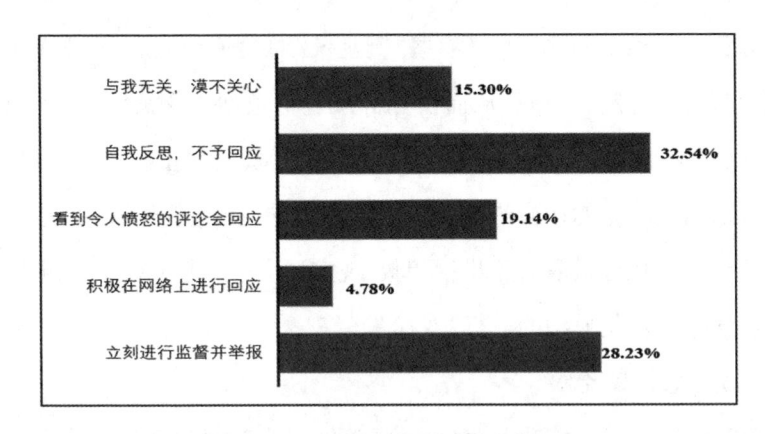

第二章　新媒体时代社会思潮对大学生思想行为的影响与引导

选项	百分比
与我无关，漠不关心	15.30%
自我反思，不予回应	32.54%
看到令人愤怒的评论会回应	19.14%
积极在网络上进行回应	4.78%
立刻进行监督并举报	28.23%

图 2-5-2　如何应对网络中的集合行为

在键盘面具下，社会地位带来的压力与不平衡感导致有些面具人发布一些不负责任的评论，带一些负面节奏，以此博得关注，从而获得一种现实人格所没有的满足感。有些人只想着在网络上激扬文字，一时痛快，却不知这只是虚幻的泡沫，没有任何现实价值。与此同时，一旦不负责任的评论陷入传播旋涡，就会引发一定的社会关注，可能造成不可估量的后果。

（三）言行"双标"者

"键盘侠"以键盘为武器，在网上"高谈论阔"、指指点点，在网下却事不关己高高挂起，以高标准约束他人，以低标准粉饰自己。之前很长一段时间都"霸屏"的关于"老年人摔倒了，扶还是不扶？"问题的讨论，若是扶，可能老人是碰瓷，或者老人身体不好，记忆混乱，搞错肇事对象也有可能。万一路边没有摄像头，那么做好事的人很可能变成肇事者，被"键盘侠"冠上"不道德"的标签。若是不扶，过路人置之不理，"键盘侠"又会说人情冷漠。然而当"键盘侠"们自己遭遇同样的事情时，估计也没法做到完美。这样"严于待人，宽以律己"的行为，打造出了如今网络中言行不一的伪侠客"键盘侠"。

"键盘侠"们以键盘为笔触，道貌岸然，评判社会事件，偏执地发表自己的观点看法。然而在现实生活中遇到类似的事情却袖手旁观，是典型的言语上的巨人、行动上的矮子。还有些"键盘侠"总是追根究底,觉得事情没有那么简单,背后肯定有猫腻,从而误导群众进行负面加深思考,由此出现各种"阴谋论"。捕风捉影的信息极易误导大众对事实的正确认识,占用社会公共资源,引起一定的社会恐慌。如上述提及的"招远事件",网络上的"键盘侠"指责事件周围的看客不出手相救,现实社会中"键盘侠"们也依旧会冷眼旁观,该行为就是典型的言行"双标"。

(四)道德制裁者

2012年电影《搜索》进入大众的视线,针对当时讨论最多的公交车让座现象成为触发事件的导火线。影片女主角叶蓝秋得知自己身患绝症后内心绝望,因而在公交车上没有让座给一位老爷爷并且语言稍欠妥当,被同车的一位记者记录了下来,导致了后面一系列的网络暴力事件。透过屏幕我们永远也无法真正地了解一个人或一件事,对于"冰山一角"而耿耿于怀,针对他人的行为提出高要求,如果你达不到他们的道德标准,那么你就会沦为他们攻击的对象。"键盘侠"现象中不乏以道德为评判标准的"泛道德主义"者,他们以道德规范评价个人或群体,努力占据道德制高点,以绝对的道德优势去攻击他人,实行道德绑架。对于不按照社会主流道德准则行事的人,"键盘侠"们就会以居高临下的姿态惩戒指责他人行为。

若这种"泛道德主义"侵入我们生活的方方面面,就会导致对社会产生恶性影响。一是人与人缺乏诚信。为了迎合和遵守所谓的道德准则,往往会用谎言掩盖住人性的本质私欲。这会导致人们精神错乱,精神压力过大。比如《罗生门》中的四个当事人,因为社会无法容忍自私、性欲、胆怯,四人都选择用谎言来掩饰真相。二是人与人之间缺乏宽容。就像前面提到的《搜索》,网友很少能够了解到事件的真相,凭借只言片语就以绝对的道德标准去评判他人,严重的会延伸至现实社会进行人身攻击。三是严峻的社会关系。人与人之间相处没有了诚信和宽容,就会失去基本的信任,那么人与人之间的社会关系将会变得严峻。四是人性的泯没。在"泛道德主义"社会里,唯一的道德标准成为一切行为的评判准则。人人带着道德面具生活,忽视了人的本性和内在需求,消磨了人的个性,使得社会单一化。因此,以道德作为唯一标准评事理并不可行。社会是人组成的社会,一个多元化的社会,也要允许人在不违背国家法律规范和社会普遍的道德规范的前提下,展现人的个性。

二、"键盘侠"现象的成因追溯

一个现象的产生与发展自有其背后的主观原因和客观原因。以键盘为武器的网民为寻找来自现实压力的宣泄口而利用网络的便利性获取一时的满足感,并通过网络引发社会集合行为,这些是"键盘侠"现象的主观原因。而客观原因则是从互联网技术本身和文字表达上进行剖析。

(一)寻找情绪宣泄口的结果

随着互联网走进我们的生活,作为社会的一分子,人们拥有了发送信息的权力。与此同时,网络技术的便捷性给了人们更大的抒发自己看法的空间与平台。网络环境的虚拟性使得人们不会轻易感受到被孤立,也不害怕被孤立。因为在网络中你总能找到有相似经历、能够感同身受的个人或群体。因此,网络成了人们平时表达情绪的出口,好的情绪、坏的情绪都成为网络生活的一部分。当生活中充满不良情绪时,人们急需要找到一个出口去宣泄自己的负面情绪,那么如今开放且匿名的网络平台正是最合适的宣泄口。与此同时,网络中的事件报道也会触发人民心中的情绪,有类似的事件体验感就会增强代入感。"同病相怜"的人会更有话题感,有组织、可依靠,那就有可能会情绪失控,利用网络和组织尽情宣泄自己在现实中所遭受的不满,在不可控的情况下就会引发网络群体性事件。

（二）网络社会参与的必然结果

社会是由人组成的大群体，网络通过键盘构建的虚拟网络社会也是有各种经过键盘美化的虚拟人格构成的。一种网络社会现象的形成离不开各个组成部分，而虚拟人格就是其中的主体。一起冲突的发生，肯定有代表正义的一方和被指责的一方，各个阵营有各个阵营的道义。从属不同道义的人在网络上发表不同的观点和看法，有人觉得"志同道合"，有人觉得"道不同不相为谋"，也有人要为自己的道义辩一辩。有争辩就一定会有个结果，若是双方能够心平气和地辩论倒也还好，若是被理智冲昏了头脑，势必对网络环境产生消极影响。就比如网络中的各大"饭圈"，"饭圈"之间的冲突时常出现，各自为自己所追的明星"打抱不平"，并且总有理由去证明自家"主子"的良好人设并非弄虚作假。因此，不同个体或群体的网络参与增加了不同价值观念的人们之间的交流，当然包括一定的矛盾，矛盾的产生势必会引起一定的社会影响，而"键盘侠"现象就是其中之一的必然结果。

（三）互联网提供庇护的技术结果

我国网民规模不断扩大，互联网普及率不断提高。全国一张互联网，互联网的技术特性为人们聚集成群的成本最小化。通过网络，平生素未谋面的人、相距千山万水的人也可以轻松地聚集起来。进入网络世界的人，彼此之间都有着千丝万缕的联系。聚集成群的成本变小，网络集合行为变得更加容易。调查中，51.2%的被调查者认为在平时的网络互动中，网络集合行为出现的频率较高。因此，互联网为"键盘侠"现象提供了"绿色通道"。网络发布信息的匿名性，也使得网民对于自己的言论更加"肆意妄为"，不怕做出道德制裁，甚至是言语攻击乃至网络暴力。互联网上发表评论的成本大大小于收益，在调查中，被调查者在"针对当今网络'键盘侠'现象形成的主要原因"这一问题的回答中，排在前两位的分别是网络的匿名性和开放性与网络暴力行为成本低且能够得到情绪的发泄、欲望的满足和得到他人认同

第二章 新媒体时代社会思潮对大学生思想行为的影响与引导

等众多收益。(见图2-5-3)数据可以很清晰地展现出互联网技术对"键盘侠"现象形成的直接影响。如何进一步地改进网络技术机制对于改善"键盘侠"现象有着直接的推动作用。

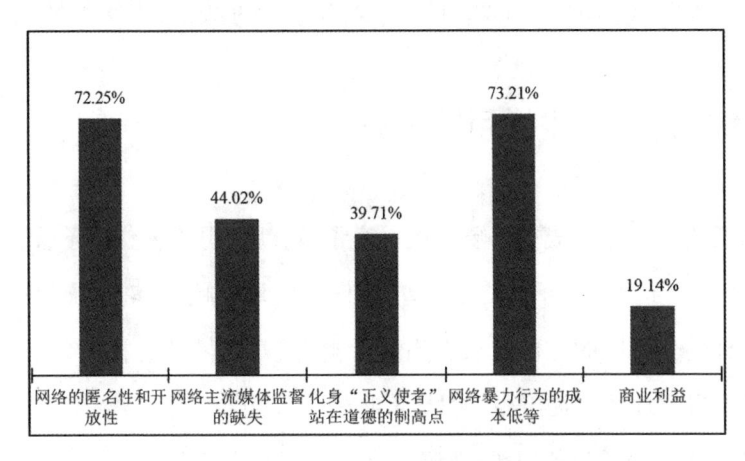

图2-5-3 网络"键盘侠"现象形成的主要原因

数据：网络的匿名性和开放性 72.25%；网络主流媒体监督的缺失 44.02%；化身"正义使者"站在道德的制高点 39.71%；网络暴力行为的成本低等 73.21%；商业利益 19.14%。

(四)文字表达单一的结果

随着互联网进入快速发展阶段，"键盘侠"的网络特征也会随之变化。网络功能的细分方便了人们的生活，但也容易蒙蔽住人们的双眼。冰冷的文字符号并不能完全鉴别一个人表达观点时的神态体征，这样就会致使人们误解他人的评论。每个人的经验观点不同，对相同文字赋予的情感表达也有所不同。我们知道文字只是一种信息载体，说话时人的神情动作是我们判断一个人情绪的重要标准。同样的一句话，以不同的语气表达也会给人不同的理解。这也是网络上各种表情包出现的主要原因之一。同样的，网络上的文字信息，不同的网民会有不同的判断。当一句话有人判断失误，评论者很有可能被划分为"键盘侠"、网络喷子一类。之前《韩国议会又打起来了》登上热搜，下面有一网友评论："这才是真正的民主国家，羡慕"。单从文字来看，评论者带有明显地"政治倾向"，是不属于我们"这头"的。但是，

143

此账号后来被证实是"友军",原本只是调侃所谓的民主国家也不过如此,不承想竟被误会成网络水军。有人解释说,下次调侃记得加上狗头表情,这样大家更容易理解。由此可见,文字表达的单一性是我们在获取信息时应注意分析的切割点,提醒我们要理性判断新闻事件的真实性与可靠性。

三、"键盘侠"现象的引导策略

俗话说:"独木不成林。"要解决一个矛盾,就要勇于去分析矛盾、解决矛盾,分清主次矛盾以及矛盾的主次方面,做到统筹兼顾。"键盘侠"现象的引导也同样要分不同的方面。从思想政治教育、互联网信息技术以及我国的法律条文等方面依次提出相应引导策略。

(一)思想政治价值引领:强调自律

要不断增强自身的思想道德品格。这是从网络的第一主体——网民出发,针对每一个进入网络的个体而言所需要做出的努力。一个国家的道德水平体现在其社会成员的思想道德品格上。只有社会成员的自我思想修养普遍提升,国家的整体思想文化水平才能提高。根据前期的调查可以发现,网民要自我约束网络用语和增强自身道德责任感,在改善网络文明环境的重点中占第一位。若每个人都能够多约束自己的言行,以更高的道德责任感规范自己的行为为文明和谐的网络环境贡献一份力量,那么网络世界将呈现另一番景象。这就要求,作为网络参与者的每一个个体都应该具备独立思考的能力,面对繁复的网络信息能够保持清醒认识,能够做到辨是非、明事理、分丑恶,以社会主义核心价值观为个人的行为准则,不断鞭策自己,养成优秀的思想道德品格。网民要做到"吾日三省吾身",克服从众心理,坚持正确的价值观,敢于质疑,不趋炎附势。面对网络暴力事件,积极主动行使网络监督权,对于网络中出现的虚假消息、不实言论、恶意攻击、蓄意炒

第二章 新媒体时代社会思潮对大学生思想行为的影响与引导

作、危害民众等行为及时举报,为维护清明且正能量的网络环境贡献自己的力量。另外,每一个人都要保护好个人信息,不随意在网络上发布和个人隐私有关的信息,同时还要注意网站的安全性,不轻信虚假信息,不浏览"三无"网页。

要赋予"把关人"一定的权力。这是从网络新闻传播的发起人和中间人——"把关人"出发,提出的要求。"把关人"这一概念是由传播学的先驱卢因于1947年在《群体生活渠道》一文中提出的。他认为在传播过程中存在众多传播节点,而在每一个信息节点都存在着把关人,把关人可以有效控制信息发布的内容、速度及范围。然而,作为互联网兴起发展的衍生物,网络新闻以现代信息技术为载体,具有迅速性、便捷性、广泛性等特点,但其所表现出来的开放性、匿名性和不健全的网络规范等弊端,也给网络信息把关带来了困难。在互联网技术特别是新媒体技术不断发展更迭的今天,网络信息传播过程中的"把关人"的权力逐渐弱化,在庞大的网络世界中把关的权力也开始分散。因此,要赋予"把关人"一定的权力。习近平总书记强调:"要深入开展马克思主义新闻观教育,把马克思主义新闻观作为党的新闻舆论工作的'定盘星',引导广大新闻舆论工作者做党的政策主张的传播者、时代风云的记录者、社会进步的推动者、公平正义的守望者。"[1]这就要求,作为信息的"把关人"需要树立明确的政治意识,秉持着对受众负责任的态度处理每一则信息,加强对自我的约束,进一步为网络社会提供新鲜有活力的正能量信息,特别是对于当前我国经济社会中出现的突出问题、难点问题以及热点问题。各类媒体都应主动回应、深入调查,多做解疑释惑、疏导情绪的工作,多做增进共识、团结的工作,引导社会舆论向积极的方面发展。[2]

---

[1] 习近平在党的新闻舆论工作座谈会上强调:坚持正确方向创新方法手段 提高新闻舆论传播力引导力[N].人民日报,2016-02-19.

[2] 新华通讯社课题组.习近平新闻舆论思想要论[M].北京:新华出版社,2017:113.

(二)新媒体技术规范:客观技术限制

"从全球范围看,媒体智能化进入快速发展阶段。我们要增强紧迫感和使命感,推动关键核心技术自主创新不断实现突破,探索将人工智能运用在新闻采集、生产、分发、接收、反馈中,用主流价值导向驾驭'算法',全面提高舆论引导能力。"[①]根据调查结果显示,面对纷繁复杂的网络信息,将近60%的被调查者感到过迷茫。现在科学技术更迭速度之快,人工智能与每个人息息相关。每一项科学技术的发明都是为满足人民不断丰富的生活需求,但是技术的改善总是在网络运营过程中发现的。

传播关系的转变对新媒体提出新要求。由于现代信息技术的不断进步,媒体传播关系正从"一对众"向"多对多"转变,即现代网络传播关系已互动分享为主。信息与受众之间的桥梁发生了改变。因此,面对如今互动共享的网络平台,要继续推动媒体融合发展,重视其技术建设和内容建设。而伴随着新媒体进步应运而生的新技术规范对于又好又快地促进媒体转型起到了重要作用。因此,顺应新时代媒体技术要求,加快媒体转型,有助于信息更好更快地传播,为清净安全的网络环境提供技术上的基本保障。加强网络媒介的技术成熟迫在眉睫。实行实名制也是每位网民的热切期望。通过实名能够追踪到每个在网络上发布虚假信息的现实个体,也能够帮助政府更好地处理相关的网络事件。同时,还可以设置敏感词锁定。对于那些影响社会和谐稳定的敏感话题可以实施关键词追踪,定位到你评论中的某个关键词,然后提醒关掉相关评论,或者不予发表。还可以进行网友评论的价值观测试,针对网络上的各种评论测试其是否符合社会主义核心价值观。对于那些经常"出口成脏"的网友可以系统计算他的不道德评论次数,然后进行评论限制。既能从技术的角度控制一定的"键盘侠"数量,同时也起到

---

① 习近平.加快推动媒体融合发展 构建全媒体传播格局[J].求是,2019(6).

第二章　新媒体时代社会思潮对大学生思想行为的影响与引导

一定的警示作用。

(三)国家完善网络法律法规:他律约束

在我国,《中华人民共和国刑法》《最高人民法院、最高人民检察院关于办理利用信息网络实施诽谤等刑事案件适用法律若干问题的解释》等法律法规对网络暴民的违法行为进行了明确的规定,主要内容有:明确"网络诽谤"犯罪标准诽谤信息被转发达500次可判刑;网络诽谤"严重危害社会秩序和国家利益"可公诉;网上散布谣言起哄闹事可追究寻衅滋事罪;发布真实信息勒索他人也可认定敲诈勒索罪;违反规定有偿"删帖""发帖"可认定非法经营罪。还有网络整顿措施,如《网络信息内容生态治理规定》正式施行,网络暴力、人肉搜索被明令禁止。特别是包括《中华人民共和国网络安全法》《中华人民共和国数据安全法》《中华人民共和国个人信息保护法》等一系列法律体系的健全,让互联网治理做到了有法可依。正如习近平总书记所强调的,"要深入开展网上舆论斗争,严密防范和抑制网上攻击渗透行为,组织力量对错误思想观点进行批驳。要依法加强网络社会管理,加强网络新技术新应用的管理,确保互联网可管可控,使我们的网络空间清朗起来"[①]。国家发布有力的法律条文举措,为我们网络世界建立了一层防护罩,保护内部环境优美,阻挡外部的邪气入侵,使得网上网下形成正能量充沛的同心圆。

但值得注意的是,在调查问卷中,当问及"在评判网络事件的对与错时,一般先从哪一方面来判断?"回答"根据国家法律规范"占据第一位。但在深入调查中,有58.37%的被调查者却不太了解我国相关的网络法律法规。这表明,我国关于网络法律法规的机制还不太完善,宣传不到位。这要求,国

---

① 习近平.深化文化体制改革,加强社会主义核心价值体系建设[EB/OL].人民网-中国共产党新闻网,http://jhsjk.people.cn/article/25428563,2014-08-08.

家在建立和完善网络法律法规的同时,还要加大这方面的宣传。在大多数人已深度触网的情况下,官方平台要将网络条文规定置顶,以方便网民了解和查找;利用新闻弹框宣传最新的法律规定,呼吁使用一些保持网络清朗的标语。同时要完善网络监管制度和举报制度,能够及时受理网民的举报信息,并公开作出回应,不给"阴谋论"留下生存空间。

"纵有良法美意,非其人而行之,反成弊政。"大学生作为网络的一分子,要做到不造谣、不信谣,最重要的是以身作则,正人先正己。不积跬步无以至千里,不积小流无以成江河。面对纷繁复杂的网络信息,我们要保持清醒认知,冷静思考,理性分析,不盲目,不从众;要加强自身思想道德修养,能够辨是非,明事理。同时在日常浏览网站时,面对失真信息能够勇于质疑或举报,正视"沉默的螺旋"危害性,为文明健康的网络环境贡献一份自己的力量。在生活中,要多了解相关的法律规定,能够在自己遭遇网络暴力的第一时间寻求司法保护,以正当的程序将网络恶势力绳之以法。

第六节 新媒体环境下发挥高校思政课舆论引导作用

移动互联网的不断普及不仅在生产领域、信息领域掀起颠覆性变革,还对教育领域产生了革命性的影响。高校思想政治教育理论课是落实立德树人根本任务的关键课程,是传播主流意识形态的主要渠道,是对学生进行舆论引导的重要平台。但伴随着新媒体日新月异,承载着各类思潮的网络信息也泥沙俱下,对高校思政课提出了新的要求。要充分利用高校思政课的自身特点与影响力,并借助新媒体本身的技术优势破解难题,持续发挥高校

第二章 新媒体时代社会思潮对大学生思想行为的影响与引导

思政课的舆论引导作用。从坚守政治本色,实现铸魂育人目标;提升主体素养,营造良好舆论氛围;打破传统藩篱,构建新型"云端"教学这三个方面入手,实现新时代高校思政课的转型升级。

一、新媒体环境下发挥高校思政课舆论引导作用的理论逻辑

(一)高校思政课在舆论引导中的作用

舆论是公众对当下社会公共事件及各种问题与现象所表现出的态度、情绪、评价的总和,属于意识形态范畴。作为社会思想动向的"观测台",舆论能够直观地展现社会普遍关切与价值尺度。同时,舆论还对公众的思想和行为具有重要的反作用。舆论引导,即引导舆论,是指引导公众舆论向社会主流舆论靠拢和聚合的过程。高校是意识形态工作的前沿阵地,思政课的任务是传导主流意识形态,在舆论引导过程中发挥着不可替代的作用。

1. 为大学生科学评判舆论提供理论支撑

思政课重在用理论武装人,能够对大学生进行科学、系统的马克思主义理论教育,宣传、传播、普及马克思主义的立场、观点和方法。自上而下的理论灌输,有助于引导大学生认清社会舆论的实质,剖析舆论形成、发酵、传播的来龙去脉。同时,作为长期从事思想政治工作的教育者,高校思政课教师具有较高的马克思主义理论素养和政治敏锐性,比其他群体拥有更专业的知识储备,能够熟练运用马克思主义理论引导高校舆论向社会主流舆论聚拢,强化大学生对社会主流舆论的认同感。

2. 有助于维护舆论阵地中的意识形态安全

当今时代,国家安全不再局限于传统意义上的政治安全、国土安全和经济安全等,而是包括了文化安全、意识形态安全在内的总体安全。其中,意

识形态安全是不可忽视的一大要素。舆论阵地是意识形态竞争与角逐的战场,各种思潮在其中交流、交融、交锋。一方面,西方国家的"和平演变"和文化渗透威胁我国意识形态安全;另一方面,极端的个人主义和享乐主义正在消解社会主义理想信念,腐化一部分人的身心健康。高校思政课因其天然具有思想性、理论性、科学性,理应在复杂舆情中持续发挥着"定海神针"的作用,为维护社会主义意识形态安全做出贡献,引导大学生树立正确的世界观、价值观和人生观。

3.有助于规范大学生的网络舆论行为

舆论具有复合型的表达方式。舆论行为既包含情绪、态度的表达,也包括公开的言论,尤其是公开的言语表达,可能会对个人生活圈的整体舆论氛围产生"一传十,十传百"的广泛影响。生活在网络时代,人人都手握麦克风,个人言论在大数据这个"扩音器"的作用下发挥的作用远比我们想象中要大得多。在此背景下,有的大学生就会因为缺乏法律意识和对舆论影响的深刻认识,有意或无意地扰乱网络传播秩序,甚至走上违法犯罪的道路。高校思想政治理论课则可以通过加强法治与道德教育,提高大学生网络信息鉴别能力,加强大学生的网络规则意识与责任意识,帮助大学生形成健全的网络人格,从而规范大学生的网络舆论行为,实现大学生群体的网络自律,自觉维护网络安全与他人合法利益,构建和谐友爱的网络舆论环境。

(二)新媒体环境下发挥高校思政课舆论引导作用的重要性

1.有利于加强大学生对社会主流价值观的认同

在新媒体环境下,任何终端都可能作为通向互联网的接口,架起人们融入虚拟世界的桥梁。微博、微信、QQ、抖音、B站等媒体工具是当代大学生常用的接收与发表社会舆论信息的平台。人人都能在这些平台上针砭时事,评判是非,成为网络舆论的参与主体,这导致从前传统单一、自上而下的媒体格局与舆论环境变得多元化、多样化,也使社会主流价值观受到前所未有

第二章　新媒体时代社会思潮对大学生思想行为的影响与引导

的威胁。当代大学生是在互联网的大环境大背景下成长起来的一代人,对网络有着很强的依赖性。因此,即便大学生已经具有一定分辨是非和独立思考的能力,但当他们面对如洪水般倾泻而来的良莠不齐的知识信息时,仍有被误导和欺骗的可能。这些错误的或是负面的舆论信息可能导致大学生价值观的扭曲,引发诸多心理上、思想上、行为上的问题,甚至会引起部分学生出现行为失范和道德滑坡的现象。针对该问题,高校思政课教师的主导作用不容小觑。他们始终处在舆论引导工作与思想政治教育的前线,不仅对时事舆论导向具有敏锐的观察力和专业性见解,还长期同大学生保持接触,深刻了解大学生的思想情况。他们能够较为迅速地把握大学生价值观错位的原因,尽早掐断思想道德失范的苗头。加强对大学生的思想教育和价值引领,培养高校好网民,为当前网上舆论增添更多暖色调,让正能量充盈网络空间。

2.有利于开拓高校思政课课堂实践的广阔平台

新媒体的快速发展,打破了"象牙塔"和外部世界的障壁,开拓了大学生认识社会舆论的广阔平台,为高校思政课提供更丰富的现实素材。一方面,大学生能够借助新媒体放眼世界,纵观天下,感知民生,体味冷暖,进而开阔眼界,增强大局意识,加强社会责任感和主人翁意识。比如大学生可以通过网络问政、网络监督、线上投票等形式实现公民参与,增强民主参与意识,激发民主参与热情;还比如在北京冬奥会期间,很多大学生在线上平台为冬奥会加油助力,展现出浓厚的爱国情怀与奥运精神。另一方面,拥抱新媒体能够促成"思政小课堂"和"社会大课堂"的结合,实现高校思政课理论性与实践性的统一。新媒体平台能够将波澜壮阔的社会实践带入高校思政课堂,促进学生主动感悟,把握发展规律,也让高校思政课更富有活力、保持张力、充满魅力。譬如在思政课堂上,灵活运用各大新媒体上线的庆祝中国共产党成立100周年、介绍中国共产党百年奋斗历程及伟大历史成就的视频,能够增强理论的说服力和感染力,让大学生们深刻感受到中国共产党百年光辉历程和伟大成就,全面体悟伟大建党精神的深刻内涵与时代价值。只有将发挥高校思政课的舆论引导作用放在新媒体的大环境大背景下,科学认识网络传播规律,提高上网治网水平,才能"使互联网这个最大变量变成事业发展的最大增量"①。

3. 有利于增强高校思政课的吸引力与针对性

发挥高校思政课的舆论引导作用还有利于增强高校思政课的吸引力与针对性。第一,在有针对性地引导网络舆论的过程中,高校思政课教师能够创新课堂教学语言。语言作为人与人之间沟通的重要载体,是教育者传授知识的重要途径。活跃在新媒体中的网络流行语,既是折射社会百态的镜子,在一定程度上反映了时代变迁和社会价值观取向,也是师生之间搭建互相理解和沟通的桥梁。如果高校思政课教师能够了解大学生群体间的流行语,并加以利用,就可以更深入地了解学生的所思所想,把握学生的思维特点,并运用流行语充实课堂,增强高校思政课的吸引力。同时,高校思政课教师也可以通过对一些负面流行语的批判,预防这些负面流行语的泛滥化、极端化,从而增强高校思政课立德树人的针对性。第二,借助新媒体平台,高校思政课教师能够丰富教学内容,克服陈旧的照本宣科式的教学方式。高校思政课教师可以通过图文并茂的多媒体手段呈现舆论内容,让理论知识生动地在社会舆论现象中再现,使没有生命的教材在动态的新媒体图片、视频中绽放,让高校思政课教学实现移动化、场景化、可视化,强化思政课吸引力。在教学中,教师还可结合当下的舆论热点进行分析,激发大学生的研究兴趣和学习热情,引导大学生发现社会问题、思考社会问题、分析社会现象,在思考感悟中水到渠成地坚定理想信念,由此使高校思政课最终达到

---

① 习近平.加快推动媒体融合发展 构建全媒体传播格局[J].求是,2019(6).

第二章　新媒体时代社会思潮对大学生思想行为的影响与引导

"于无声处教化人"的效果。

二、新媒体环境下发挥高校思政课舆论引导作用现状及存在问题的原因分析

为从实际出发研究当前高校思政课舆论引导作用的现状,我们参照国内学术研究一般采取的问卷调查方式,借助"问卷星"发放网络问卷进行调查研究。本次调查总计发放513份问卷,回收有效问卷共497份,有效回收率为96.9%。从样本的性别结构来看,男生占56.2%,女生占43.8%,性别分布较为平衡;从样本的年级结构来看,大一占21.83%,大二占24.14%,大三占23.19%,大四占30.84%,年级分布较为均衡。

数据显示,99.18%的大学生认为在新媒体环境下发挥高校思政课的舆论引导作用是有必要的,这说明大学生群体对高校思政课在舆论引导方面存在的必要性的认同度较高。同时,88.12%的大学生认为高校思政课在舆论引导中发挥着很大的作用,9.27%的大学生认为高校思政课的作用不大,2.61%的大学生则认为高校思政课在舆论引导方面没有发挥其应有的作用。这说明大学生对高校思政课发挥的舆论引导作用整体满意度较高,但还有进一步提升的空间。说明本次调查研究在提升高校思政课舆论引导作用的实效性层面上具有一定的现实意义。本次调查研究从高校思政课的教学内容、教学形式,高校思政课教师的能力素养以及学生的学习收获反馈情况等方面,分析了高校思政课发挥舆论引导作用现状及出现问题的原因。

(一)高校思政课发挥舆论引导作用现状

1.新媒体应用广泛但对舆论引导的针对性不足

如图2-6-1显示,89.85%的大学生表示"思政课课堂经常使用新媒体",10.15%的大学生表示"思政课课堂偶尔使用新媒体"。这表明了大多

数高校的思政课堂上经常使用新媒体教学,即当前高校思政课与新媒体的融合较为普遍。

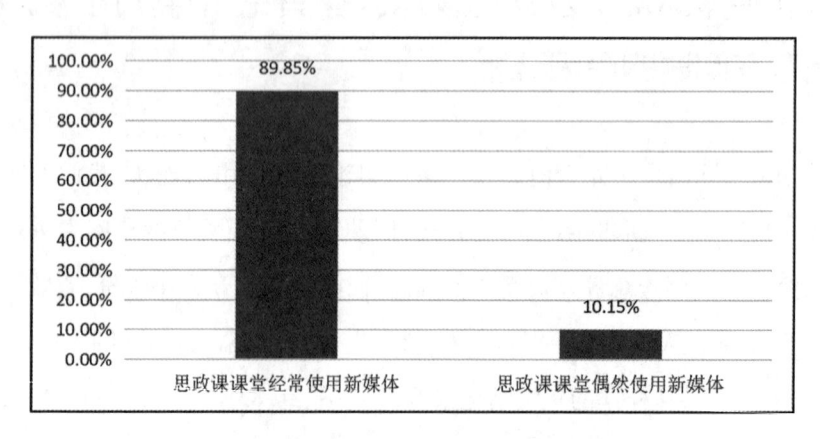

图2-6-1　高校思政课课堂新媒体使用情况

但在思政课积极拥抱新媒体的同时,高校思政课对舆论引导的针对性依然不足。在"你平时了解社会舆论的渠道有哪些"这个问题上,选择"网络新闻""同学之间的讨论""思政课"以及"报刊书籍"这几个选项的比例分别是98.98%、76.14%、24.37%、44.16%。(见图2-6-2)这说明高校思政课并没有完全承担起传递舆论、分析舆论、引导舆论的职责,思政课并非大学生获知舆论信息的主要来源,反而是网络新闻以及学生群体间的交流成为舆论传播的主要途径。

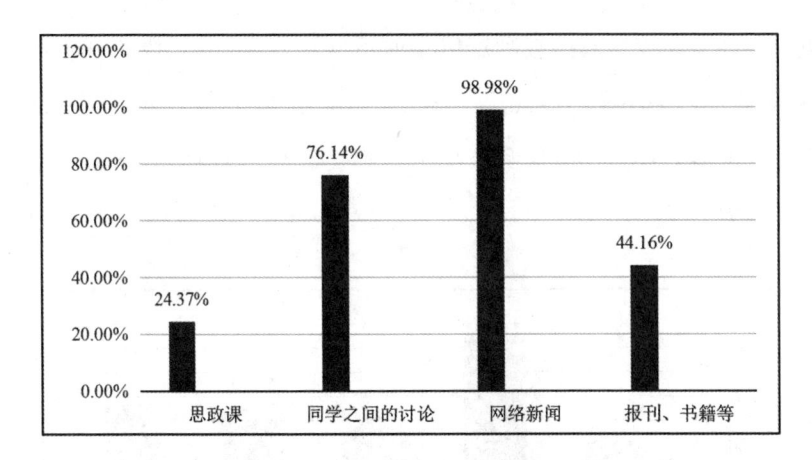

第二章 新媒体时代社会思潮对大学生思想行为的影响与引导

图2-6-2 大学生平时了解社会舆论的渠道

通过图2-6-3我们可以发现,43.65%的大学生认为高校思政课只重视理论部分,但较少结合当下社会舆论与现实情况讨论问题,这是高校思政课发挥舆论引导作用时的一大问题。结合实际我们可以得出结论,高校思政课同新媒体紧密结合,但在提供舆论疏导方面仍有不足之处。譬如,虽然很多高校建设了思政教育相关的网站或是公众号,很多高校思政课教师使用演示文稿、慕课、腾讯会议或是雨课堂等新媒体手段进行思政课教学,但在这些新媒体平台上呈现的内容大部分只是线下内容的机械性复述,较少兼顾对时事新闻和舆论信息的引导。

2. 舆论引导的科学性较强但及时性不足

调查显示,88.12%的大学生认为思政课在舆论引导中发挥着很大的作用,其主要表现在高校思政课教师能够为分析社会舆论提供丰富的理论指导,能够对社会舆论作出公正科学的判断,能够对大学生参与社会舆论讨论与传播的行为进行合理地规范这几个方面。但也有31.98%的大学生认为思政课在发挥舆论引导作用时存在"对社会舆论热点的反应不及时"的问题。(见图2-6-3)在人人都拥有信息发布权的今天,社会舆论环境呈现出声音杂、变化快的特点。"快准狠"是舆论引导的三大原则。"快"更是重中之重。一部分高校思政课教师难以及时适应声音杂、变化快的社会舆论环境,对舆论热点关注度不够,备课不充分,错失了澄清事实、发声亮剑的最佳时机。这可能导致高校舆情乱象丛生等不良后果,即使事后补救也会显得被动和乏力。

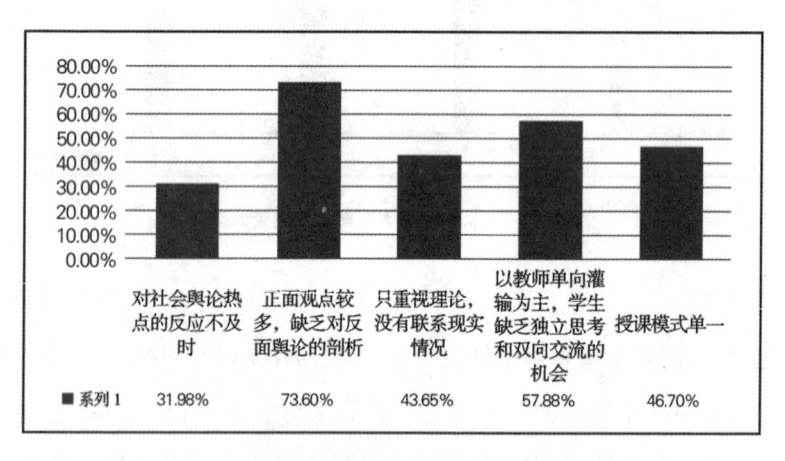

图 2-6-3　高校思政课发挥舆论引导作用中存在的问题

3. 以正面宣传为主但开放性和互动性不足

根据图 2-6-3,有 73.60% 的大学生认为,思政课在发挥舆论引导作用时遇到的问题,是高校思政课教学的"正面观点较多,缺乏对反面舆论的剖析"。一方面,以正面宣传为主,始终是我国舆论引导工作遵循的基本方针。高校思政课教学以正面宣传为主有利于形成稳定积极的舆论环境,有助于弘扬主旋律,传播正能量,激发大学生团结奋进的强大力量;但另一方面,高校思政课缺乏对负面舆论信息的批判,这对培养大学生独立思考和辩证分析的能力不利。当代大学生处于一个开放、自由的舆论空间,难免会遇到非理性、偏激的观点。面对这些不同于主旋律的声音,如果高校思政课教师时常回避热点问题与敏感话题,甚至对此产生畏难情绪,会导致大学生们在独自面对舆论时有的盲目跟风,有的左摇右摆,有的照单全收,难以形成统一

第二章　新媒体时代社会思潮对大学生思想行为的影响与引导

的、良性地参与舆论意识。

此外,"以教师单向灌输为主,学生缺乏独立思考和双向交流的机会""授课模式单一"也是高校思政课发挥舆论引导作用时较为突出的问题。这些问题在传统思政课教学中较为普遍。在传统教学模式下,教师是信息的生产者、提供者,学生则是信息的接收者。以教师为主的教学模式一定程度上有利于知识传授的效率,但并不适用于新媒体发展迅猛的当下环境。新媒体改变了传统信息生产、传播方式,也改变了高校思政课的学情。当今的大学生群体不仅有强烈的话语冲动,还对灌输式的教育模式深有反感。因此,照搬自上而下、单向灌输、缺乏互动的方式是难以为大学生所接受的。

(二)发挥高校思政课舆论引导作用存在问题的原因(见图2-6-4)

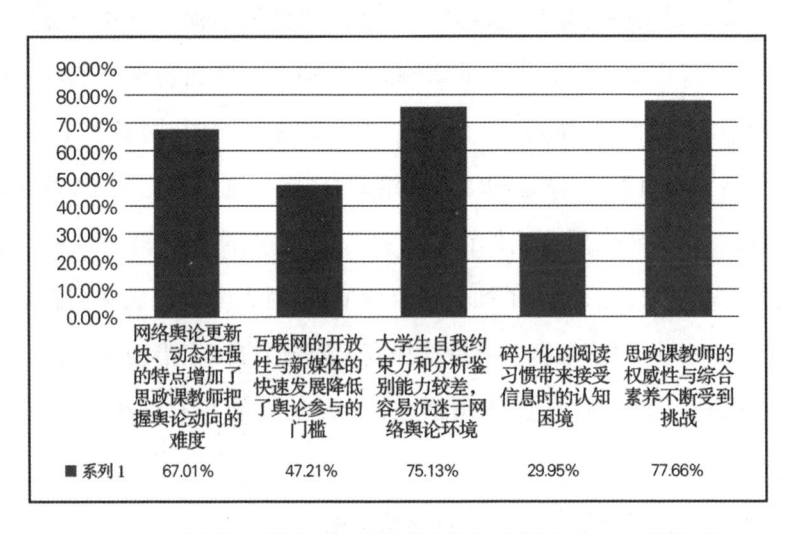

图2-6-4　新媒体环境下高校思政课发挥舆论引导作用中存在问题的原因

1. 客观舆论环境复杂

新媒体时代复杂的舆论环境,是使高校思政课发挥舆论引导作用时受挫的客观因素。其主要表现在以下方面:第一,网络舆论更新快、动态性强的特点,增加了高校思政课教师把握舆论动向的难度。67.01%的大学生认为网络舆情更新快、动态性强的特点,对高校思政课发挥舆论引导作用造成技术上的困难和冲击。技术日新月异的发展加速了网络舆论发展更新的速率。高校思政课教师不仅在技术层面上难以快速适应,在课堂信息交流中也可能因为对网络舆情的关注度有限而出现获得信息不完整的情况,由此导致舆论引导不及时和高校思政课教师权威性的下降。同时,由于舆论的内容和影响力本身具有动态性强的特点,一些与主流价值观有出入甚至完全相悖的舆论刚一形成,便会对思政课的影响力产生冲击。第二,网络舆论环境开放性的特点,一定程度上正在消解高校思政课舆论引导作用的实效性。互联网的开放性使私人领域和公共领域之间的坚实壁垒被打破,于是越来越多的人成为网络信息的发布者和传播者。新媒体降低了舆论参与的门槛,直接导致舆论信息鱼龙混杂。一些网络意见领袖对事件的态度与评价往往比高校思政课具有更大的影响力,特别是一些在新媒体平台上坐拥几万甚至几十万粉丝,所谓的"大V"、网红、博主等,却与网络推手、水军合作,所作所为不负责任,制造和传播网络谣言,污染网络舆论环境,对高校思政课发挥舆论引导作用造成外在的干扰。同时,互联网的开放性特点还促使各种思潮激烈碰撞,冲击了社会主流价值观,对大学生造成深刻影响。由于改革开放不断深化,综合国力持续提高,部分西方国家借助互联网向大学生输出西方价值体系,抹黑我国形象,对大学生的身心健康造成了负面影响。

2. 大学生自身存在的心理特点与认知困境

大学生自身存在的心理特点与认知困境是高校思政课难以发挥舆论引导作用的主体原因之一。首先,部分大学生面临生活、学习、就业等压力时,容易产生焦虑、自我怀疑、精神萎靡等情况。虚拟化的网络舆论环境给予他们发泄情绪、寻求安慰的空间,于是有的大学生便沉浸于虚拟世界中,逐渐与现实生活脱节,在网上通过随意抨击他人或社会现象寻求满足感,这给高校思政课发挥其舆论引导作用增加了难度。第二,当代大学生思维活跃、自我意识强,在面对形形色色的舆论信息时表现出较强的好奇心和接受能力,而自我约束力和分析鉴别能力较差是他们显著的弱点,这就使得一些大学生难以抵御互联网上存在的各种边缘化价值观念以及不良信息的诱惑。在当下网络舆情监管难度比较大的情况下,一些大学生也就较容易因为自我约束和理性思维的弱化受到负面网络舆情的影响,表现出盲目轻信、传播虚假信息、制造恶意言论等行为。第三,碎片化的阅读习惯带来接收信息时的认知困境。由于信息获取载体的变化以及当下社会充盈着的求快心理,人们趋向于接收数量上更加庞大、内容上更加分散的碎片化信息。大学生们每天可以通过微博、微信、QQ、B 站等多个平台获取信息,这也间接导致一部分学生接受思想政治教育时注意力容易分散。同时,长期被动接收信息会让大学生养成惰性思维,特别是长期被动接收无意义或是意义不大的碎片化信息会减弱学生积极、独立思考的意识,让思维"固化"。

3. 高校思政课教师的权威性与综合素养不断受到挑战

高校思政课教师的权威性与综合素养不断受到挑战是思政课难以发挥舆论引导作用的另一个主体原因,其表现为三种情况:第一,思政课教师的媒体素养受到挑战。高校思政课教师对新媒体技术的应用能力与熟悉程度,直接决定了他们对网络舆论的引导效果。大部分高校思政课教师能够掌握运用网络查找资料、制作并使用 PPT、录制线上课程和进行直播教学的能力,从而提高教育效果,适应新媒体时代的各种变化。但少部分高校思政课教师并未掌握围绕新媒体技术的网络使用和管理能力,譬如运用网络平台开展调查研究的能力不强、对大学生实时思想动态的捕捉力不强、对网络语言词义的理解力不强、对在线教育资源的整合协调能力不强等,这些都会对高校思政课发挥舆论引导作用的实效性造成了一定影响。第二,教师对舆情信息的分析和引导能力受到挑战。目前仍有较多高校思政课教师采取传统的灌输式教学模式,重视理论讲授,面对舆情信息存在畏难心理。如果高校思政课教师无法创设以学生为主的课堂,并根据实际舆情与学生进行民主、平等、宽容的对话,就很难引导学生独立思考,理性地参与网络舆论。第三,思政课教师的权威性受到挑战。在新媒体时代,大学生掌握着多样化的渠道,可以自主学习知识和浏览舆论信息,无论是在信息获取速度还是在信息获取数量上,或已超越了思政课教师,这无疑削弱了高校思政课教师的权威地位。教师逐渐变得和学生一样,成为信息的拥有者而非垄断者和传播者。如果高校思政课无法与时俱进,反而固守以前的教学资源,甚至对舆论信息的反应比学生还"慢半拍",就很难达成当下高校思政课的教学任务。

三、新媒体环境下发挥高校思政课舆论引导作用的路径

(一)坚守政治本色,实现铸魂育人目标

思政课的根本属性是政治属性,根本特征是要高举中国特色社会主义的伟大旗帜。旗帜鲜明地坚守思政课政治本色,是在新媒体环境下发挥高校思政课舆论引导作用的前提与支撑。

1. 坚持正确政治方向

高校思政课首先必须做到坚持正确的政治方向。第一,思政课必须保证其在教学目标、课程设置、教材选用、教学管理等多个方面同党中央和国家的大政方针保持高度一致,切实解决好培养什么人、怎样培养人、为谁培养人这个根本问题。第二,思政课教师必须坚定自身的政治立场与理想信念,不断巩固马克思主义的指导地位,高举习近平新时代中国特色社会主义思想伟大旗帜。无论是在现实生活中还是在网络空间里,高校思政课教师都要敢于反驳错误的言论,不偏不倚地公正评判各种舆论声音,坚持做马克思主义的坚定信仰者和中国共产党的忠实拥护者。第三,思政课应运用社

会主义核心价值观引领网络舆情。社会主义核心价值观是引领社会思潮、凝聚社会共识的重要价值准则,在引导舆论方面具有无可替代的作用。思政课要重视社会主义核心价值观的理论教授与实践应用,积极营造向善向上的主流价值观,提高大学生的政治素养与思想品德素养,防止不良舆论对大学生身心健康的侵蚀,在大学生人生的"拔节孕穗期"做好引导工作。

2.筑牢坚实政治阵地

思政课是国家意识形态建设的重要阵地。高校应该重视思政课的建设,把思政课的建设与发展放在学校发展总体布局的重要位置,不断依据实际情况细化思政课改革的具体方案,加强学科建设、完善学科体系、推动学科发展。随着时代发展,互联网成为舆论信息的新载体,这也意味着网络成为意识形态建设的新阵地。因此,高校思政课要实现从课上到课下、从课堂到网络阵地的延伸,构筑信息传播、课程学习和思想交流的大众平台。例如,高校思政课可以根据大学生的心理特点与阅读习惯,打造思政课红色宣传 App 或微信公众号。不少高校已经将思政课搬上了线上平台,设立思想政治教育主题网站,牢牢掌握了网络思想政治教育和舆论引导的主动权。为了让思政课更加生动、更贴近学生融入新媒体的实际,相关的 App 或微信公众号在页面设计、内容选取、呈现形式等方面可以鼓励学生参与。高校思政课教师也可以和学生一起设计、制作思政类育人短视频,并将其发送至各大社交平台和创办的公众号进行推广。短视频是目前较为流行的视频形式,它体量小,互动性强,能够带给观看者沉浸式体验。高校思政课教师可以利用短视频的这些特质将马克思主义理论与社会舆论热点充分融合,用诙谐精练的语言引导大学生正确认识社会,扩大社会主义主流意识形态的影响力,从而实现筑牢政治阵地、引导舆论走向的目的。

(二)提升主体素养,营造良好舆论氛围

1. 提升高校思政课教师主体素养,实现以点带面的有效引导

如今,以新媒体为代表网络平台成为高校大学生学习、生活的新空间,高校思政课教师作为高校思想政治教育的关键,应充分认识这一时代的变化带来的自身角色的转变,成为高校网络舆论的主要引导者。首先,思政课教师要认清社情、学情的变化,改变传统教学思维,与学生平等真诚地交流,宽容友好地对话,主动倾听不同的声音,而不是单纯地输出观点与见解。其次,思政课教师可以主动研究学习心理学、新闻学、社会学与舆论学的相关理论知识,从理论层面了解网络舆论传播规律,加强舆情分析研判能力和公共突发事件评判能力。再次,思政课教师可以提高课堂实践组织能力与议题创设能力,结合时事热点和疑点,开展议题式教学,在议题研讨中帮助学生做出正确的价值判断与价值选择,掌握引导舆论的主动权。最后,思政课教师可以通过开设微博账号、微信公众号等形式,掌握并分析最新社会思潮的走向,练就捕捉舆论的火眼金睛,同时更迅速有效地搭建起教师与学生沟通的桥梁,形成师生良性互动,实现以点带面的有效引导。

2. 提升高校大学生主体素养,营造理性和谐的舆论氛围

高校大学生主体素养的提升,不仅是在高校思政课教师引导下的提升,更是自主独立的自我提升,是在高校思政课教师以点带面的有效引导下进一步提升的表现。第一,大学生应严格要求自己,自觉规范新媒体的使用。将手机、电脑、平板的使用更多地投入学习研究中,而不是用来刷短视频、玩手游。第二,大学生应自觉遵守国家有关互联网的法律、法规和政策。做到文明上网、依法上网,把国家利益和集体利益放在首位,承担起时代赋予青年的使命担当。第三,大学生要认真学习思政课,不断提高自己的理论知识和实践能力。面对良莠不齐的舆论信息做到不盲从、不跟风,学会独立思考、理性发声,为抵制虚假、落后、低级、媚俗的网络舆论贡献自己的力量,助

第二章　新媒体时代社会思潮对大学生思想行为的影响与引导

力维护健康、和谐、友好的网络舆论环境。

(三)打破传统藩篱,构建新型舆论引导方略

创建新型"云端"思政课是在新媒体环境下发挥高校思政课舆论引导作用的重要方法。新媒体与高校思政课的不断融合已经成为一种趋势,一个全新的互联网教育生态正在形成。在纷繁复杂的网络空间中突破高校思政课的传统弊端,构建新型舆论引导方略需要做到以下几点。

1.建立高校网络舆情信息共享和研究机制

网络上充斥着海量且良莠难分的舆论信息,而高校思政课教师教学科研任务繁重,精力有限,有时难以独立承担舆论引导的责任。"在大数据时代,我们不必知道现象背后的原因,我们只要让数据自己发声。"[1]高校思政课可运用大数据方法把校园舆情与社会舆情的数据联系起来,实现信息关联和信息共享。其一,建立学生舆论大数据库,整合跨界数据,充分挖掘有效数据信息;其二,深度分析各类数据信息,找寻不同舆论背后相关联的信息、因素、条件等;其三,对舆论数据进行综合分析,形成学生舆论的现状分析与发展预测;其四,根据预测与评估,做好思政课引导预案,实现主动引导、提前引导。

2.重视发挥"意见领袖"的积极作用

要想充分发挥高校思政课的舆论引导作用,还要重视发挥"意见领袖"的积极作用。所谓"意见领袖",就是指在网络舆论信息的产生、传播和发酵过程中具有一定影响力的人。他们具有较好的群众基础,对社会舆论风向起着引领的作用。首先,要重视发挥具有较高政治站位和专业知识的网络意见领袖的作用。他们往往在特定群体中享有极高的影响力与号召力,且

---

[1] [英]维克托·迈尔-舍恩伯格,肯尼思·库克耶.大数据时代[M].盛杨燕,周涛,译.杭州:浙江人民出版社,2013:19.

<<<< 163

能够运用权威性话语整合各个利益群体的诉求与意见。对杂乱无章、瞬息万变的舆论信息作出客观公正的回应。其次,要重视培养学生群体中的意见领袖。利用好青年大学生群体中的同辈效应,可以使高校思政课的舆论引导作用达到事半功倍的效果。发掘和培养一批具有较高政治觉悟和思想道德修养的骨干学生,可以壮大高校舆论引导的规模,引导同学们积极理性地参与网络舆论,营造积极向上的校园网络信息环境。

第三章 新媒体时代高校思想政治理论课建设和教学模式研究

随着信息化的迅猛发展,新媒体逐渐颠覆了人们的知识获取和传授方式,使得高校思想政治理论课教和学关系也发生革命性的转变,思政课教学进入了"新媒体时代"。思想政治课是落实立德树人根本任务的关键课程,有着重大的时代使命。因此,要充分发挥新媒体时代的教育优势,积极构建新媒体时代高校思政课教学改革创新的具体路径,不断提升高校思政课教学的针对性和实效性。

第一节 新媒体时代的"大思政课"建设

2021年3月6日,习近平在看望参加全国政协会议的医药卫生界、教育界委员时强调:"'大思政课'我们要善用之,一定要跟现实结合起来"[①]。这

---

① 习近平:"大思政课"我们要善用之[N].人民日报,2021-03-07(01).

新媒体时代的高校思想政治理论课教学改革与创新

一重大命题为新媒体时代怎样办好思政课提供了根本遵循。要联系习近平总书记关于思政课建设的重要论述,从新媒体和"大思政课"的内涵入手,结合理论和实践的视角来阐发"大思政课"的重要性与必要性,进而探究新媒体时代"大思政课"的具体建设路径,不断提升学校立德树人的针对性和实效性,实现"大思政课"的全方位发展。

一、新媒体时代"大思政课"的概念界定

理论是实践的先导。要提出切实可行的推动路径,首先必须对新媒体时代"大思政课"进行概念界定,明确其提出语境,厘清其发展脉络,科学把握二者的关联。

(一)"大思政课"的内涵

"大思政课"是在"讲好思政课"的语境下提出的,是以新时代如何讲好思政课为主要议题。习近平总书记指出:"当前形势下,办好思政课,要放在世界百年未有之大变局、党和国家事业发展全局中来看待,要从坚持和发展中国特色社会主义、建设社会主义现代化强国、实现中华民族伟大复兴的高度来对待。"[①]从这个意义上来说,我们一定要在理解"大思政课"丰富内涵的时候,囊括宏大的时代,囊括鲜活的实践,囊括生动的现实,立足时代的主线,讲清楚"大思政课"究竟大在何处的问题。结合习近平总书记的一系列重要论述以及相关学者对这一概念的分析,"大思政课"可以被界定为一门承载"大使命"、立足"大视野"、基于"大格局"的时代"大课"。

1. 大使命:"大思政课"之大在于使命担当之大

中国共产党历来高度重视学校思想政治工作。从全国高校思想政治工

---

① 习近平.思政课是落实立德树人根本任务的关键课程[J].求是,2020(17).

作会议,到学校思想政治理论课教师座谈会,再到"大思政课"理念的提出,党对思政课的重要性一再提及和强调,充分体现了"大思政课"的特殊地位和作用,进一步地揭露了"大思政课"所肩负的为党育人、为国育才这一重要责任和使命。它以国家的战略体系为出发点,教诲青年人感悟马克思主义的真理,指引青年人认识中国特色社会主义发展的大道,鼓舞青年人树立为国立命、为民服务、造福社会的大志,培育青年人行己有耻、止于至善、奉献祖国的大德,担当起实现中华民族伟大复兴的大任。可以说,"大思政课"建设与我们能否沿着中国特色社会主义的方向继续前进密不可分,与党的历史责任和伟大奋斗目标能否后继有人密不可分,与我国教育培养的接班人能否能肩负起中华民族千秋伟业密不可分。

2. 大视野:"大思政课"之大在于知识领域之大

"大思政课"是阐析中国之治的理论大课。其第二个维度,就在于用生动的现实把马克思主义中国化时代化的最新理论成果讲好、讲透。结合生动的现实,不能仅限于学校课堂,也不能停留在当下所发生的事件,必须贯通古今、纵横中外、面向未来,做到理论联系实际,具有宏大的知识视野。"大思政课"的大视野,主要就体现在它所涵盖的知识领域非常广博,一方面表现为"大思政课"的教学内容广。如高校思想政治课程就涉及政治、哲学、经济、文化、生态、社会等多方面理论,涉及国情、世情、党情、民情等各方面领域,在知识素养上有着其他课程所不具备的特殊综合性。另一方面表现为"大思政课"教学的与时俱进性。随着国内外形势的变化,党和国家的工作任务也不断变化,"大思政课"的教学内容必须与时俱进。教师要想达到更好的教学效果,就必须不断完善备课工作,在常讲常新中把道理讲出来。这也意味着"大思政课"在知识体系上要有应时而变的大视野,有更为广阔的知识领域。

3. 大格局:"大思政课"之大在于育人格局之大

"大思政课"还应构建纵横联动的育人大格局。一方面,从纵向上推动大中小学思政课一体化;另一方面,从横向上坚持家校社会家庭教育网络一体化、思政课程与课程思政同向同行。从时间角度来看,"大思政课"的教学贯穿大中小学,是一个由浅入深、顺向积累的过程。"大思政课"教学必须充分考虑到不同学段学生的身心特点,加强不同阶段间课程的协同联结,进而实现纵向有效的衔接。既要遵从循序渐进的育人规律,又要保持螺旋上升的整体推进。从空间角度来看,"大思政课"就是思政课育人场域的延伸。把传统课堂拓展到家庭及社会生活中去,打造多元协调的育人环境。"大思政课"的改革创新需要联合来自家庭、社会的力量,发掘和运用好各种领域的育人资源。从教学角度来看,"大思政课"的重要使命还包括注重与其他课程同向同行、合力育人。要以立德树人为纽带,打破长期以来思政课和其他课程间相互割裂的局面,构建全员全程全方位的"大思政课"育人大格局。

(二)新媒体时代的"大思政课"

新时代思想政治教育工作要"因时而进、因势而新",深入贯彻落实习近平总书记"运用新媒体使工作活起来"的重要要求,让"思想政治工作传统优势同信息技术高度融合"。[①] 新媒体时代的"大思政课"建设路径可以大致分成两个层面:一是基于新媒体时代的新发展,侧重于新媒体在传播特性上与"大思政课"的相互兼容;二是基于新媒体技术的新发展,侧重于在工具属性上对传统课堂的进步创新。具体而言:

第一,在传播属性上,随着新媒体等移动终端的兴起,学校思想政治教育的阵地得到了拓展,正逐步从非媒体时代的传统课堂向新媒体时代的网

---

① 习近平.把思想政治工作贯穿教育教学全过程 开创我国高等教育事业发展新局面[N].人民日报,2016-12-09(01).

络信息技术赋能的"新课堂"转移。新媒体所具备的便捷性、互动性、多样性、即时性、草根性、自由性等特征,能够与"大思政课"之大相互兼容,如提供了更为广阔的知识视野、更为宏观的教育内容、更为新颖的信息时政等,从而激发学生的求知欲与想象力,使他们在课堂上感悟国家和社会的发展,坚定"四个自信",承载"大使命"。新媒体的热点内容走进课堂,与"大思政课"的时代"大背景"相适应,适时地引入具有时效性的典型案例,立足"大视野"的真实事件,为思想政治教育工作建设发展带来无限可能。

第二,在工具属性上,新媒体时代的"大思政课"与传统课堂相比,更注重学生对新媒体课堂的体悟,即学生通过感受新媒体技术下的课程教学环境,在体验中得到满足感,进而对"大思政课"的实质问题有更全面地认识。新媒体改变了传统课堂的讲授方式,突破了教学场域的局限,借助多媒体音频、视频、VR、AR、全息互动投影等先进的信息技术手段,将学生亲闻亲历的时事政策、热点新闻、社会民生等话题引入课堂教学,全方位地向学生展现真实的社会实物场景,增强课堂教学的可视化和生动性。在增强技术层面的新颖体验感的同时,又注重现实层面的参与感,使学生置身于数字化的新媒体环境,实现实时互动交流,增进学生对学科知识的理解以增强对"大思政课"的认同。

综上所述,新媒体时代的"大思政课"是以"大思政课"为依托,将更生动的社会生活素材注入其中。运用更加新颖多样的教学方式,借助更加先进科学的技术手段,全方位调动学生的知觉体验,鼓励学生以积极心态充分发挥个体的学习主体作用,兼容思想政治教育的特点,增强课堂的实效性、参与性与现实性。因此,"大思政课"的建设要与信息技术结合起来,与新媒体技术结合起来。新媒体时代"大思政课"精神是基于时代环境与技术综合考量的必然选择。

二、新媒体时代"大思政课"建设的重要性和必要性

相较于新媒体时代之前的传统课堂,新媒体技术的发展给课程教学提供了一个创新发展的平台。教学形式、内容、方法乃至理论内涵得到了丰富和发展,思政的育人实效也得到了极大地提升。可以说,新媒体变更为教育的载体,对"大思政课"工作的建设路径具有诸多有利之处,同时也是解决新时代思政工作发展创新问题的必然需求。

(一)新媒体时代"大思政课"建设的重要性

第一,新媒体时代"大思政课"建设有利于提升学生的获得感和参与感。新媒体时代的信息网络技术高速发展,扩充了课堂教学的表现形式,通过互联网等现代化教学手段把课堂、课后串联起来,使每位学生都能得到充分的参与和表达,确保了教学落到实处。在以往的课堂教学中,对于课上教师所讲授的知识理论,学生往往浅尝辄止,很少能够在课后自主地将学习的理论知识带入对生活实际的思索中去。这样的理论知识往往是通过死记硬背获得的,缺乏系统思考,即使入了脑,也很难入心。因此,思政课程难以充分发挥启迪思想和灵魂的作用,使得思想政治教育真正落到实处。但在新媒体时代,"大思政课"能够利用信息技术手段如多媒体、VR、校园教学平台等打造数字化的体验环境,通过充分拓展教学的网络空间,构建起三维立体的课程教学系统,以实现线上线下、课前课后的有机联动。相较传统教学课堂,学生在现代化课堂上多了主体意识,在课后的教育平台上又能够参与线上分析讨论,加大了学生的课堂参与度与课后思考空间,使每位学生都能够获得参与感。这将大大激发学生的兴趣,在主动参与和主动思考的基础上,更加透彻地感悟"大思政课"的思想政治教育元素。

第二,新媒体时代,"大思政课"建设有利于与学生的个性心理需求相适

应。新媒体是新兴媒体形态，它自身就带有"反传统"的特征，新媒体时代的"大思政课"的创新属性既契合科教兴国的战略方针，又符合当下学生的内在心理需求，大大增强了"大思政课"教学的针对性。在以往的课堂教学中，不管是思想政治理论课，还是一些专业课，大多强调知识的灌输，由于有的学科自带的较强的理论性，在授课形式上存在较少的互动性，学生很难从中产生获得感，导致学生对一些课程特别是思政课形成枯燥无味的刻板印象。尤其在当下，生长于新媒体时代的学生受新媒体的影响，习惯于寻求与众不同与创新，喜欢凸显自我个性，他们渴望得到他人的认同，对新兴事物的追随日益强烈，这与"循规蹈矩"的传统课堂相背离。将新媒体与"大思政课"结合起来，给学生以新形式、新内容、新学法、新感悟，在心理上就会给学生一种不同以往的体验感，让学生觉得"大思政课"是符合自己个性的、可以尝试的。此外，新媒体为思想政治教育工作者提供了大量的学生信息，使教育者能够根据这些动态信息展开针对性的教学，以达到"大思政课"因材施教的个性化教育要求，使学生乐于接受教育和引导。在这种心理暗示下，能够拉近课程、教师与学生之间的距离，培育更加亲近学生、贴近社会的"大思政课"。可以说新媒体作用于"大思政课"教学，有利于满足学生突破常规的个性化心理需要。

(二)新媒体时代"大思政课"建设的必要性

在当下的社会环境中，学生们深受新媒体这一新兴事物的影响，他们的学习生活充斥着以手机、Pad为载体的各类App客户端。大学生离不开公众号、短视频、微信还有微博，这已经成为一个不可忽略的客观现实。它在给学生思想政治教育带来了崭新的机遇的同时，也给思想政治教育提出了挑战和要求。

第一，新媒体时代"大思政课"建设是大中小学思政课创新发展的必然要求。从构建完善的新媒体时代"大思政课"教育体系的必要性来看，利用

新媒体时代的高校思想政治理论课教学改革与创新

新媒体平台开展大中小学思想政治课建设工作,是融媒体环境中大中小学思想政治课发展创新的内在需求。新媒体时代各路信息的汇集,为"大思政课"教学提供了大量的实时动态案例,极大地丰富了课堂内容,为思政教学开辟了一条时效性的创新之路。在过去的思政课中,传统课堂所采用的素材或者案例,大多是源自主流媒体的报刊或者新闻,抑或是选自一些耳熟能详的"案例集"。这些素材难免会比较陈旧,尽管与知识点贴合且具有很强的说服力,但对于新媒体时代下的学生而言,面对这种若干年前的案例,容易从源头上失去了解或者讨论的兴趣,认为这些是"老掉牙"的东西。追求新兴事物的学生会先入为主地产生抵触情绪,从而大大降低了对课堂的兴趣和关注度,案例也会因此失去了教学中的价值,思政课的教学成效也就大大减弱。在新媒体时代,呈现在师生面前的是数据信息的爆炸式增长。新闻热点随时随地都在更新,这些公众热门事件贴近学生的生活实际,但学生熟知而不熟悉,为思政教师创造性地提供了取之不尽、用之不竭的素材和案例。在"大思政课"建设的要求下,思政教师能够结合自己所讲的知识点,收集相关热点讯息并整理、设计成相应的课程案例,这大大丰富了思政课堂教学素材,满足了"大思政课"创新发展的需要。

第二,新媒体时代"大思政课"建设是突破新媒体负面影响的必然要求。新媒体中的多样性文化不可避免地产生交融与碰撞,学生群体在思想上也面临着不可小觑的消极影响。为了解决这些问题,学校思想政治工作需要占领网络阵地,新媒体平台与公众得到广泛接触必须作为"大思政课"建设的重要载体。新媒体时代,思想政治教育传播主体去中心化、信息来源立体化与信息内容多元化等特征日益凸显,学生面临的思想政治教育传播的社会环境、文化环境与技术环境变得错综复杂[①]。新媒体更倾向于以视觉文化

---

① 崔人元.新媒体环境下高校思想政治教学创新路径[J].山西财经大学学报,2021(S2).

为导向,所表露的信息越来越呈现出虚拟化、碎片化、娱乐化的特点,这些对于学生群体而言是挑战。他们没有足够的主体意志和定力,自主判断能力薄弱,极易成为网络控制与改造的对象,甚至部分学生会沉溺其中,从而使得思想政治教育的传播效果大打折扣。当前,高校学生群体主要集中在"00后",该群体成长于国内的新媒体高速发展时期,喜爱并能够熟练使用互联网,对新媒体技术和工具的使用有着与生俱来的接受力和适应性。因此,如果教师仅仅局限于书本教材而对新媒体信息刻意回避,反而会引起学生的叛逆和抗拒心理,错失了教育良机。且无论如何回避,学生都会自主地对各类媒介进行探寻。与其逃避,不如主动利用。在"人人都是新媒体"的时代,"大思政课"工作者更应积极适应新媒体平台的教育形式,将新媒体和课程教学工作结合起来。我们如果不能利用好新媒体做好思想政治教育工作,学生就难以判断新媒体中价值观的正确与否,易受其消极内容影响,乃至被一些背离主旋律的舆论或者西方蓄意破坏团结的政治性言论所左右,产生不可估量的负面作用。

在新媒体时代,传播无处不在,思想政治教育也应无处不在。面对当下人与媒体技术"高度融合"的社会氛围,"大思政课"建设工作不能"堵",而应"疏"。要将新媒体环境纳入教学中,因势利导,发挥新媒体的长处,让新媒体中广阔的鲜活实践、生动现实走进课堂,更好地升华思想道德、坚定政治信念,守好思想政治教育的底线。

三、新媒体时代"大思政课"建设的推进路径

深入探讨新媒体时代"大思政课"的内涵及其重要性和必要性,目的在于解决如何真正办好新媒体时代"大思政课"的问题。这需要从教育理念、素养能力、创新方法、资源内容、以及格局环境等方面入手,探究新媒体时代

新媒体时代的高校思想政治理论课教学改革与创新

"大思政课"的建设路径,发挥新媒体时代的教育优势,持续增强思政教育的吸引力和时代感染力,切实地办好新媒体时代"大思政课"。

(一)创新教学理念,建设"大思政"教师队伍

高校教师是党的教育方针的落实者,是大学生理想信念的引路者,更是"大思政课"守正创新的开拓者。办好新媒体时代"大思政课",教师责任重大。

第一,要形成"大思政"的理念。了解"大思政课"的理念内涵,始终树立"大思政"的视野,深刻把握自己的角色和任务,努力做到"经师"与"人师"相统一。高校教师特别是思政课教师既要注重方式方法,把道理讲深、讲透、讲活,也要用自己的真情和良好的品格感染和引导学生。在"大思政"理念的引领下,教师必须夯实思想、理论基础,着力提高教学科研水平和对学生思想和实际问题的认识,以建立更为系统化的知识体系,增进课堂教学的科学性。在教学实践中,关注课程与学生生活实际及个体经验的关联度,解决教学内容与学生实际生活相脱节的问题,学会从现实生活中汲取典型案例作为教学材料,以理论引导学生实践,更好地因材、因时、因势施教。

第二,要树立"新媒体"的思维。必须认识到新媒体对教学而言既是技术的更新,也是思想和方式的更新。新媒体并非单纯将教学内容转化为数字技术,通过互联网呈现,而是利用新媒体技术的传播优势,整合传统课堂优秀的教学内容,并加入适宜时代语境的实例,在网络上进行宣传。[①] 一方面,思政教师要熟练掌握新媒体信息技术和工具,使知识内容能够通过新媒体这一载体呈现出来,以增强学生对课堂教学的兴趣和体验感。另一方面,还应留意新媒体中的热点话题。在新媒体平台上,各类话题纷繁复杂,主流

---

① 黄艳,李佳玲,黄金岩.互联网接触对大学生思想政治教育传播效果的影响研究[J].高校教育管理,2021(6).

第三章　新媒体时代高校思想政治理论课建设和教学模式研究

与非主流价值观共存,对于处在"三观"形成的关键阶段的学生而言,这是一个挑战。基于此,思想政治理论课教师须对这种新的社会环境有所了解,能够做到主动搜罗具有教育价值的相关案例,与教材知识点有机结合,引导学生既学好理论知识、坚定马克思主义信仰,又增强对各类话题的认知能力。要注意的是,建立起的理论和热门案例之间的桥梁,不能是为了吸引而增加,而是要找到最适宜的结合点。总之,在新媒体蓬勃兴起的今天,无论是以新媒体时代为基点,还是以"大思政"理念为基点,都要立足立德树人的根本任务,创新教育观念和手段,建立起一支契合受教育者需求的新媒体时代"大思政课"教师队伍。

(二)提高学生媒介素养与能力

新媒体时代的"大思政课"建设,学生是主体,因此必须充分发挥其主观能动性。学生要不断提高自身的主体意识,提高媒介素养和思想道德水平,提高学习的注意力和自觉能动性,提高获得和判断媒介信息的能力。

第一,要提高学生的媒介素养和思想道德水平,增强辨别是非的能力。新媒体时代"大思政课"的产生和发展是在信息技术的背景下进行的,要借助媒介把热门的时事政治和民生话题作为议题纳入教学中来。在新媒体的帮助下,"大思政课"一方面能够帮助学生加深对社会的了解;另一方面能够帮助学生提高思想政治素质。随着青年学生在网络环境中的主体意识不断提高,对其媒介素养尤其是对网络信息的理性识别能力也有了进一步的要求。学生通过对新媒体时代"大思政课"的学习,能够自觉抵制自由主义、历史虚无主义等不良思潮,坚定社会主义核心价值观的主流旋律,形成对党和国家的正确认同,从而提高思想道德水准。

第二,要培养学生学习的注意力和自觉性,增强各渠道获取知识的能力。无论在哪个时代,缺乏深度的自主学习是广大学生的共性问题。因此,我们要把握好这一时代特点,调动学生注意力和主动学习的意识。要以问题为导向,借助丰富的主题式教学调动学生对新媒体中具有思政色彩信息的关注,开展包括情境演练、现场教学等新型互动教学形式,以此锻炼学生多渠道获取知识的能力。在学习过程中,学生应学会捕捉各种途径的信息,并对图片、音频等多媒体教学素材做出积极自觉的反馈,从而充分发挥新媒体时代"大思政课"的育人功能。

(三)推进教学方式改革与创新

"大思政课"是一个综合的系统性工程,要适应新媒体时代的迅速发展,不能单纯依托教师和学生的力量,必须从根本上革新教学方式。让新媒体的先进技术恰到好处地走进高校"大思政课"堂,增强"大思政课"教学的体验感与获得感。

第一,应当利用新媒体技术丰富"大思政课"教学表达方式。这种新兴新媒体技术能调动多感官的教学素材,如图片音频等,以此来烘托渲染教学素材。通过选取学生喜闻乐见的新媒体案例,学生能够全情融入创设的情境中,激发学习兴趣,与教学内容生成相适应的情绪基调和情绪共振。如教师在讲授《思想道德与法治》课"创造有意义的人生"内容时,可以以新冠肺炎疫情防控中涌现出的先进典型为例,设计沉浸式课堂体验课。让学生用耳去听防控、救治现场,用眼去看逆行中的"大白"们,用心去感受那些让人感动的一个个瞬间,从而能够从真实的新媒体素材中坚定"成就出彩人生"。这种教学方式具有广泛的适用性,包括冬奥会等新鲜热点都能够在新媒体技术下变身"大思政课"的鲜活情境。

第二,要善于发挥新媒体平台的优势。可以利用QQ、微信、钉钉等常见的新媒体平台,或者创设学校自己的新媒体教学平台,公示学习目标、发布讨论主题,并让学生在平台上对课中具有思辨性的议题展开交流探讨,把传统启发式教学法转换到新的场景中来,激发学生的主动性。教师也可以将教学课件、经典文献、文艺作品、科教片等学习资料上传至新媒体平台,以备学生研习之需。教学之余，教师还可以通过新媒体平台，实时发布、传达时政要闻和包含思政要素的讯息，通过多听、多看、多接触，使学生在不知不觉中提高政治素质，在多听多看中潜移默化地涵养政治素养。

第三，要变革"大思政课"的教学方式，推进新媒体与"大思政课"高度融合。新媒体时代，雨课堂、慕课等平台的产生和发展，打开了新媒体环境下线上教学的热潮。尤其在新冠肺炎疫情防控期间，网上教学的优势更加凸显，为课程教学的组织提供了新模式。但在实践中，我们要清楚地认识到，在线教育并不是将线下课堂移植到线上，而是依托网络展开教学。新媒体时代的"大思政课"建设，要求教师具备创新思维，紧跟时代研发线上教学课程，通过新媒体网络教学，把中国故事讲得更好，积极占领网络舆论阵地；同时，保持并加强线下教学质量，线上线下共同发力，以提升"大思政课"的育人实效。

(四)拓展教学资源，丰富教学内容

教学资源是保障教学质量的关键所在。"大思政课"不能是死气沉沉、枯燥无味的，而是要开放、活跃、具有生命力的。在新媒体语境下，想要使"大思政课"的育人实效得到最大限度的发挥，就必须努力拓展各种类型的教学资源，使"大思政课"教学内容更加丰富和充实，让学生从更为宽广丰厚的教学环境中汲取养分。因此，新媒体时代的"大思政课"应树立"内容为王"的思想，[1]即"大思政课"的教学内容要与时俱进，贴近网络与社会生活，挖掘学生在新媒体平台上所看到的经典案例，抓住学生感同身受的社会热点，为教学内容提供服务。

第一，要密切联系党治国理政历史经验和优秀的实例，聚焦党的百年奋斗历程，特别是党的十八大以来取得的历史性成就和历史性变革。要聚焦

---

[1] 史宏波,谭帅男.大思政课:问题指向、核心要义与建设思路[J].思想理论教育,2021(9).

国际新闻,利用新媒体关注并体现世界和时代的变迁,在深刻感受和回应时代的同时,使教学内容兼具时代性与先进性。要关注近期以来脱贫攻坚战、冬奥会、疫情防控、全国两会中的新鲜素材,把它作为课堂上的教学实例,将其蕴含的鲜活实践和中国精神转化为教育内容的养分,通过持续激发学生对现实的情感共鸣来强化他们的政治认同感。

第二,要把理论教育融入社会实践,使其更好地借助社会资源的特性来提高教学成效。除了理论资源之外,新媒体时代"大思政课"也要注重从社会生活中开发实践性资源,"一定要跟现实结合起来"①。相较于拘泥在教室的课堂教学,社会实践资源更为广博,氛围更为轻松,管控也更为灵活,既能让学生能够寓教于乐轻松自在地学习,又使得新媒体时代的课程更具真实感和深度。通过开展学生乐于参与的教学实践活动,不断提升他们对看到的视频、直播中的案例和对书本上的理论的感悟能力。

因此,拓展新媒体时代"大思政课"的教学资源和内容,就是要打造常讲常新的时代大课,既从广博的新媒体信息中挖掘理论资源,又能够走向真实深刻的社会生活实践资源,让"大思政课""脚踏实地",真正成为学生感兴趣并愿意听的一门好课、"金课"。

(五)优化教育环境,构建全员参与的"大思政课"格局

在学校思想政治理论课教师座谈会上习近平提出,"推动形成全党全社会努力办好思政课、教师认真讲好思政课、学生积极学好思政课的良好氛围。"②新媒体时代"大思政课"要营造良好的教育氛围,既要靠教育体制的大力扶持,更要靠全社会的共同努力。只有动员所有的教学主体,强化育人系统保障和支持,构建强有力的育人"合力",才能让新媒体时代"大思政课"真

---

① 习近平."大思政课"我们要善用之[N].人民日报,2021-03-07(01).
② 习近平.思政课是落实立德树人根本任务的关键课程[J].求是,2020(17).

第三章　新媒体时代高校思想政治理论课建设和教学模式研究

正生根发芽。

首先,需要加强对"大思政课"的制度支持。新媒体时代"大思政课"需要把"大思政课"程与数字音像、投影设备、计算机多媒体、人工智能等前沿技术相结合,这对资金和硬件做出了更高的要求。因此,探索新媒体时代"大思政课"的新模式,需要国家和社会在源头上为其提供制度和财政方面的扶持和保障。建立和完善"大思政课"监督管理制度、"大思政课"教师师德师风考核制度、"大思政课"绩效考核制度等,"合力"助推"大思政课"健康发展。

其次,需要其他社会成员提供的协作。"'大思政课'我们要善用之"中的"我们",并不限于学校思政课教师和思想政治教育工作者,而是需要全社会的共同重视。[1] 新媒体时代"大思政课"是全社会协同参与的时代大课,要把握好最新、最具教育意义的教学时机,可以把抗疫攻坚、防汛救灾、全民奥运等中的模范人物请进"大思政课"课堂,也可以开展走进党史教育基地、走进革命烈士纪念馆、走进博物馆等现场教学,以此丰富"大思政课"教学内容,充实学生的课堂体验。

只有以新媒体为平台推动建设以家、校、社为中心的全员全党全社会协同育人机制,优化新媒体时代教育环境,打造全员参与的"大思政课"格局,才能做到处处有思政、时时想思政,取得良好的育人成效。

习近平强调:要"使互联网这个最大变量变成事业发展的最大增量"[2]。将新媒体融入"大思政课"之中,是新时代思政教育工作创新发展的一项重大举措,对促进大中小学生的成长成才具有重要的现实意义。新媒体时代的"大思政课"建设,既要激发出传统育人的最大效能,又要积极开辟和发展

---

[1] 许瑞芳,张宜萱.沉浸式"大思政课"的价值意蕴及建构理路[J].思想政治理论课教学,2021(11).

[2] 习近平.加快推动媒体融合发展 构建全媒体传播格局[J].求是,2019(6).

179

新媒体阵地，共同助力青年大学生成长为可堪大任的时代新人。

第二节　高校思政课实践教学的若干问题

近年来，思想政治理论课实践教学环节的地位和作用逐渐显现。一些诸如什么是实践教学、实践教学与理论教学之间有何区别与联系、实践教学的形式又有哪些等问题，成为高校思想政治理论课教师讨论的热点话题，有关研究成果层出不穷。但是一些教师对上述问题的认识仍然仁者见智，缺乏共识。下面，我们就结合教学实际，通过探讨高校思想政治理论课实践教学环节需要注意的几对关系，尝试回答这些问题，以便有效开展实践教学。

一、理论教学和实践教学的关系

随着中央关于加强高校思想政治理论课改革、建设的一系列部署和措施的贯彻落实，思想政治理论课自身的师资队伍建设、教材体系建设、教学内容和教学方法改革等方面，都取得了重大进展，涌现了一大批教学造诣颇深的优秀教师和深受学生欢迎的精品课程，很好地发挥了思想政治理论课的重要作用和优势。其中，课堂的理论灌输功不可没。理论教学具有其他一些教学方式所不具备的特点：在内容上，以理论知识传授为主，兼顾经验、方法、能力的传授；在形式上，以教师的教授或提问为主，间或穿插课堂讨论。这些特点也即优点，不仅便于教师和学生"零距离"接触、面对面交流，也便于教师直观而系统地向学生讲授思想政治理论课的教学内容。比如《马克思主义基本原理》课程，所涉及的一些基本原理、观点和方法具有高度的抽象性和严密的逻辑性,需要教师对学生进行严谨、系统的理论讲解和分析。如果任凭学生自己摸索、体会和学习,那么他们对马克思主义基本原理、观点和方法的认同进程就会大大延缓,达不到预期的效果。

但理论教学不是万能的,其教学过程有一些值得注意和改善的地方。例如有一种情况是把思想政治理论课等同于一般的知识课,教学停留在一般知识的传授上,典型的表现就是讲课时要求学生识记相关概念、原理和重要语句,而不是在引导学生运用马克思主义基本原理、观点和方法去分析、解决实际问题上下功夫。① 在《毛泽东思想和中国特色社会主义理论体系概论》(以下简称《概论》)的教学中,有时就会出现这种理论教学和实际运用相互脱节、分头进行的问题。不仅影响《概论》课的教学实效性,而且影响《概论》课的学科形象。因为《概论》课的教学有其独特的学科特点,需要学生在联系中国革命、建设和改革实际中,去认识中国化马克思主义的重大意义,从而在新时代中国特色社会主义建设中增强道路自信、理论自信、制度自信、文化自信,为实现国家富强、民族复兴、人民幸福做出自己应有的贡献。如果不让学生参与,"回到"中国化马克思主义各种思想理论产生的原初语境,学生就只知其然、不知其所以然,失去学习的兴趣。只有当学生将理论知识融入实践的原初问题分析中,去体会思想理论的激活点和渊源性,思想政治理论课才更有吸引力。还有在教学中把思想政治理论课等同于一般的专业课,过于专家化、学者化的现象,这就忽视了不同专业学生的个体差异。大谈理论、空谈理论,容易使思想政治理论课单调、乏味、枯燥。当代大学生的思想行为特点已发生很大的变化,他们思维活跃、思想开放、接受新知识能力强、善于表现、个性和独立性较强,已经不满足于在象牙塔中闭

---

① 逄锦聚."马克思主义基本原理概论"课教学中需要妥善处理的六个关系[J].思想理论教育导刊,2012(9).

门造车。他们关注当前社会正在发生的热点、难点问题,需要用学到的理论知识结合并解释乃至批判社会新出现的问题。一味回避实际问题只讲理论,只会使他们对思想政治理论课反感、"敬而远之"。

因此,简单直接的理论教学形式已不适应社会的进步和时代的要求,而是需要理论性和现实性、时代性的结合,采用形式多样的实践教学环节,克服课堂教学存在的缺陷和不足。

二、实践教学内容和形式的关系

实践教学教什么,通过什么形式展现?只有弄清楚这些问题,才能更进一步地探讨实践教学相异于理论教学形式的特质及在实践教学环节中需要注意的一些问题。

实践教学被纳入思想政治理论课的教学环节,是从 21 世纪初开始的。但一直以来,包括高校思想政治理论课教师及教育主管部门在内的大多数承担主体都认为,实践教学环节是一种与理论教学环节相异、独立于课堂之外的教学模式。实施实践教学就是要组织和带领学生走出课堂,步入社会,参与一些如社会调查、志愿服务、公益活动、专业课实习等的社会实践性活动。但随着对这一问题探讨的深入和理论成果的实际应用,对其错误的认识也逐渐显现:一是实践教学环节形同虚设。如有的人认为,思想政治理论课的实践教学环节就是个形式,就是组织教师、学生一起旅游参观,没有必要开展;有的人即使认为让学生走出课堂、步入社会对学生有重大意义,但由于经费紧张、害怕承担偶发事件的责任,却故意弱化实践教学环节。二是实践教学形式单一。如有的直接将实践教学等同于社会实践活动,把判定实践教学学分的权力分配给各院系的学工办,根据学生暑期社会实践活动情况打分;有的即使由思想政治理论课教师打分,但由于认识的片面性,就

第三章 新媒体时代高校思想政治理论课建设和教学模式研究

把社会实践调查报告当作判定成绩的依据。对此,应结合多变的社会现实,及时创新实践教学环节的应有内涵。一方面,实践教学是一种"深入实际"的教学活动。这里的"实际"既是静态的概念,特指除理论之外的和社会结合的热点、难点问题;也是动态的概念,特指一些具体的和社会联系的行动或行为。因此,把握和判断思想政治理论课实践教学的标准,主要是看它的内容是否结合社会、深入社会,而不是把实践教学等同于"课外教学",以是否离开课堂、参与活动为标签进行评判。只要教学内容结合社会、深入社会,就可以被看成是实践教学环节,而不论其教学场所是否"在社会"。① 另一方面,实践教学活动是形式多样的。依据教学场所是否"在社会",可以把实践教学活动分为两类:一类是课堂内的实践教学活动,比如听(经济社会发展中的重大理论和实践问题、专题性报告)、看(反映社会现实的专题性影视节目、讨论社会热点话题的访谈性节目、"道德模范"和"感动中国"等人物评选类节目)、辩(影响大学生"三观"养成的社会思潮)、讲(自己制作的有关社会热点、难点问题的PPT)等;另一类是课堂外的实践教学活动,这是课堂内的实践教学的延续,比如走(各种社会实践和社会调研)、观(校外德育教育基地)、动(学雷锋活动、文化科技卫生"三下乡"活动、青年志愿者服务活动、社区援助活动、献爱心活动、勤工助学活动等)、写(调查报告、读书心得、学术论文)等。

因此,实践教学是对理论教学的补充和深化,理论结合实际或理论的实际应用是实践教学的内容,并通过课堂内外的实践教学活动展现出来。但需注意的是,不能据此认为,只要课堂内的实践教学活动做到理论结合实际,就没有必要再开展课堂外的实践教学活动。课堂内的实践教学活动与课堂外的教学活动是相辅相成的,开展何种形式的实践教学活动,应根据教

---

① 钱广荣.高校思想政治理论课的实践教学探讨[J].思想理论教育,2007(2).

学内容。内容和形式之间存在着紧密地联系：内容要通过形式表现出来；形式不能脱离内容，要为内容服务。只有那些"深入实际"、适应内容需要的实践教学形式，才有利于思想政治理论课的教学；反之，那些陈旧过时、不联系实际、与内容相背离的实践教学形式，则起阻碍、延缓和破坏的消极作用，不利于思想政治理论课的教学，甚至适得其反。只注重形式而忽视其内容的做法是错误的，要注重思想政治理论课的目的性。如开展《中国近现代史纲要》的实践教学环节，就不能只讲述历史，还要"还原"真实的历史场景，在历史时空中再现马克思主义、中国共产党和社会主义道路是如何出场的，又是如何被历史和人民选择的，让学生在场景"代入"中领会历史和人民作出这一选择的必然性，体会今天美好生活的来之不易。这可以通过开展一些听红军老战士作报告、观看在中国革命和实践进程中留下光辉足迹的人物和事件专题视频（写观后感）、讨论各政派所拥护的理论主张、参观校外德育教育基地等不同形式的活动来实现。

三、实践教学内容形式和目的的关系

坚持实践教学内容和形式的统一，需要高校思想政治理论课的参与主体共同摸索、总结经验，探讨适合学校实际、教师风格、学生认同的多样化教学形式。但是不管内容和形式如何变化，都要围绕目的"画圆"，实现其思想政治教育的功能。

经过多年的探索和实践，思想政治理论课的参与主体在实践教学方面积累了大量的经验。比如，一些高校启动以名师牵头建立的教学科研工作室，如清华大学蔡乐苏教授的"中国近现代史纲要课程'因材施教'教学新模式工作室"；北京科技大学左鹏教授的"思想政治理论课实践教学研究工作室"；北京工业大学钱伟量教授的"思想政治理论课实践教学创新模式研究工作室";等等。另外,一些高校搭建的学生实践性教学和课外实践活动平台,如中国人民大学专门创设了社会实践信息管理系统"中国人民大学学生社会实践网";北京理工大学建成了全国首个沉浸式虚拟仿真思政课体验教学中心;北京邮电大学建立了涵盖新农村建设、现代农业企业、新型工业化、高科技企业等方面为内容的乡村、企业考察活动平台。再如,一些高校建立的基地教育实践教学模式,如湖南大学在韶山毛泽东纪念馆、花明楼刘少奇纪念馆、湖南第一师范纪念馆、雷锋纪念馆等地建立了校外德育教育基地;①辽宁中医学院、河池学院等高校与地方福利院共建的德育教育基地。这些探索和实践,使学生找到了兴趣点,也取得了积极的效果,为强化高校实践教学环节树立了榜样。通过大学生喜闻乐见的形式,以情感人、以情动人、以情育人,在潜移默化中渗透思想政治理论,正是实践教学的目的。

但在实际实施中,却出现了一些只重视内容或形式而背离思想政治理论课思想政治教育目的的问题。比如,一些思想政治理论课实施主体只管制定学时、计划,而不负责实施、检查,开展时热热闹闹,总结时"冷冷清清";有的当之为"面子工程",拍几张照片了事;有的将其当成"个人演唱会",没有互动。加之世情、国情、党情的深刻变化,导致整个思想政治理论课的各类行为主体间不能够形成一个良性的互动,由此出现一些不尽如人意的问题:一些思想政治理论课管理主体缩减学时,补充到专业课和其他课程上;一些非思想政治理论课教师通过个别事例故意攻击或贬低思想政治理论课,甚至是贬低思想政治理论课教师的地位;就连一些思想政治理论课教师在理论联系实际时也失去自信,放大我们发展中的问题和矛盾,抱怨客观环境的变化对思想政治理论课教学带来的挑战;等等。教与学主体相互应付、互相指责。不可否认,世情、国情、党情的变化对实践教学带来了较大的冲

---

① 柳礼泉.论思想政治理论课实践教学的形式[J].思想理论教育导刊,2007(3).

击和挑战。特别是在当今世界日新月异，经济全球化、政治多极化、科技信息化使国家间的经济、政治、文化等方面的交流越来越频繁，整个世界已逐渐连成一体的背景下，西方发达资本主义国家利用全球化的契机，不遗余力地向包括中国在内的广大发展中国家兜售和渗透其意识形态，妄图使后发国家成为它们的经济、文化附庸，实现"一统天下"的政治目的。网络化的推动，社会结构的深刻变动，利益格局的深刻调整，致使人们的思想观念深刻变化，思想领域涌现了一股又一股"淡化""泛化"和"儒化"主流意识形态的思潮。面对如此形势，就更要在强化思想政治理论课思想政治教育功能上下功夫，围绕目的开展各种有针对性地实践教学活动，让学生在观察、比较、归纳中和各种思潮大"碰撞"，亲身体会主流意识形态的魅力。割裂实践教学内容形式与目的功能两者间的联系，片面、孤立地对待思想政治理论课，则会导致各类问题的产生。

因此，高校在实施思想政治理论课的实践教学环节中，要围绕目的有的放矢地处理好教学内容形式与目的的关系。在"深入实际"中，时刻彰显思想政治理论课政治性、思想性和德育性等方面的价值特征：在坚定大学生中国特色社会主义政治方向、立场和理想方面，在树立大学生马克思主义世界观、价值观和人生观方面，在培育大学生公民意识、社会责任意识方面发挥主渠道作用。以《思想道德与法治》为例，其实践教学环节的要求就是要在积极有效地实践教学的活动中，让大学生自觉地树立起正确的道德观和法治观，增强社会责任感，提高社会服务意识，从自己做起，从小事做起，努力把自己培养成为有理想、有道德、有文化、有纪律的一代新人。彰显思想政治理论课的诸多特征，不仅是思想政治理论课的教学目的，也应是思想政治理论课的教学内容。任何形式的实践教学都应是为了实现教学目的而实施的"深入实际"的教学活动。

高校思想政治理论课要在"激励包括广大青年在内的全国各族人民为

实现中华民族伟大复兴的中国梦而奋斗"[①]中发挥关键作用,需要思想政治理论课教师积极探索并落实实践教学,以更有效的方式向大学生灌输和渗透思想政治理论,这也是高校思想政治理论课教师弘扬"中国精神"、履行职责的重要使命。

第三节 高校思政课主体体验式教学的几点思考

在高校思想政治理论课教学实践中,思想政治理论课教师往往存在一个主观认识上的误区,即思想政治理论课的实践性教学和课堂教学是对立的。事实上,实践性教学可以融入课堂教学之中。在课堂教学中,注重学生对理论的体验和感悟,也可以称之为实践性教学。这种教学形式,就称之为主体体验式教学。思想政治理论课主体体验式教学是一种教学活动,更是一种教学理念。长期以来,高校思想政治理论课存在着教师和学生主体关系模糊、职责和界限分不清的问题,影响了理论"进课堂""进头脑"。通过课堂内外主体间的互动交流体验,可以有效地提高思想政治理论课的实效性。

一、什么是主体体验式教学

《现代汉语大辞典》里,对体验一词的解释是:"亲身经历""通过亲身实践所获得的经验"[②]。因此,有专家指出,所谓体验式教学活动是一项"遵循

[①] 习近平.在同各界优秀青年代表座谈时的讲话[N].人民日报,2013-05-05(02).
[②] 阮智富,郭忠新.现代汉语大辞典(上)[M].上海:上海辞书出版社,2009:326.

新媒体时代的高校思想政治理论课教学改革与创新

学生在学校期间所获得的全部教育性经验的课程理念,以课堂教学活动、日常生活体验、参观考察、社会实践和旅游活动等实践活动为主要形式,以个体主动参与、亲身体验为特征,以直接经验为主要课程内容,所展开的教学活动。"[1]这一界定,既指明了体验式教学的实质,也指明了体验式教学的主要形式,即体验式教学不仅是一种教学活动,而且是一种教学理念,具体到思想政治理论课,它还是一种育人模式。

当前,体验式教学引入了主体性概念,以突出主体性在教学中的作用。何谓主体性?有专家认为,"主体性实质上指的是人的自我认识、自我理解、自我确信、自我塑造、自我实现、自我超越的生命运动,及其表现出来的种种特性,如自主性、选择性和创造性等等"[2]。主体性问题由来已久,但在教学中引入"主体体验式"理念则时间较晚。直到20世纪初,美国著名哲学家、教育家和心理学家杜威提出了儿童"主体论"思想。杜威认为,传统教育把教育的重心放到了教师、教材身上,而不是放在儿童的本能和活动中,弊病是显而易见的。"进步教育"应以"儿童为中心",由他们的活动获得知识。此后,欧美发达国家开始强调体验教育的重要性。我国理论界20世纪80年代,提出了"主体性教育"理念。思想政治理论课开始顺应时代发展要求,在教学中注重培育和提高学生在学习中的自主性、选择性和创造性,以促进受教育者的自由全面发展,树立正确的世界观、价值观和人生观。如今,主体体验式教学已得到多数人的肯定。其中,贯彻主体体验式教学理念的实践性教学、研究性教学等方式,已成为思想政治理论课教学改革的主要路径。

综上,思想政治理论课体验式教学引入主体性概念,既突出了教授者和受教者在教学活动中的平等地位,又突出了教授者和受教者在教学活动中

---

[1] 佘双好.关于思想政治理论课体验式教学的思考[J].思想教育研究,2012(4).
[2] 郭湛.主体性哲学——人的存在及其意义[M].北京:中国人民大学出版社,2011:29.

的亲身体验。这就告别了以"主体——客体"思维模式处理人与人之间关系的传统观念。以体验为中介,真正搭起了师生间互动的桥梁。只要能够激发教者与受教者的"主动参与、互动体验"的课程,不管是在课堂内,还是在课堂外,都是主体体验式教学。

二、为什么要实施主体体验式教学

新形势下特别是新媒体技术的广泛运用,要求思想政治理论课教师要紧跟实际,密切关注学生主体的"兴奋点"。重视学生的主动体验和内心感受,有力地提高了思想政治理论课的教学实效性。

改革开放40多年来,中国社会转型期的复杂环境,使得一些人在社会关系中利益格局调整、外来文化和思潮等冲击下,思想意识领域发生了变化,对思想政治理论课教学构成了严峻的挑战,主要表现在:教师和学生的主体关系模糊,职责和界限分不清。不可否认,在过去传统的教学实践中,思想政治理论课的课堂教学就是"满堂灌"。教师处于明显的主导地位,不太关注受教育者的感受,也不能够充分调动受教育者的积极性与主动性,犯"夸夸其谈""吃力不讨好"的错误。"台上老师口若悬河,台下学生梦会周公"。久而久之,学生对思想政治理论课产生厌倦情绪。随着经济社会的发展,特别是新媒体技术的大规模运用,既丰富了学生的信息来源方式,又拓展了学生的信息获取时间和空间,更重要的是强化了学生的主体意识,他们需要和老师之间实现双向的互动。思想政治理论课教师要适应这种变化了的形势。不仅要了解、熟悉新媒体的特征,积极革新和增加思想政治理论课的教学内容,而且要了解、熟悉新媒体时代下的学生,积极变革和创新思想政治理论课的教学形式。通过开展稳定有序的主体体验式教学,激发学生参与理论学习的积极性、主动性和创造性。

主体体验式教学有效地激发了学生学习理论的兴趣,变被动接受为主动参与。学生对思想政治理论的接受、认同乃至信仰,是一个复杂的、把理论内化为对理论坚信不疑,并且身体力行的行为过程。教学中,如果忽视这种内化功能,只是让学生记住思想观点、理论主张、历史事实、道德规范,即使取得高分,也很难真正积极主动地践行这些理论。因为理论终究是一种外来信息,它要入脑入心,还要经过对人的感官系统的刺激、认知、整合等阶段。在整合中,人们会将已选择的理论与已有的观念、情感、愿望、心理、信仰进行互动,从而使已有的思想观念进一步丰富。整合后,才是理论的内化活动过程。没有内化,理论还停留在人的"心理活动"阶段。内化才是一个由"心理活动"上升到"实践行为"的活动过程。它是人们在接受理论之后,对理论产生信服,使之成为自己生产、生活的内在组成部分和坚定信念,并作为自己的行动指南付诸实施的过程。人们自觉地运用理论去指导自己的实践才是对理论认同和服从的最高境界。由此可见,人的内心感受和体验尤为重要。思想政治理论课教学就是要让学生对接收到的理论有感觉,发自内心地去体验和感悟理论的价值,从而在情感上认同和服从理论。因此,只有重视学生亲身体验和感悟的主体体验式教学,才是真正有助于理论入脑入心的教学形式。

三、如何实施主体体验式教学

主体体验式教学作为一种教学理念,需要在教学中加以贯彻实施。在具体的教学方法落实方面,可以分为课堂上的互动交流体验法或课堂外的互动交流体验法。

思想政治理论课贯彻主体体验式教学理念,就是要做到:一是以"学生为本"。树立以学生为先、以学生为主、以学生为荣的理念,明确教学内容和方式要优先满足学生成长成才的正当、合理性需要;明确学生在教学活动中的主体地位,强调学生自身的自主性、主动性、自觉性,并加以激发、强化;明确教学效果要致力于培养"德才兼备,以德为先"的当代大学生。二是以培养学生自觉地运用思想政治理论指导实践为目标。要全面提升学生的思想政治素质,使学生自觉地运用马克思主义立场观点方法认识问题、解决问题,这是思想政治理论课的基本要求。三是以满足学生的意愿和需求为基础。思想政治理论能否产生权威,关键要看客体能否接受和认同。这就要关注学生的主体意愿和需求,把思想政治理论课融入学生喜闻乐见、自主选择的活动中。四是以学生主动参与的实践活动为载体。在课堂内外的教学实践中,通过广泛地开展形式多样的实践活动,培养学生的主体意识及社会责任感和使命感。五是以学生的生活实际为源泉。这里的实际,既包括学生的真实的生活实际,也包括学生的"虚拟"的生活实际。大学生的思想政治素质,以及由此产生的是否具备运用马克思主义立场观点方法认识问题、解决问题的能力,都能从生活中表现出来。思想政治理论课教师就要时刻关注学生的生活实际情况,关注他们在认识问题和解决问题过程中的生活体验和感悟,并把这些体验和感悟作为教学资源,反馈给学生,让学生"照镜子、正衣冠、洗洗澡、治治病",从而促进学生运用所学的知识升华自己的生活体验和感悟。

在具体的教学实践中,思想政治理论课教师可采用以下方法:一是课堂上的互动交流体验法。主要有:①课堂讨论方法。可根据教学内容,也可利用党代会、"两会"以及各种重大纪念活动、各类突发性的重大事件为契机,由学生自主选题,开展专题性的分组讨论活动。②课堂辩论方法。真理越辩越明。可依据学生关注的当代中国的社会热点问题,选好适宜的辩题,按照国际大专辩论赛的模式,让学生在辩论中明辨是非曲直,达到对马克思主义理论的深入理解和运用。③课堂演讲方法。针对当前大学生热衷于社交媒体的现状,可以让学生在课堂上分享微信朋友圈关注的热点话题,从中引导课堂讨论;也可让学生围绕社会热点问题制作多媒体课件进行演讲,并围绕演讲主题互相提问,形成互动。④情境再现方法。可根据教学内容,播放相关的电影、纪录片等影像资料,如《建党伟业》《建国大业》《邓小平》等;也可根据教学内容举办模拟法庭、进行角色扮演等,让学生在情境体验中,感受、认知、接受和认同理论。二是课堂外的互动交流体验法。课堂之外的互动交流体验方法也较多,主要有:①社会调查方法。相关教师要重视实践性教学,认真"上"好实践性教学课,鼓励和支持学生进行社会调查,跟踪并指导学生完成调查报告。②读书体验方法。培养学生一种从读书中获取知识、获取经验的良好习惯。读什么书、怎样多读书,教师要加以引导。教师可列出书单供学生选择,如《理论热点面对面》《青年们,读马克思吧!》《马克思为什么是对的》等,并让学生在课堂上分享读书的心得体会。③在线交流方法。社交网络媒体已经成为大学生互动交流的第二空间,思想政治理论课教师可以建立班级微信群、QQ群,利用微博、博客等平台,开展第二课堂。师生间的平等交流,实现了课堂上理论教学的延伸。

第四节 大运河文化融入高校思政课实践教学

习近平总书记提道:"思政课不仅应该在课堂上讲,也应该在社会生活中来讲","'大思政课'我们要善用之,一定要跟现实结合起来"。[①] 通过理论教学与实践教学的结合,才能推动思政课向上发展、融入生活,发挥思政

---

① 习近平."大思政课"我们要善用之[N].人民日报,2021-03-07(01).

课立德树人作用。"大运河是祖先留给我们的宝贵遗产,是流动的文化,要统筹保护好、传承好、利用好。"①大运河作为凝结着先人智慧结晶的千年活水,是熠熠生辉的文化瑰宝。保护、传承、利用大运河文化离不开学生的青春智慧和力量。在青少年日益融入新媒体的今天,将大运河文化资源通过高校思政课实践教学的渠道传播给学生,有利于增强学生的文化自信和家国情怀,自觉履行大运河文化传承的新时代使命。

一、大运河文化融入高校思政课实践教学的一般理论

(一)大运河文化的含义

中国大运河文化是一个宽泛的范畴,标准不同,其文化类型亦不同。探讨大运河文化的定义,不能简单地将大运河视为京杭大运河或隋唐大运河或浙东大运河中的任意一部分,不能只重物质或非物质其中任何一方,忽略其思想领域的重要性,也不能笼统地将大运河文化视作黄河流域文化、中原文化或其他任意一种地域文化。总的来说,大运河文化是依托于大运河所产生的物质文化与非物质文化及其哲学思想领域、物质财富与精神财富、有形文化遗产与无形文化遗产的总和。它具有如下的几个特点:包容性、活态性、融合性、跨区域性。李玉岩、潘天波认为大运河是在其流经城镇居民长期开发、创造、遵循下所形成的大运河文化,具有明显的运河特征;且在此基础上,由于大运河连接黄河、长江,形成了南北沟通要道,因此大运河文化也体现了多个民族文化融合的特征。②熊海峰认为依托于大运河而诞生的大运河文化,具有同千年来在航运、灌溉、防洪等方面发挥重要作用的大运河

---

① 保护好中华民族精神生生不息的根脉——习近平总书记关于加强历史文化遗产保护重要论述综述[N].人民日报,2022-03-20.
② 李玉岩,潘天波.中国大运河:一项概念史研究[J].档案与建设,2019(4).

一般旺盛的生命力,能够不断变化发展、更新自我。大运河文化不仅将途经的各式地域文化汇聚起来,形成了具有中华文明特色的璀璨文明链,其融合包容的能力之强,更是陆上与海上丝绸之路的桥梁,从而为与其他大洲的文化交流提供了可能性,创造了一个宏阔文化交流圈。① 由此,我们可以认为大运河文化既是历史遗产、文化积淀,也是社会现象、流动历史。它既包含沿途风景文化、人文习俗、饮食建筑、曲艺商贸,吸纳了不同文化带的文化资源,多元一体、兼收并蓄、交流融合,也包括了千百年来所形成的民族精神与价值取向,体现了中华优秀传统文化的独特魅力。

习近平总书记在视察扬州大运河三湾文化生态公园时指出,"古运河还要重生",他提到,千百年来,运河滋养了两岸城市和人民,是运河两岸人民的致富河、幸福河,要把大运河文化遗产保护同生态环境保护提升、沿线名城名镇保护修复、文化旅游融合发展、运河航运转型提升统一起来,为大运河沿线区域经济社会发展、人民生活改善创造有利条件。② 大运河文化内涵丰富、意义深远,为高校思想政治理论课实践教学提供了丰富的资源。

(二)新媒体时代大运河文化融入高校思政课实践教学的契合性

目前,我国的互联网的使用率连年攀升。其中,20～29岁的网民在所有年龄段群体中占比位列三位。网络、手机等新媒体发展迅速,应用广泛。并且利用互联网展开了一系列活动:网络直播、网络文学、网络音乐、网络视频等。新冠肺炎疫情以来,互联网对于学生群体而言还承担着"网课"这一不可忽视的重要作用。可见,在当代大学生普遍使用新媒体的背景下,运用新媒体助力高校思政课教学,创新高校思政课教学内容和形式,适应了新媒体时代发展的要求。

---

① 熊海峰. 多维度深化大运河文化内涵认知[N]. 经济日报,2020-06-29(11).
② 习近平在江苏考察时强调 贯彻新发展理念构建新发展格局 推动经济社会高质量发展可持续发展[N]. 人民日报,2020-11-15(01).

第三章　新媒体时代高校思想政治理论课建设和教学模式研究

新媒体为大运河文化融入高校思政课实践教学提供了无限的可能。黄岩、朱杨莉认为,思政教师需要发挥自己的职责,做到将中华优秀传统文化融入思政课。这一融入不仅能够促进文化的继承与弘扬,提高社会主义核心价值观在大学生心中的地位,还能够增强思政课堂的吸引力、提高课堂质量。[1] 邱冬梅也提出了目前的思政课教学存在如下的问题:教学中中华优秀传统文化利用率低、不够深刻;渗透方式与手段单一、缺乏相应的体制机制。[2] 学者们的论述表明,高校思政课实践教学需要融入中华优秀传统文化,但目前还存在较大的进步空间。因此,借助新媒体将大运河文化融入高校思政课实践教学,有助于解决目前高校思政课实践教学资源不足难以展开的问题。大运河文化内涵丰富、意义深远,不仅能够拓宽学生眼界、传播中华优秀传统文化,还能培养家国情怀。大运河文化既是中华优秀传统文化的重要组成部分,也是展开高校思政课实践教学的宝贵教学资源与素材。将大运河文化融入思想政治实践教学是可行的,也是必要的。因此,高校思政课教学的改革与创新需要融入大运河文化。

二、新媒体时代大运河文化融入高校思政课实践教学现状

（一）调查问卷情况

为了了解新媒体时代大学生对于大运河文化及思政课实践教学的认知情况、大运河文化融入高校思政课实践教学的可能性与方法措施,我们设置了调查问卷。通过线上网络平台派发问卷获取数据,进行数据分析与探讨,

---

[1] 黄岩,朱杨莉.中华优秀传统文化融入高校思政课的思考[J].思想政治教育研究,2019(1).
[2] 邱冬梅.中华优秀传统文化融入高校思政课的路径[J].学校党建与思想教育,2020(24).

现将情况呈现如下：

本次调查对象为大学生。共设计选择题 14 题，自主性回答 1 题，采用"问卷星"小程序进行线上调查。有 617 人参与本次调查，收回问卷与有效问卷均为 607 份，回收率与有效率达 98.38%。本次调查问卷对象涵盖了大学本科一年级、本科二年级、本科三年级与本科四年级，人数比例较为平均，分别占比为 18.72%、29.79%、30.21% 和 21.28%，符合调查所需要求。

(二)新媒体时代大运河文化融入高校思政课实践教学取得的成绩

1. 大学生有所认知、留下正面印象，未来发展可期

首先，对高校思政课实践教学的理解。受调查者普遍认为，思政课实践教学的表现形式是"理论联系实际，思政课堂分析时事政治"或"课外实践活动"。一小部分青年大学生认为思政课实践教学应聚焦于"知识的实践运用"。(如图 3-4-1)但不论是通过思政课堂的实践性教学活动，还是通过课外实地参加博物馆、参与思政宣讲团来进行实践教学，大部分青年大学生都对思政课实践教学印象深刻，仅有少数人对思政课实践教学的概念模糊，没有一定的理解。可见，从参与教学的主体入手，大运河文化融入高校思政课实践教学的发展前景具有一定基础。

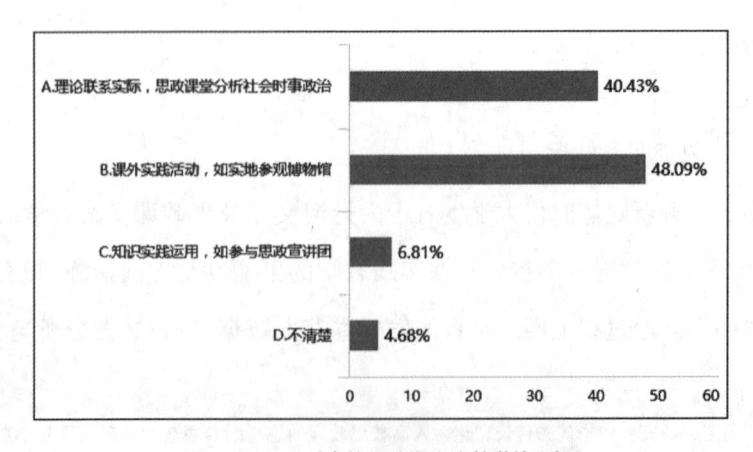

图 3-4-1 对高校思政课实践教学的理解

第三章 新媒体时代高校思想政治理论课建设和教学模式研究

其次,对大运河文化融入高校思政课实践教学的必要性的认识。有38.3%的受调查大学生认为将大运河文化融入思政课实践教学很有必要;有46.81%的受调查者在持支持态度的同时对融入的方法与形式具有一定要求,认为可以接受,但是方法形式要适当。虽然仍有15%左右的人表示无所谓,对于融入的现状持漠视态度,但仍可以说作为思政课实践教学主体的青年大学生并不排斥大运河文化的融入,而且,对在高校思政课实践教学中接触大运河文化,了解其内涵抱有期待。(如图3-4-2)

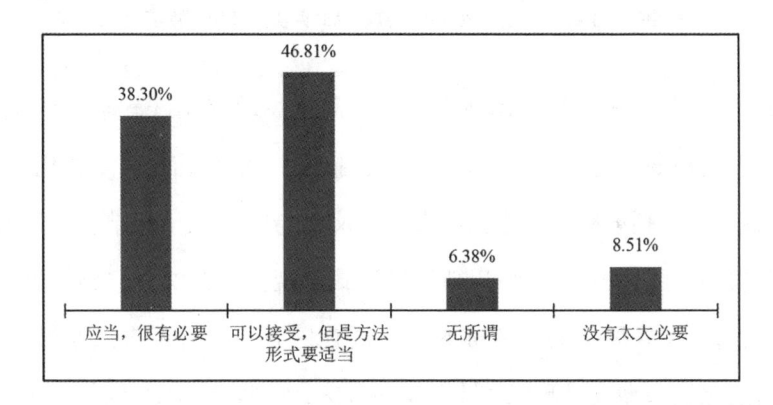

图3-4-2 大运河文化融入高校思政课实践教学的必要性

再次,对大运河文化融入高校思政课实践教学的重要性的认识。在对高校思政课实践教学有一定了解,以及普遍接受赞同大运河文化融入高校思政课实践教学的基础上,大部分受调查者都认可大运河文化的融入对思政课实践教学的开展具有重要意义——"有利于调动课堂积极性,丰富课堂内容","有利于扩大知识面,开阔视野,提升学业成绩",以及"有利于弘扬大运河文化,培养学生自信",占比由高到低分别为37.87%,31.91%和28.51%。仅有极少数人认为没有什么重要性。(如图3-4-3)由上述调查可知,学生不仅支持在高校思政课实践教学中融入大运河文化,并且对于融入的重要性具有深刻的理解,认为融入前景良好。

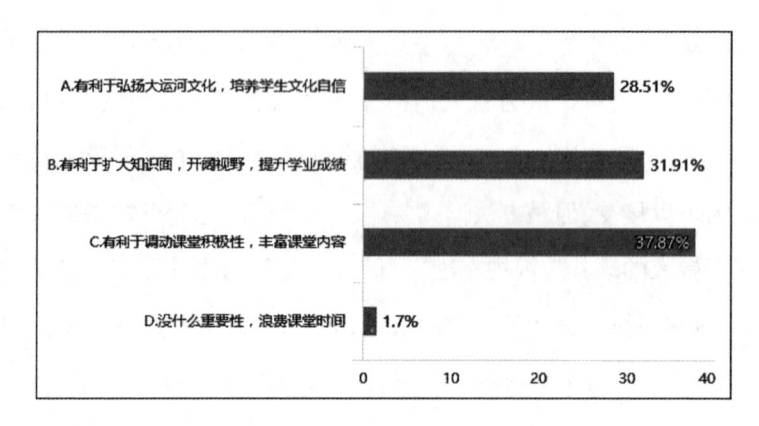

图3-4-3 大运河文化融入高校思政课实践教学的重要性

最后,对新媒体时代大运河文化融入高校思政课实践教学的认识。由调查问卷呈现的情况可知,一部分学生已接触过融入了大运河文化的思政课实践教学,包括教师在课堂上以大运河文化与时事政治相结合,理论联系实际开展的实践性教学活动;以新媒体形式呈现大运河文化,鼓励学生了解相关内容,以及开展大运河遗迹的实地调查探究等。对于未来新媒体时代大运河文化融入高校思政课实践教学的看法,由词频可知,"形式""趣味性""特色"等较高,反映出需要转变目前已有的形式,加大融合力度,提高趣味性和可接受度;"运营""社会""教师"等词也频繁出现,反映出对外界的要求。

2.通过相应的高校思政课实践教学,有助于大运河文化的传承

首先,有利于加深学生对于大运河文化的认识。由调查可知,通过接受融入了大运河文化的高校思政课实践教学,44.26%的受调查者认为自己已经较为熟悉大运河文化,36.6%的大学生则持更积极的态度,认为自己称得上非常熟悉大运河相关知识。仅有少数人表现出对大运河文化的陌生态度。可见,高校思政课实践教学对于弘扬与传承大运河文化具有积极作用,有利于加深学生对于大运河文化的了解,提升学生的文化自觉与文化自信。

第三章 新媒体时代高校思想政治理论课建设和教学模式研究

其次,有助于推动大运河文化的发展与传承。在通过相应的高校思政课实践教学,对大运河文化具有一定了解的基础上。48.94%的受调查者认为,保护、传承、发扬大运河文化能够拓宽视野、提升涵养,有41.28%的大学生认可大运河作为优秀传统文化重要部分的意义。虽然仍然有一小部分人认为大运河文化宣传工作没什么必要,对生活影响帮助不大,(如图3-4-4)但总的来说,大运河文化作为优秀的文化素材,通过高校思政课实践教学的运用,提高了学生的思想道德修养与科学文化素质。大学生通过融入大运河文化的思政课实践教学提高了自身对于中华传统文化的认识,有助于进一步推动大运河文化的发展与传承。

由此可见,大运河文化融入高校思政课实践教学已取得了一定的成绩、有一定的"群众"基础,为高校思政课实践教学的进一步完善提供了宝贵经验。

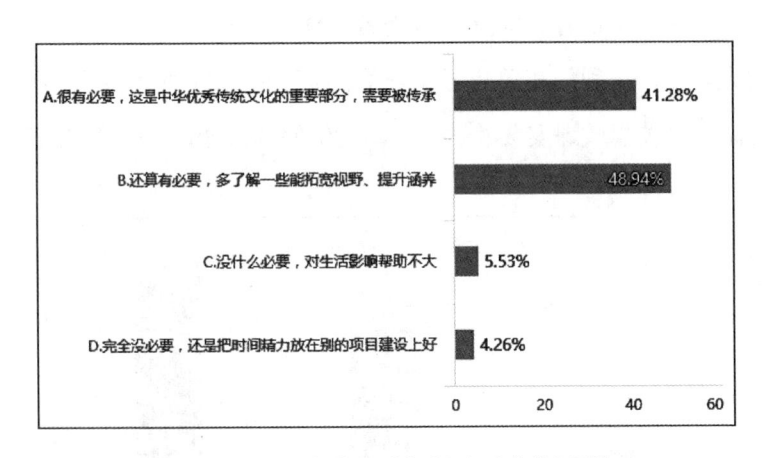

图3-4-4 保护、传承、发扬大运河文化的必要性

三、新媒体时代大运河文化融入高校思政课实践教学存在的问题及原因分析

(一)新媒体时代大运河文化融入高校思政课实践教学的存在问题

1. 融入效果欠佳,内容浮于表面

由调查问卷情况可知,54.89%的受调查者认为,自己所听的思政课教学内容仍然偏重于理论课程;而在剩下的近45%大学生中,大部分只是接触了知识灌输式的大运河文化内容介绍,仅有少数人真正接触过大运河文化结合时事热点,符合理论联系实际的实践性教学。(如图3-4-5)48.51%的受调查者在课堂上没有接触过大运河文化相关内容。或只是简单地观看了相关的小视频、欣赏了相关的图片、浏览大运河文化相关的网站,但没有深入地学习探究。仅有少部分受调查者关注了大运河文化科普博主,接近半数的大学生从未利用相关途径了解大运河文化。由此不难看出,将大运河文化融入高校思政课实践教学的活动比例偏低,且融入的内容浮于表面。

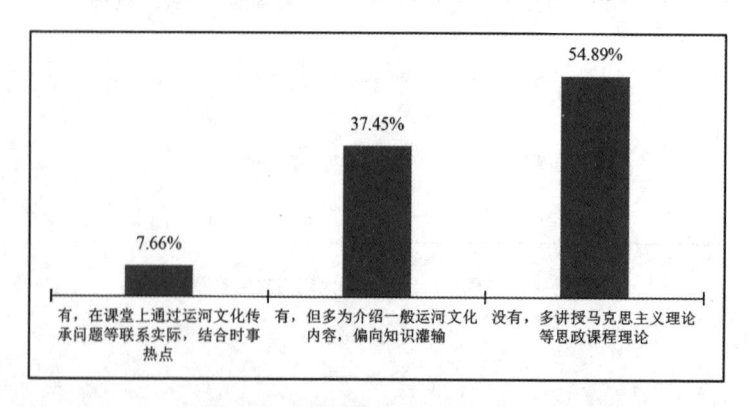

图3-4-5 高校思政课教师是否利用大运河文化补充课堂教学

总体而言,大运河文化融入高校思政课实践教学仍有较大的空间,调查

显示,有28.94%和4.26%的青年大学生认为融入效果"较好""非常好",甚至还有7.23%的大学生给出了糟糕这个评价。可见,大运河文化融入高校思政课实践教学效果并没有完全得到教学主体的认可,还需要进一步加强和完善。

2. 高校思政课教师缺乏相应的知识储备与实践教学素养

由调查结果可知,仅有少数高校思政课教师会在班级微信群或QQ群分享大运河文化的内容,并与思想政治教育相结合,深入探究其理论意义与价值;大部分教师仅有过介绍大运河文化建设开发的相关新闻时事,或是分享过运河美景与美文,而未做到引导学生深入探究其理论意义与价值;还有一部分教师从未通过新媒体社交平台向学生分享大运河文化。

还有,在高校思政课实践教学的具体教学实践中,一些教师漠视大运河文化内容,也未进行过将大运河文化融入高校思政课实践教学的尝试。没有及时引导学生利用新媒体资源,挖掘大运河文化内容,缺乏将大运河文化融入高校思政课实践教学的积极性和主动性。调查显示,仅有8.09%的受调查者在高校思政课教师的带领下赴大运河遗迹进行过实地考察,并开展相应的实践活动,有25.11%的大学生从未有过相应的实践活动。但令人欣慰的是,部分高校思政课教师已有相关计划,迈出了尝试的步伐。

3. 新媒体资源利用不足,教学手段较为单一

新媒体时代,利用好高校思政课实践教学与大运河文化的融合,教师的作用必不可少。在调查大运河文化融入高校思政课实践教学存在的困境时,虽然存在对大运河文化内容开发不足、学生积极性欠缺、教师缺乏知识储备等问题,但大部分受调查者都认同"新媒体利用不熟练或新媒体技术设备欠缺"是目前所要解决的一大难题。调查结果显示,高达88.94%的被调查者认为,高校思政课教师对新媒体使用不熟练或新媒体技术设备欠缺。(如图3-4-6)

新媒体时代的高校思想政治理论课教学改革与创新

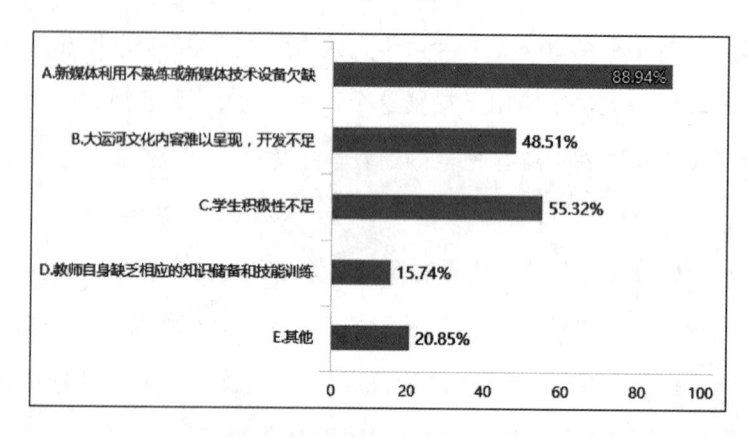

```
A.新媒体利用不熟练或新媒体技术设备欠缺    88.94%
B.大运河文化内容难以呈现，开发不足        48.51%
C.学生积极性不足                          55.32%
D.教师自身缺乏相应的知识储备和技能训练    15.74%
E.其他                                    20.85%
```

图3-4-6 新媒体时代大运河文化融入高校思政课实践教学困境

如何提升课堂趣味性、如何唤起学生学习兴趣、如何更好地利用新媒体这一系列问题，需要我们加以关注。调查发现，传统单一的教学手段已不再能满足如今学生的需求，而快速发展的新媒体能够为大运河文化融入高校思政课实践教学带来便利。高校思政课教师要学会熟练使用以新媒体为代表的新技术平台和载体。但调查发现，高校思政课教师对相应的网络教学平台、趣味科普视频软件、社交媒体的应用还不够熟练，还有着较大的进步和发展空间。

4.大运河文化融入高校思政课实践教学缺乏政策支撑，力度不足

除了上述所提到的不足，在大运河文化融入高校思政课实践教学中，还存在着有关部门责任意识缺失的问题。对于内涵丰富的大运河文化，相关部门政策重心放在了发展大运河文化的经济、政治价值上，对于激发其在思想政治理论课实践教学活动中的人文价值还缺乏体系完善的教育政策。高校层面的培养目标也多专注于思政课既定教材内容，倾向课堂理论教学，而针对大运河文化的具体教学政策及方案往往被忽视，因此常常出现大运河文化教学内容衔接深化时的断层问题。由于教师因缺少政策导向，大运河文化融入高校思政课实践教学活动也就难以正常开展，学生在学习大运河

文化过程中浅尝辄止。

(二)新媒体时代大运河文化融入高校思政实践教学存在问题的原因

对于造成目前融入困境与问题的原因调查,58.3%的大学生认为实践教学形同虚设是最大原因,需要加以解决。社会等环境因素、学院党政部门不够重视、师生互动效果不明显等也是重要原因,比例分别为56.6%,38.3%,37.45%。(如图3-4-7)由此可知,需要加强教学手段和教学环节的丰富性,摆脱目前教学手段较为单一的困境。

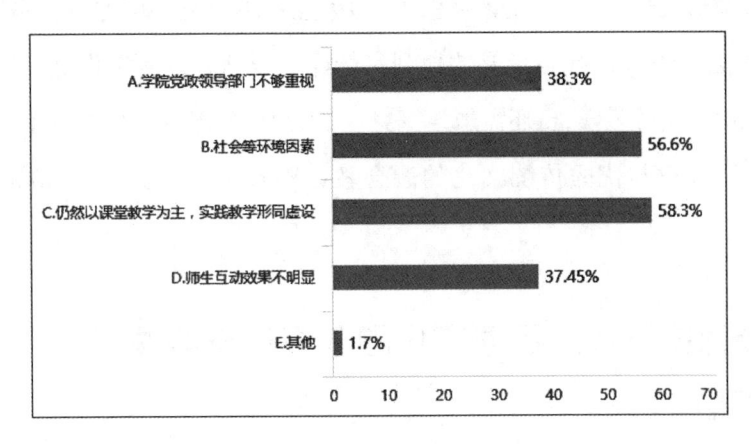

图3-4-7 造成困境的主要原因

1. 内部原因

首先,高校一些思政课教师对于大运河文化的内涵理解片面,缺乏将大运河文化融入高校思政课实践教学的积极性,相应的知识储备与技能素养也有待提高,这些不足导致一些高校思政课教师留下大运河文化融入高校思政课实践教学空白。虽然有部分教师将大运河文化融入高校思政课实践教学,但也只是浅尝辄止,实践教学仅停留在表面,没有深入挖掘大运河文化与思想政治理论课的内在联系,从而难以达到相应的教学效果。其次,作为受调查者的大学生普遍对于思政课实践教学环节的概念理解不足,容易造成信息茧房,难以走出舒适圈,接触新的教学内容与形式。

2. 外部原因

首先,社会节奏的加快、新潮文化的思想冲击致使中华优秀传统文化对人的吸引力减弱,容易造成人们对于大运河文化的漠视,不利于大运河文化的传承与宣传,也难以将其运用到高校思政课实践教学中去,同时对于大运河文化的开发建设、深入挖掘也需要相关政策来监督实施。其次,时代的发展带来了新媒体的崛起,怎样发挥新媒体的积极作用,革新高校思政课实践教学环节形式老旧、内容缺乏吸引力、师生互动不明显等问题,还有待于解决;如何在新媒体时代合理有效地利用新媒体帮助大运河文化更好地融入高校思政课实践教学,也还需加强探究。最后,相关部门和高校对于加强思政课实践教学与优秀传统文化的融合教育不够重视,还缺乏相应的政策支撑。

四、新媒体时代大运河文化融入高校思政课实践教学的策略

(一)要深入挖掘大运河文化资源,培养大学生文化自信与家国情怀

优秀传统文化的发展对于社会有着促进作用,大运河文化更是优秀传统文化的重要组成部分。将大运河文化融入高校思政课实践教学,不仅可以丰富教学内容、有效解决实践教学环节较为单一的问题,而且通过发扬优秀传统文化,还能够培养学生的家国情怀,强化学生的人生观、价值观、世界观教育,提高学生的文化自觉和文化自信。通过各式各样的活动,也有助于使源远流长的大运河文化在新时代焕发新的活力。因此,针对目前部分高校思政课实践教学环节与大运河文化联系不深的现象,首先就要明确包含了大运河文化的优秀传统文化的重要性,唤起人们的学习兴趣。大运河文

化遗址、运河文物、运河周边文化带建设与历史轨迹,其横跨千年的人文精神,都是开展高校思政课实践教学最真实有效的教育素材。要将大运河文化精神内化于心、外化于行。其次,在实践教学环节,要做到理论联系实际,将大运河文化融入其中,走进课堂、贴近生活。要将视线投放到大运河文化的传承和教育教学的实际工作中,做到将其与时事政治的合理融合,摒弃传统的知识灌输与简单的新闻介绍。在组织学生开展相应的社会实践活动时,引领学生关注大运河文化的内核,"看""走""悟"相结合。实践活动并非娱乐式的"游玩"活动,而是需要带着问题、带着思考,具有事后反思与感悟、交流与讨论的学习活动。最后,时代的发展带来新媒体的崛起,以手机、电脑、平板等新媒体工具为载体搭建的网络资源库,为我们提供了较以往要方便许多的检索途径,不论是文字、图片、漫画,还是视频,如今可供选择的大运河文化资源繁多,要学会精心筛选、深入挖掘、加以利用。

(二)要发挥教师引导作用,激发大学生学习大运河文化的积极性主动性

发挥好将大运河文化融入高校思政课实践教学的活动,离不开各方的积极配合。不仅马克思主义学院或思政部的党政领导部门需要加强对思政课实践教学的重视程度,而且要重视发挥高校思政课教师的主导作用。要搭建一支高素质的高校思政课实践教学团队,实现对实践教学的大纲、PPT、教案、调研、考核等的集体决策和统一管理,做到上下一心、共同努力,制定具体的大运河文化融入高校思政课实践教学的实施策略,指导实践教学更好地开展。首先,要提高思政教学队伍的整体素质。高校思政课教师要树立传承、发扬大运河文化的理念与责任心,重视大运河文化,丰富自己的知识储备。其次,要加强自己的实践教学素养。高校思政课教师要合理安排教学计划,在教学中融入大运河文化。通过实践教学拉近与学生间的关系,增强学生对大运河文化的认同感,培养学生的社会责任感,塑造学生奋力实

现中华民族伟大复兴的使命感。具体而言,可以通过两个方法优化实践教学环节:一是教师深入调研大运河历史遗迹,挖掘传承千百年来的大运河文化繁衍生息的精神血脉与文化内涵。通过拍摄实地照片、短视频等方式生成实践教学资源;通过理论联系实际,探索将大运河文化融入思想政治课实践教学的方法,为高校思政课实践教学的开展积累素材。二是关注学生主体地位,充分认识到高校思政课实践教学想要获得的良好质量与效果,需要提高学生的学习积极性和主动性。要根据专业与教学内容的特点设计相应的教学环节,避免"填鸭式"教育。开展以特色活动为主题、以新媒体资源为媒介的实践教学,组织学生开展以大运河文化为纽带、以思想政治教育为基础的课题讨论,观看由教师实地拍摄的相关照片、视频、访谈记录并发表观后感等活动。鼓励大学生开展以大运河文化为主题的社团活动,提升大运河文化学习的趣味性。做到注重教师引领与学生自主相结合,发挥高校思政课实践教学的引领作用。

(三)要合理利用网络媒介,充分发挥新媒体优势

进入新媒体时代,我们要统筹利用好新媒体,发挥其优势。结合历史背景与时代变迁,使学生认识到,随着时代的发展,如今不仅能够通过实地考察开展实践活动,还能够通过接触新媒体这一方式轻松方便地了解运河文化内核,认识到保护大运河、传承大运河文化的重要性,从而为大运河文化融入高校思政课实践教学打下良好的基石。在认识到合理利用网络媒介重要性的基础上,可以通过三个方面抓住时代发展带来的新媒体崛起的春风。一是充分利用抖音、快手、小红书、微博、知乎、豆瓣、B站等网络媒介的资源,鼓励学生关注有关大运河文化的科普博主,浏览大运河文化的相关漫画、短视频、网页,汲取其中的有益信息。二是激发学生主动性,组织学生运营学院推送大运河文化公众号,开设大运河文化科普专栏,或通过小组合作搭建大运河文化相关科普网站。三是关注到QQ、微信等社交平台的作用,鼓励

第三章 新媒体时代高校思想政治理论课建设和教学模式研究

学生通过讨论、合作、分享大运河文化的相关知识,展现大运河文化融入高校思政课实践教学的学习成果,激发学生学习动力。

(四)要制定相关政策,提供政策支撑

政策支持带来的硬性要求,可以在一定程度上提高教师与学生的积极性,并为融入了大运河文化的高校思政课实践教学展开提供坚实支撑。首先,积极开展大运河文化建设。各地要结合实际定制系统科学的发展计划、扶持大运河文化发展。要加强组织领导、强化示范引导、落实监管,做好大运河文化新媒体宣传工作。要依据大运河文化融入高校思政课实践教学的现实需要,完善相关政策,优化资源配置,全方位促进教学资源的挖掘利用。同时,制定人才培养方案,强化培育思想政治教育专业人才及大运河文化事业专门人才,推动为大运河文化融入高校思政课实践教学的人才储备,避免对大运河文化的重视现象昙花一现。中共中央宣传部、教育部印发的《新时代学校思想政治理论课改革创新实施方案》就提到了如下要求:为推进高校思政课的发展,需要构建立体化的教材体系,推进建设数字化、网络化资源库。其次,大运河文化融入高校思政课实践教学离不开学校各部门的支持。就学校方面而言,亟须修改相关的教学方案,为大运河文化更好地融入高校思政课实践教学提供体系化支撑,对教学活动的展开提出新目标、新要求,从而推动高校思政课实践教学顺利进行。也可通过政策重视、资金支持,利用新媒体提升大运河文化融入高校思政课实践教学的效果,例如建设虚拟仿真实验教学平台、搭建 VR 实验室,鼓励师生合力开展思政课实践教学。

第五节　地方红色文化融入高校思政课教学

2017年中共中央、国务院印发的《关于加强和改进新形势下高校思想政治工作的意见》强调："加强革命文化和社会主义先进文化教育,深化中国共产党史、中华人民共和国史、改革开放史和社会主义发展史学习教育"。[①] 习近平总书记指出："要用心用情用力保护好、管理好、运用好红色资源。要深入开展红色资源专项调查,加强科学保护。"[②]借助思想政治理论课,向大学生多角度剖析当地红色文化,让红色基因转化为激发其不断奋进的不竭精神动力,能切实增强育人实效。研究如何将地方红色文化创造性转化、创新性发展,与思政课教学有机结合,对完善高校思想政治理论课教学理论和指导高校思想政治理论课教学实践具有重要意义。

一、新媒体时代地方红色文化融入高校思政课教学的一般理论

（一）地方红色文化概念的界定

学术界对于地方红色文化的内涵阐释各有侧重,主要围绕地方红色文化的物质形态、精神表现及其意义、与中国特色社会主义文化的关系展开。

[①] 中共中央国务院.关于加强和改进新形势下高校思想政治工作的意见[EB/OL].新华社,http://www.xinhuanet.com/2017-02/27/c_1120538762.htm,2017-02-27.

[②] 习近平在中共中央政治局第三十一次集体学习时强调　用好红色资源赓续红色血脉 努力创造无愧于历史和人民的新业绩[N].人民日报,2021-06-27(01).

专门针对地方红色文化这一概念进行界定的则较少,因此研究空间较为广阔。

张智和王芝华将红色文化进行了广义与狭义的精练区分。他们认为广义上,红色文化囊括了整个共产主义运动的历史进程中无产阶级创造的一切物质和精神文明,而以马克思主义为指导的蕴含中国特色的先进文化则是狭义的红色文化。[①] 赵月枝和沙垚则认为,在构建中国革命故事这棵参天大树的过程中,全国性的叙事是躯干,地方性的叙事是枝叶。不同的地方,不仅以各种方式参与和支持全国革命,与一个时期的中国革命中心构成众星拱月之势,而且以卓有成效的地方工作为中国革命在全国的胜利打下了广泛的群众基础。今天,我们在新时代弘扬红色文化,既要突出主干,也不能忽视枝叶。[②]

综上所述,地方红色文化就是中华红色文化演化出的分支,是以地方的红色革命理论、红色革命精神为主线串起的,一个集物质、事件、人物和时代精神于一身的综合内容体系,包括重现历史的遗址遗存、引领道德教化和政治方向的中华优秀传统文化与社会主义先进文化。别具特色的地方红色文化相互交融,共同构筑了特色鲜明的中华红色文化。

(二)新媒体时代地方红色文化融入高校思政课教学的重要意义

新媒体是有别于报纸、广播、电视等的传统媒体形态,利用数字网络技术向所有用户提供信息资源服务的数字化媒体形态。目前,新媒体包含微博、手机、虚拟社区、微博、手机、虚拟社区、PDA、MP4、IPTV等。[③] 随着新媒体的深度运用,地方红色文化融入高校思政课教学势必迎来机遇。

---

① 张智,王芝华.地方红色文化在高校思想政治理论课教学中的运用——以湘南学院思政课程改革为例[J].中南林业科技大学学报(社会科学版),2014(6).
② 赵月枝,沙垚.地方红色文化的当代意义[J].红旗文稿,2019(20).
③ 郑元景.新媒体环境下高校思想政治教育实效性探析[J].思想理论教育导刊,2011(11).

新媒体时代的高校思想政治理论课教学改革与创新

1.新媒体愈加被学生关注,高校思政课教学迎来新要求

技术飞速革新下的新媒体以其及时性、海量性、互动性、便捷性等优点改变着人们的学习方式和价值观念,也对高校思政课教学提出了新的挑战。唐世刚综合考量了新媒体对思政课的正负面影响,指出虽然新媒体的开放性能延展教学时空,但教学背离教材内容的风险也随之增加;教学互动方式的隐秘性优点也会给不良信息的侵蚀造成可乘之机;尽管个性化教育需求能被其海量性更好地满足,但传统课堂更易"衰弱";纵然自媒性鼓舞了教育对象参与性的高涨,然而或将造成教育价值被教育工具僭越的隐患。[①] 新媒体的使用对思政课教学而言是风险与收益双高的双刃剑,我们必须谨慎权衡利弊,提高警惕,防患于未然。

新媒体发展也使高校思政课教学的内外环境更复杂,高校意识形态阵地的防守形势愈加严峻。姬立玲就新媒体发展对学生影响分析认为,在新媒体环境下,学生思想的独立性、选择性、差异性不断增强。新媒体环境在为学生提供广阔的学习空间同时,也考验着涉世未深的青年学生的判断能力,影响着他们的价值判断,甚至模糊分化着他们的信仰。[②] 还有一些偏激消极的负面信息深深影响着大学生的思想行为,甚至渐渐磨灭了一部分大学生对未来生活的希冀,意志力涣散消弭,最终形成颓靡的不良心理,悲观厌世甚至对社会产生抱怨情绪。因此,新媒体时代的高校思政课肩负起立德树人的重要时代使命。地方红色文化融入高校思政课教学,能够肩负起预防学生的价值观背离社会主义要求和消弭学生在日益爆炸性增长的纷杂信息中丧失判断力、迷失、颓废等问题,为大学生的健康成长保驾护航。

[①] 唐世刚.创新高校思政课新媒体课堂教学的思考[J].学校党建与思想教育,2015(13).
[②] 姬立玲.新媒体环境下高校思政课教学方法创新探究[J].思想教育研究,2016(10).

2.地方红色文化打开高校思政课教学新天地,发展前景广阔

地方红色文化是高校思政课教学的支撑,潜移默化熏陶感染人。有专家提出,时代变化和社会进步都在不断对人的素质培养要求提出更新更高的标准,进而打造出具有一定时代特征、社会特点的人。高校思想政治工作的关键问题便是明确培养人的方向和实现人怎样的发展。[1] 也有学者强调,高度复杂性是新阶段高校思想政治工作所面临的环境,教育的主体、对象、内容和方法已然出现了新变化,单靠"孤岛式"思政课已经难以适应思想政治工作的现实发展需要和达成立德树人的目标。深入挖掘、整合各个课程的思政教育资源,令思想政治教育贯穿整个教育教学过程,构筑全员育人、全方位育人的大思政创新格局迫在眉睫。[2]

通过地方红色文化融入高校思政课,教师可以向大学生从多角度剖析地方的独特鲜红文化底蕴,弘扬地方红色文化使命,能将红色基因传承下去,进而助推地方红色文化可持续发展,成为激发青年大学生奋发进取的精神动力。因此,对新媒体、地方红色文化、高校思政课教学进行融合研究,系统梳理相关教学理论及实践经验,具有重要的理论和现实意义。

二、新媒体时代地方红色文化融入高校思政课教学的特征

根据新媒体时代地方红色文化融入高校思政课教学的实际情况,围绕"大学生对新媒体时代地方红色文化融入思政课的教学认知度""地方红色文化融入高校思政课教学现有形式""大学生参与新媒体时代地方红色文化

---

[1] 靳诺.高校思想政治工作根本任务的科学概括[J].思想理论教育导刊,2017(1).
[2] 何红娟."思政课程"到"课程思政"发展的内在逻辑及建构策略[J].思想政治教育研究,2017(5).

融入思政课教学建设态度"和"新媒体时代地方红色文化融入高校思政课教学实施建议"等多个维度设置调查问卷,并通过线上网络平台向全国大学生推送。通过对回收的583份有效问卷进行数据分析,新媒体时代地方红色文化融入高校思政课教学呈现如下特征:

(一)大学生对关键概念认知较清晰,学习热情浓

大多数大学生对关键的名词概念,譬如新媒体、地方红色文化、思政课有较为清晰完善的认知,即使暂时不熟悉也愿意去学习,求知欲旺盛。调查数据显示,有49.66%的被调查者认为,高校思政课特别重要,是铸魂强基、传承地方红色文化的重要课程;也有47.62%的被调查者认为,高校思政课较为重要,关乎学业成绩,也是提高时政敏锐度的重要渠道;仅有少部分人认为思政课学的大部分都是老生常谈的道理,空泛机械。(见图3-5-1)

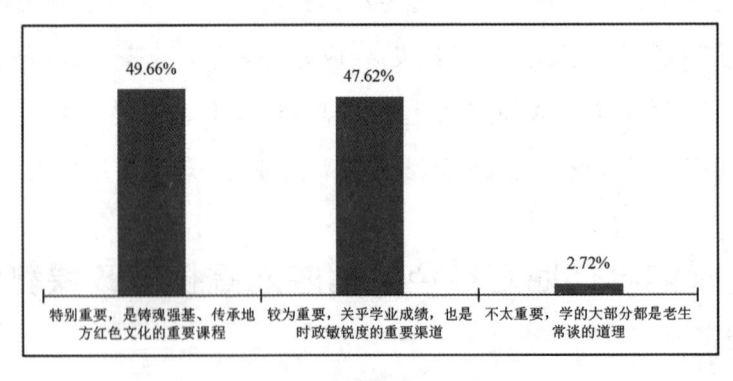

图3-5-1 大学生对高校思政课重要性的认知

(二)地方红色文化融入高校思政课教学形式多样,运用灵活

对于新媒体时代地方红色文化与高校思政课融合的理解,在多选题"你对于新媒体时代地方红色文化融入高校思政课教学概念的理解是什么"这一问题中,81.21%的大学生选择了师生课堂上使用多媒体共同开展的教学活动,75.84%的大学生认为是去地方红色纪念馆等体验新媒体技术学习知

第三章　新媒体时代高校思想政治理论课建设和教学模式研究

识的方式,62.42%的人认为是利用手机、电脑等网上学习介绍地方红色文化的思政课。地方红色文化通过人、新媒体网络、实地研学多元组合、灵活互动,达到自然传播。(见图3-5-2)

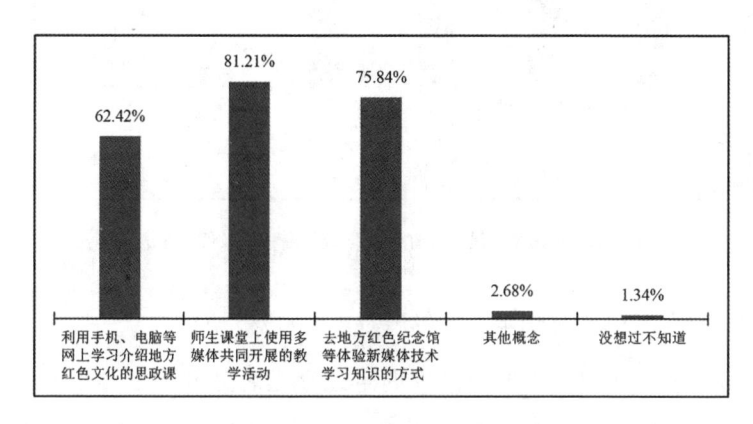

```
62.42%    81.21%    75.84%    2.68%    1.34%
利用手机、  师生课堂上  去地方红色  其他概念  没想过不知道
电脑等网上  使用多媒体  纪念馆等体
学习介绍地  共同开展的  验新媒体技
方红色文化  教学活动    术学习知识
的思政课              的方式
```

图3-5-2　学习地方红色文化的主要方式

(三)地方红色文化日益满足学校思想政治教育需求,相得益彰

超过半数的大学生在作答多选题"你认为新媒体时代地方红色文化融入高校思政课教学的重要性在于什么"问题时,大都认可地方红色文化在新媒体时代融入高校思政课教育的重要意义在于体验和学会运用新型媒介,将人们对当地红色文化的认知进行拓展和深化,进而对其进行创新性转化、创造性发挥,从而扩大其影响力,弘扬以爱国主义为核心的中华民族精神,塑造新时代"四有青年",并达到课内外联动,有助提高学习成绩。这其中既有自身思想道德层面的提升需求和学业成绩的现实需要,又有地方红色文化的发展驱动。不过仍有0.68%的大学生因没上过依靠新媒体融入地方红色文化的思政课而不清楚该类型课的重要性。(见图3-5-3)

新媒体时代的高校思想政治理论课教学改革与创新

图中数据：
- 体验和学习运用新型媒介：36.73%
- 增加对地方红色文化的了解，对其创造性转化、创新性发展，增强其影响力：82.31%
- 弘扬以爱国主义为核心的民族精神，塑造新时代"四有青年"：76.87%
- 课内外联动，有助提高学习成绩：37.41%
- 没上过这种类型课，所以不清楚：7.48%
- 其他：0.68%

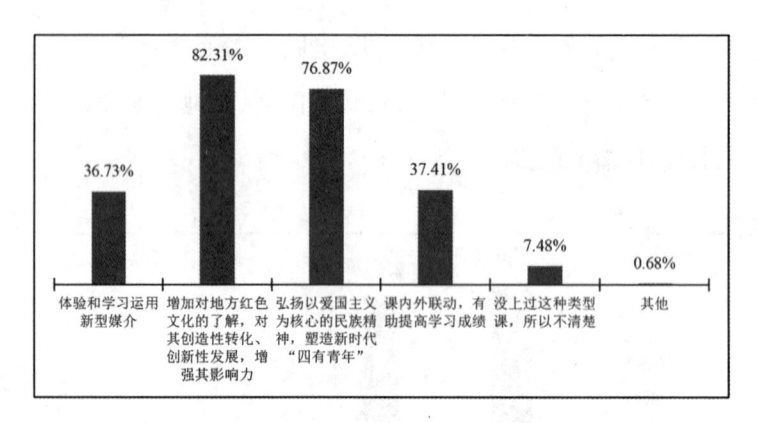

图 3-5-3　新媒体时代地方红色文化融入高校思政课教学的重要性

（四）特色教学满足学生个性发展及需要，成效初显

地方红色文化诞生于中华民族的生死存亡之际并不断继承发扬至今，时间变迁不断地给其红色革命底色灌注新元素，始终生动演绎着党为中国人民谋幸福、为中华民族谋复兴的初心使命，是透过思想政治教育指导学生树立真正的世界观、人生观、价值理念的重要载体。青年大学生可塑性极强。近年来，就如何以新媒体手段将高校大学生喜闻乐见的地方红色文化融入思政课教学这一问题，各地进行了广泛探索，线上线下联动，颇有成效。

多地高校综合考虑学校实际、本土红色文化特征、学生特性、社会教育和国家建设需求，用VR、AR、全息互动投影等新媒体技术，最大限度提升地方红色文化与思政课的亲和力，并将两者磨合更协调，推出了各具特色的品牌教学，以满足学生个性发展的同时，注重培养有坚定理想信念的社会主义接班人，努力形成培养和实践社会主义核心价值观的新型阵地，帮助党和国家牢固掌握意识形态领导权，从而保证了社会主义主流意识形态凝聚人心、鼓舞斗志功能的充分发挥。

三、新媒体时代地方红色文化融入高校思政课教学存在的问题与原因分析

(一)新媒体时代地方红色文化融入高校思政课教学的存在问题

1. 新媒体设施配备不足,教师使用不当

新媒体使课堂的传者与受者之间建立起了一条双向渠道,让老师与学生之间处于积极的双向互动之中,但仍有部分高校新媒体设施配备不达标,缺乏投影仪、电视、校园网等新型现代化教学设备,师生仍采用传统形式上课,缺乏现代化教学技术的使用经验。

即使新媒体硬件设施达标的学校,也有部分老师不顾高校思政课和学校实际,片面追求多媒体教学使用率,忽视师生面对面的心灵互通,造成新媒体技术不合实际需求的滥用,使冰冷机械的人机对话代替了本应该温暖活跃的师生交流,如只播放红色电影、地方红色文化纪录片、照读PPT,过度追求课堂知识大容量,陷入了将新媒体技术片面作为省时省力工具的误区。(见图3-5-4)

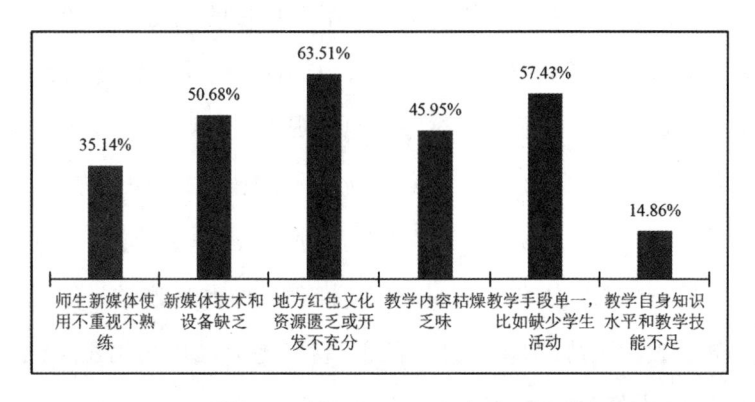

图3-5-4 新媒体时代地方红色文化融入高校思政课教学存在问题

2. 地方红色文化资源匮乏或开发不完全，教学缺少材料支撑

由于一些地区的红色文化底蕴浅薄，可挖掘性弱，或虽积蕴深厚，但开发不足甚至遭受破坏，当地政府、社会、学校缺乏联合共建意识，搁置多维度开发，保护不力，使得高校思政课教学的材料支持匮乏。地方政府对红色文化资源保护利用还面临着多头管理、职能不清、监督管理力量缺乏等问题，同时还有产权多元、管理工作不顺、保护力量不足等状况，都影响了地方红色文化资源的开发。

此外，红色文化资源整合度较低、利用方式粗放、文化相关基础设施建设跟不上、文化展示功能单一、公共保护意识不强、群众参与性不高等问题，又会导致红色文化呈现逐渐消失或碎片化的迹象，无法将地方红色文化的现代价值加以深入发掘、立体发展。开发并整理富有地方特色的红色文化资源，使之与新媒介时代的高校思政课融合，会产生更大的影响力、传播力，地方红色文化在传承中彰显了活力，高校思政课也有了丰富的教学资源。

3. 课程枯燥与教学手段单一，师生缺少正向互动

多数大学生反映思政课主要教授课本理论知识和国内外时事政治分析，较少涉及当地红色文化。57.82%的大学生指出目前地方红色文化教学仍以思政课堂教学为主，多采用课本＋板书＋讲授的传统方式，少部分使用了电视、投影仪、VR等新媒体手段。高校思政课堂也主要设在教室内，老师极少让学生去纪念馆、红色文化村等实地参观调研。调查显示，地方红色文化知识的传授、反馈、拓展渠道狭窄且易受阻，教学内容深奥枯燥、远离实际，学习流于形式，将红色文化不多加打磨硬性灌输，忽视学生思维发展实际和知识消化吸收能力的差异，未能因材施教，由此造成学生缺乏学习兴趣，教师缺少教学激情，削弱了师生的创造性，地方红色文化在高校思政课堂中教学亲和力低下，无法真正与新媒体融合。（见图3-5-5）

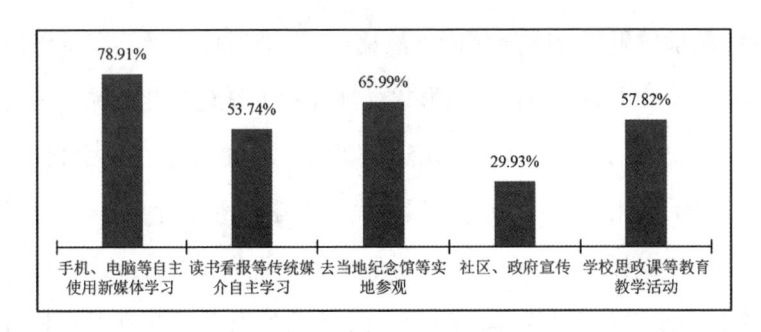

图 3-5-5 学习地方红色文化的主要方式

调查显示,想精进学习思政专业知识;对国内外时事政治感兴趣,想多了解;老师教学方式多样有趣,配合老师;讲授的地方红色文化引人入胜,受益匪浅;等等,是主要的思政课学习驱动力,依次占比为 56.76%、64.19%、56.76%、38.51%。还有 25% 的大学生不喜欢思政课,纯粹为了完成规定的学习任务,这表明,新媒体还没有充分显现出作为新时代教学手段的优越性,未能使地方红色文化在高校思政课上变得新颖、生动、有趣并成为大学生上思政课的一大重要兴趣选择,未能扭转大学生对思政课的刻板印象,未能调动师生的正向互动。(见图 3-5-6)

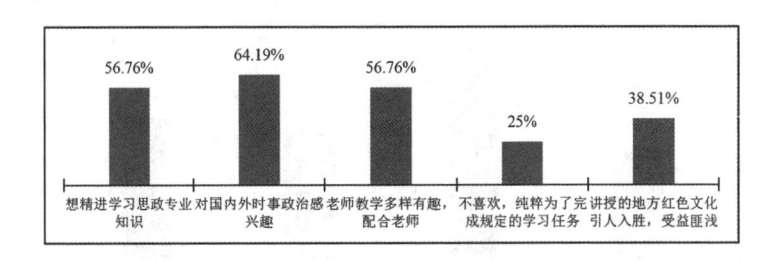

图 3-5-6 目前上思政课的目的及态度

4. 教学评价体系僵化,内容重量不重质

在当前一些高校思政课教学仍然侧重课堂成绩的客观大环境下,地方红色文化融入高校思政教学往往陷入理论灌输、"填鸭式"教育、应试教育的泥淖。教学效果评价唯分数论仍然盛行，多沿用传统纸笔考试测成绩方式而非新媒体技术加持的科技化形式。涉及地方红色文化的测评内容也多是地方红色文化的识记性理论，无法评析学生真正内化红色文化的程度。教学评价体系僵化，出现思政教师竭力完成教学任务指标，一味追赶教学进度而不细化知识让教学流于形式，而学生为了课程分数被动学习，死记硬背，囫囵接受知识却不求甚解的问题。久而久之，导致学生在学习地方红色文化时产生厌学逆反心理，从而造成地方红色文化教学学习的恶性循环。

与此同时，地方红色文化融进高校思政课的教学内容生硬堆砌、陈旧固化、量大然质微，陈述性、总结性的理论纷杂却忽视了对地方红色文化真正内核的研讨，显性与隐性教育功能失衡。大学生缺少实地探访红色文化的机会，比如参观纪念馆、人物故居等，在日常生活中也常常不重视将思想信念转化为实际行动。导致当地特色红色文化价值没有被学生发自内心地认可、接受、理解。

（二）新媒体时代地方红色文化融入高校思政课教学存在问题的原因分析（见图3-5-7）

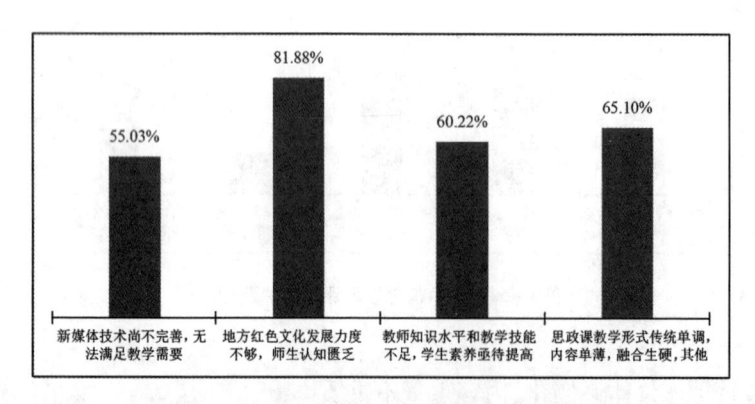

图3-5-7 新媒体时代地方红色文化融入高校思政课教学存在问题原因

第三章　新媒体时代高校思想政治理论课建设和教学模式研究

1. 新媒体技术尚不完善,无法满足教学需要

目前多数高校利用新媒体开展地方红色文化思政课还停留在简单的初级投影播放阶段,VR 等高级技术应用较少,无法满足日趋多样化的教学需要,或者教学实施的高阶需要无法被现有的新媒体技术手段满足,还停留在理想化的设想阶段。许多学校忽视新媒体教学设备的配置、维护和高科技教育基地建设。高校完善新媒体设施所需的相关资金、技术指导、专业技术人员等支持力度不够,教学可应用的器材少。新媒体时代地方红色文化教育融入高校思政课教学,迫切需要政府、高校、社会等各方携手,共同建设现代化的全方位数字教学服务系统。

2. 地方红色文化发掘力度不够,师生认知匮乏

一些地方重视外在的物质文明发展,忽视了内在的精神文明发展,造成两者的失衡。当地的红色文化发展程度较低,未能形成鲜明特色,也没有挖掘红色文化中的宝贵且兼具实用性与时代性的精神内容,未能使大学生在体验当地红色文化的魅力过程中积极思考问题,增强民族意识,健全人格,提升坚守传承地方红色文化的信心。地方对红色文化的开发建设力度欠佳,加上师生本身不重视、不了解,过分关注学业成绩,加剧了他们对地方红色文化资源认知匮乏的情况。

3. 教师知识水平和教学技能不足,学生素养亟待提高

教师自身缺少过硬的教学素养,地方红色文化知识贫乏,无力实施高质量教学。主要体现在:一是教师在运用新媒体把地方红色文化有机融入高校思政课的核心理念要点的认识上有偏差、误区,对该工作体系的整体把握不精准、不深入;二是在执行课堂教学活动的能力、掌控课堂节奏、处理突发性即时生成问题方面也存在不足,无法创设知识性、启发性与探索性兼容的多元课堂。还有一些大学生对地方红色文化也缺少充足的知识储备和深入探究的兴趣。求知欲低,思维能力、想象能力、创新能力不足,不善质疑、不

愿解疑,不与教师同学互动共进,缺乏自我教育能力。

4.高校思政课教学形式传统单调,内容单薄,融合生硬

一些高校的地方红色文化教育,沿用简单化、模式化的教学方式。该陈旧僵化的教学方法,无法以学生喜闻乐见的形式转变为学生学习的兴趣,导致大学生对地方红色文化认同感不高。此外,当前高校对大学生的红色文化教育,还存在随意度高的问题,既没有科学合理的上层统筹规划,也没有分阶段、分层级的具体规划,无法把当地红色文化内容转变为课堂教学内容,内容单纯重叠,从而导致了学习者在实际教育中常常缺乏兴趣,不能主动投入,对红色文化教育厌倦逆反。

四、新媒体时代地方红色文化融入高校思政课教学的策略

(一)提高师生使用新媒体的能力,适应时代

高校思想政治理论课程体系的理论化较强,但在新媒体技术的加持下高校思想政治理论课的教学内容已向结合学生学习生活实际、侧重对学生价值引领的方向转变。新媒体技术既可以是高校思政课堂的教学内容,也可以为地方红色文化融入高校思政课提供更多的教育手段,营造更加开放的教学环境。

1.加大新媒体技术开发和普及力度,完善教学设施

大学生对高校思想政治理论课愈来愈多样化的需求对新媒体运用于思政课提出了新的要求。党和国家要重视新媒体的发展,出台促进新媒体事业发展的相关政策。高校要加大资金扶持力度,改善思政课堂的新媒体设施。群策群力,为新媒体时代地方红色文化融入高校思政课教学提供硬件支撑。

2. 开展专门培训示范,提高师生使用新媒体技术的能力

部分师生对新媒体教学手段比较生疏,无法科学合理地利用新媒体进行教学,亟须展开专门培训加以学习,提高其综合运用新媒体进行地方红色文化思政课教学的能力。高校要竭力为师生创造便利的学习培训条件,譬如邀请新媒体专家定期进校为师生进行科普讲座或实操培训,聘请新媒体专业技术人员负责学校新媒体运营与设施维护。将新媒体技术运用能力考核常态化,纳入德育工作的师生技能考评体系中,全方位提升师生的认知水平、技术能力及媒体综合素养。

(二)依托新媒体技术整合开发地方红色文化资源,创新特色

充分发挥师生和社会的创造性与积极性,加大规模利用新媒体技术宣传开发地方红色文化,建立基础教育的"大资源观""大应用观",形成包括线上教学平台系统、学科课程资源共享系统、教育政策保障制度系统等三大系统组成的"三位一体"数字基础教育服务创新生态,努力开发地方红色文化特色精品课程。

1. 激发生机,创新发展地方红色文化事业

地方红色文化,是联系过去、现在和未来的主要精神纽带。新媒体时代,要深耕于红色沃土,将当地红色资源优势转变为实实在在的经济发展资源优势,给地方经济蓬勃发展带来全新动能,就要着力运用新媒体技术开发创新发展地方红色文化事业,激发地方红色文化生命力,增强地方文化软实力。如补充单一的传统纪念馆、博物馆等实景观览形式,结合新媒体技术,开发虚拟VR体验,投影红色历史场景、文物、人物成像或者使用机器人讲解员,全方位带领人们身临其境探寻、体验文物遗址背后的红色文化。红色文旅业愈发展,愈能丰富思政课教学资源。

2. 打响知名度,打造地方红色文化云课堂

将新媒体网络变为弘扬地方红色文化资源的第二"课堂",实现地方红

色文化高效正向输出。大数据时代最快速有效的宣传方式必然是新媒体，要在广度与深度齐驱并进的宣传工作中加强和突出各地独特的红色文化地域特色与民族特色。地方可以整合社会力量共同制作红色文化宣传视频放到抖音、B站等用户量大的媒体平台；也可以建立红色资源微信公众号，并开展地方红色人物评选、典型红色经典评选、地方红色文化知识大比拼、红色文创产品设计推销等活动，不断积攒人气、提升活力。既为高校思政课教学提供了方法上的借鉴，也为高校思政课教学提供了内容上的参考。

3. 严选教材，打造特色红色文化思政课

利用新媒体便捷高效的信息搜集能力，整合本地的红色文化教学资源，积极开设红色思政校本课程。依据学生培养目标、高校所在地红色文化发展情况，严编严选融合地方红色文化的思政课教学案例。在思政课教学实践对外教学研讨交流中不断调整补充打磨教学案例库。探索因地制宜的地方红色文化思政课发展道路，打造高校思政课教学特色品牌。

(三)利用新媒体了解师生对地方红色文化的认知程度，对症教学

针对较多高校师生对地方红色文化仅有浅显认知甚至存在认知偏差，不清楚地方红色文化蕴含的深层内涵，只认为是革命年代的产物且不将内化的思想外化为实践行动的现状，师生亟须提高对地方红色文化的认知程度，对症教学。

1. 提优补差，强化师生对地方红色文化较深刻的认知

要充分发挥新媒体时代地方红色文化在高校思政课教学中的育人功能，高校思政课教师要对当地红色文化进行持续深化研究。在学习研究中要坚持实事求是，并运用所学知识积极为当地的红色文化发展建言献策，做出力所能及的贡献。在学生认知方面，高校思政课教师可在教学中运用QQ、微信等对学生学习全过程展开跟踪调查，掌握大学生对当地红色文化的了解程度、建设参与程度以及学习实际需要。始终以学生的需求为教学导

向,提优补差,循序渐进,以逐步达到地方红色文化融入高校思政课教学的最优化效果。

2.赓续红色血脉,纠正只重物质形态忽视精神实质地偏向

高校思政课教师所选用的地方红色文化事例既要结合当地实际,也要有典型性、多样性。地方红色文化的载体是一幅幅图片、一件件实物、一部部影片、一个个视频,但其背后蕴藏的是党的宝贵精神财富、中华民族源远流长生生不息的基因。习近平总书记指出:"我们要沿着革命前辈的足迹继续前行,把红色江山世世代代传下去。革命传统教育要从娃娃抓起,既注重知识灌输,又加强情感培育,使红色基因渗进血液、浸入心扉,引导广大青少年树立正确的世界观、人生观、价值观。"[①]高校思政课教师在融入地方红色文化时,要能够阐释好地方红色文化蕴含着的理论、精神,切忌点到为止,仅简单讲述当地人文,或即使实地参观例如纪念馆、遗址,也只走马观花。教师要引导学生利用新媒体全方位研究红色文化背后承载着的精神内核。

(四)改进教学评价体系,优化内容

挖掘和运用地方红色文化特有的审美价值特性,让红色文化在高校思政课教学中"融得进""留得住",让其"可视""可听""可感"。革新固化的旧教学评价体系,在运用好新媒体手段的基础上建立真实、及时的新型评价体系,提高内容质量。

1.能力与素质并重,过程性与终结性评价结合

考核不可局限于地方红色文化卷面的知识默写形式,更应该注重检测学生对其个性化的理解,测试学生识记当地红色文化知识的能力应该与考察个人思想素质并重。同时,成绩评定也应该是过程性评价与终结性评价结合,不应该只关注期中期末的表现,凭一两次的"偶然性"结果定高低,少

---

① 习近平.用好红色资源,传承好红色基因 把红色江山世世代代传下去[J].求是,2021(10).

量测试数据缺乏足够的教学评价参考价值。教师应该在平时也注重采用多样测评形式,多利用新媒体布置例如搜集当地红色文化发展新闻、剪辑红色文化介绍视频、录制自创红色节目 vlog 等作业,充分调动学生学习积极性。评价方式可以是师生共评,也可以是学生互评,利于教师针对学生不同特点因材施教,在高校思政课教学实践中探索构筑新型评价体系。

2. 优选优用教学内容,保量强质

高校思政课教学内容的理论性、鲜活性与大学生活跃的思维应具有较高的适配度,要致力于加强地方红色文化教学内容与生活实际的契合度,精选具有新颖性的素材,做到与时俱进,在保证数量的同时更注重质量,防止因教材内容过于陈旧僵化而与信息更新过快的速度及地方红色文化最新发展现状产生脱节,造成学生缺少实感。新媒体高速发展,学生自发从媒体上获得的有关地方红色文化的最新资讯、了解的社会现象极可能超出课本,获取的信息为碎片化的、量大且很可能具有迷惑性、误导性,教师必须优选优用教学内容,正确引导学生的红色精神,提升对不良文化的抵抗力。

新媒体时代地方红色文化融入高校思政课教学还有广阔的发展前景。尽管地方红色文化与高校思政课融合目前还处于初级阶段,但较之以往已经有了长足进步。随着国家的重视、文化教育的发展、人民国家归属感和凝聚力上升,未来地方红色文化一定能更好地与高校思政课和谐相融。

习近平总书记指出:"红色资源是我们党艰辛而辉煌奋斗历程的见证,是最宝贵的精神财富""红色是中国共产党、中华人民共和国最鲜亮的底色。"①高校思政课已插上新媒体翅膀,用地方红色文化淬炼洗涤青年学子灵

---

① 习近平.用好红色资源赓续红色血脉 努力创造无愧于历史和人民的新业绩[N].人民日报,2021-06-27(01).

魂,使红色基因渗进其血液,滋养其初心,青年大学生时刻牢记为中华民族伟大复兴不懈奋斗的时代使命,必将成长为优秀的中国特色社会主义事业建设者和接班人。

第四章　新媒体时代高校思想政治理论课教师的角色定位及素养培育

习近平总书记指出:"随着信息化不断发展,知识获取方式和传授方式、教和学关系都发生了革命性变化。这也对教师队伍能力和水平提出了新的更高的要求。"①这一重要讲话给新媒体时代教师的"能力和水平"制定了标准、明确了目标。一场突如其来的疫情,成为检验教师是否具备这一"能力和水平"的"试金石"。由此,不了解、不熟悉新媒体新技术的教师清醒地意识到自身线上教学"能力和水平"的不足。经此大考,如何变"危机"为教学教改契机,真正发挥信息化教学优势,推动教学改革创新,就成为当前众多教师不得不面对的问题。思政课是落实立德树人根本任务的关键课程,办好思政课关键在教师。作为"给学生心灵埋下真善美的种子,引导学生扣好人生第一粒扣子"的思政课教师,更要站在新媒体时代教学改革创新的最前沿,以自身素养的提升,"讲好思政课"②。

---

① 习近平.在北京大学师生座谈会上的讲话[N].人民日报,2018-05-03(01).
② 习近平.思政课是落实立德树人根本任务的关键课程[J].求是,2020(17).

第四章　新媒体时代高校思想政治理论课教师的角色定位及素养培育

第一节　高校思政课教师的角色定位

习近平总书记在全国高校思想政治工作会议上强调:"把思想政治工作贯穿教育教学全过程,要用好课堂教学这个主渠道,坚持在改进中加强,提升思想政治教育亲和力和针对性,满足学生成长发展需求和期待"①。这就对高校思想政治理论课教师提出了新的具体的要求。要建设学生真心喜爱、终身受益的高校思想政治理论课,首先就要建设好师资队伍,定位好教师角色,使思想政治理论课教师成为主流意识形态的明道者、学生健康成长的引路者、课程教学育人的创新者。

一、做主流意识形态的明道者

习近平总书记指出:"传道者自己首先要明道、信道",教师"要坚持教育者先受教育,努力成为先进思想文化的传播者、党执政的坚定支持者"。②因而,思想政治理论课教师作为传道者,首先要做主流意识形态的明道者和信道者,"明道"才会也才能更好地"信道",这是由思想政治理论课教师特殊的职责和使命决定的。

(一)要明"是"

认清国情,是作为国家"合格"公民的基本素质。在我国,宪法第一章总

---

①② 习近平.把思想政治工作贯穿教育教学全过程 开创我国高等教育事业发展新局面[N].人民日报,2016－12－09(01).

纲第一条明确规定:"中华人民共和国是工人阶级领导的、以工农联盟为基础的人民民主专政的社会主义国家。"社会主义国家的指导思想是马克思主义。"十月革命一声炮响,给全世界无产阶级及其他先进分子上了共产主义的一课。"[①]作为中华人民共和国公民,理当熟知马克思主义的科学性、实践性和革命性,及其传入中国以来为广大人民所接受、认同的历史过程。马克思主义是科学,其博大精深的科学体系,不仅为我们提供了社会主义的原则和目标,也为我们提供了建立和发展社会主义最基本的立场、观点和方法。它是无产阶级及其政党认识世界和改造世界的强大的思想武器,是科学的世界观和行动指南。它把每个人自由而全面的发展作为自己的最高价值追求。在马克思主义的指引下,劳动人民的革命运动由少数人的运动发展为广泛的群众性运动,由主要限于西欧范围扩大到了全世界范围。中国共产党认真分析了我国所处的历史阶段和时代特点,把马克思主义基本原理和中国具体实际相结合,先后产生了马克思主义中国化的两大理论成果。正是有了科学理论的武装,党带领人民成功地推翻了压在头上的一座又一座大山,将中国特色社会主义道路越走越宽,实现了祖国的繁荣富强。明"是",也就是明道。思想政治理论课教师要明中国特色社会主义发展繁荣的真相、前途,从而更为坚定中国特色社会主义的"四个自信"。

(二)要明"职"

思想政治理论课教师不仅仅是一个"合格"公民,而且是所有教育者角色中比较特殊的一种,被赋予了特殊的使命,担负起新形势下思想政治理论教育的重任。首先,思想政治理论课教师是马克思主义理论的教育者。思想政治理论课的主要教学内容就是马克思主义理论。通过教学,思想政治理论课教师引发学生不断思考、吸收马克思主义理论知识,进而帮助他们形

---

① 毛泽东文集(第3卷)[M].北京:人民出版社,1996:290.

成和确立马克思主义的人生观、世界观和价值观。其次,思想政治理论课教师是马克思主义理论的学习者。与时俱进是马克思主义的理论品质。要成为一名合格的马克思主义理论传授者,首先必须要成为一名紧跟时代潮流的学习者。"学马列要精,要管用。"[①]"教育者本人一定是受教育的。"[②]思想政治理论课教师不仅要系统地学习马克思主义经典著作,而且要系统学习马克思主义中国化的最新理论成果,学习好党和国家最新的会议精神。再次,思想政治理论课教师亦是马克思主义理论的研究者。哲学是"自己时代的精神上的精华"。思想政治理论课教师就要担负着推动马克思主义理论创新的重要职责,使理论之树常青常新。最后,思想政治理论课教师还是马克思主义理论的示范者。思想政治理论课教师既是传授马克思主义理论的教师,同时也是联系理论和学生的中间人。他们的言行示范,不仅能够使学生从他们身上感受到理论的魅力,而且还能使学生从他们身上体会到对马克思主义理论的强大自信。"干一行爱一行"。塑造成为马克思主义明道者乃至信道者角色,是思想政治理论课教师"立身、治学和执教"之本。

二、做学生健康成长的指路者

习近平总书记强调,高校教师要"更好担起学生健康成长指导者和引路人的责任"[③]。正如医生手里掌握着一条条肉体的生命,教师手里则掌握着一个个思想的生命。思想政治理论课教师正是这一个个生命的指路者和引路人,要保证"方向"正确。思想政治理论课教师的思想和行为一定要是"健

[①] 邓小平文选(第3卷)[M]. 北京:人民出版社,1993:382.
[②] 马克思恩格斯选集(第1卷)[M]. 北京:人民出版社,1995:55.
[③] 习近平. 把思想政治工作贯穿教育教学全过程 开创我国高等教育事业发展新局面[N]. 人民日报,2016-12-09(01).

康"的。立场坚定、"身正"为范,既不能被一些病毒入侵,也不能受一些细菌感染。

（一）要旗帜鲜明地和各种反马克思主义思潮作斗争

2014年11月,《辽宁日报》刊发的一封致高校哲学社会科学老师的公开信《老师,请不要这样讲中国》说道:"中国社会存在诸多问题,客观真实,无法回避,也不能回避。"①改革开放四十多年来,中国社会主义社会转型期变动不居的复杂环境,使得一些师生在社会关系中利益格局调整、社会环境改变、外来文化和思潮等的冲击下,思想意识领域发生了混乱。加之,新媒体时代,数据、文本、图像、声音皆变成了意识形态符号。在这样的背景下,思想政治理论课教师在课堂上讲授马克思主义理论,必然会遭遇到多样化的理论观点、不同的学术派别、迥异的价值追求间的冲突。有的老师"人云亦云",思想上跟随一些"大V""公知"认同和传播所谓的普世价值观;也有的老师"底气不足",觉得谈社会主义意识形态灌输和渗透都觉得"难为情""不好意思";还有的老师"似是而非",在谈论社会上涌现的诸如历史虚无主义、新自由主义等反马克思主义社会思潮时,立场不坚定,甚至避而不谈,就算批判时也是浅尝辄止。大学时期,正是青年世界观、价值观和人生观的养成时期,面对自媒体时代形形色色的反马克思主义社会思潮的"润物无声""潜移默化"式入侵。思想政治理论课教师一定要有所作为。在教学中立场坚定、旗帜鲜明地和那些明显反对马克思主义,如历史虚无主义、新自由主义、民主社会主义等思潮,进行全方位的斗争,揭露它们的本质。

（二）要解决好理论与实际相脱节的问题

这一问题是思想政治理论课教学中存在的"老问题"。《关于进一步加强和改进新形势下高校宣传思想工作的意见》指出,要切实推动中国特色社

---

① 本报编辑部.老师,请不要这样讲中国[N].辽宁日报,2014-11-13(A04).

会主义理论体系进教材、进课堂、进头脑,不断强化高校主流思想舆论。中国特色社会主义理论体系进课堂,就是要让理论为广大学生接受、认同、掌握、信服。但长期以来,高校思想政治理论课始终没有完全解决好理论和实际相统一的问题,缺乏稳定有序的实践教学环节,导致理论进课堂进头脑的效果不佳,学生"知行脱节"。这就有思想政治理论课教师的原因,比如有的教师理论储备知识不足,解释一些社会热点问题"力度"不够;有的教师不关心社会热点,教学方式仍是过去"填鸭式"的满堂灌,缺乏师生间的互动;有的教师丧失科研能力,不主动地去研究和探求等。马克思主义理论不是书斋里的学问,也不是宣传口号,而是要走向群众,为群众所掌握、所认同、所信服的时代精华。因此,思想政治理论课教师提高理论联系实际能力极为必要。只有让理论武装教师的头脑,才能武装学生的头脑,也只有把理论和实际结合起来,才能运用好理论正确分析并解答好课堂上遭遇到的各种"当代中国的问题和矛盾"难题。

(三)要处理好主体与客体相分立的问题

权威是主客体之间的一种支配和服从的关系。理论权威的树立不仅要看主体灌输和渗透的力度,还要看客体的认同和服从程度,这就不能犯单一强调主体的作用或单一强调客体的作用的错误。在高校树立意识形态权威所需的要素结构谱系中,思想政治理论课教师特定的身份决定了他们在中国特色社会主义理论体系的宣传和教育中起主导作用。但即便这样,也不能忽视受教育者即客体因素的感想感受,理论的灌输和渗透还不是目的,让受教育者自觉地认同、服从和运用理论才是目的。传统思想政治理论课就忽视了受教育者的感受,所以没有能够充分发挥受教育者的积极性与主动性。如上述提及的"满堂灌"教学方式,就没有考虑到客体对象的感受。教师不与学生交流,不知道学生的兴奋点所在,容易犯"夸夸其谈""吃力不讨好"的错误。人是有思想,有性格差异的情感复合体。人的主观性对其接受知识是有很大影响的。只有从受教育者内部充分激发出学习的欲望,让其通过亲身参与丰富多彩的活动,感同身受,理论学习才能成为一种愉快的享受。

三、做教书育人的创新者

习近平总书记指出,思想政治理论课要坚持在改进中加强,要"加强师德师风建设,坚持教书和育人相统一,坚持言传和身教相统一,坚持潜心问道和关注社会相统一,坚持学术自由和学术规范相统一"①。这就是说,思想政治理论课教师要耕耘好自己的"一亩二分"田,就必须要顺应马克思主义理论以及教育教学体系的不断变化,创新思想政治理论课教学内容、方式和育人理念,实现主体与客体、理论与实践、课内与课外、线上与线下、显性实践教学与隐性实践教学的有机结合,提高思想政治理论课教育教学的实效性。

(一)要创新教学内容

思想政治理论课教学不能只是局限于从概念到概念、从原理到原理、从书本到书本的讲解,②应将马克思主义理论和实际结合起来,切实创新教学的内容。一方面,经常与学生进行"台上""台下""交流",准确地发现和掌握学生的"兴趣点",及时将学生关注的热点话题结合到教学内容中。比如,面对当代学生关注自媒体的实际,思想政治理论课教师就要与时俱进,不仅要了解、熟悉新媒体的特征,而且要主动地在学生的"群内"和"圈内""刷

---

① 习近平.把思想政治工作贯穿教育教学全过程 开创我国高等教育事业发展新局面[N].人民日报,2016-12-09(01).

② 方世南等.高校马克思主义思想政治理论课程改革创新研究[M].北京:人民出版社,2007:272.

刷""点点赞",及时把他们分享的信息和话题,特别是涉及现实问题和矛盾的话题"植入"到思想政治理论课教学中。另一方面,拓展思想政治理论课实践性教学的"外"空间,组织和指导学生参与社会实践活动。比如,结合思想政治理论课实践性教学要求,让学生主动结合思想上的困惑、理论上的疑难,自由选择社会调查课题,指导学生参与调研、撰写调研报告。教师根据调研报告,以专题教学形式作出解答。

(二)要创新教学方式

思想政治理论课不仅要注重教学内容的更新,而且要注重与内容相适应的教学方式革新。要实现思想政治理论课教学方式向师生间,即"主体——主体"间的双向沟通和互动的"实践"教学方式转变,自觉地把学生作为教学的主体,让学生参与到教学中来。在日常教学中,多运用现代化的教学手段、多样化的教学方式。比如,针对当前大学生热衷于社交媒体的现状,可以让学生在课堂上分享当前社会热点问题或刷爆"朋友圈"的热门事件,从中引导课堂的讨论;以党的代表大会、人民代表大会、各种重大纪念活动及各类突发性的重大事件为契机,开展专题性的讨论活动;让学生围绕社会热点问题制作多媒体课件进行演讲,请"台上""台下"的同学进行互动,引导中适时宣传党和国家的最新理论成果、展示国家发展成就和价值理念等等。总之,思想政治理论课教师只有不断探索马克思主义理论与新技术、社会热点和学生感兴趣的话题结合起来的教学方式,才能焕发思想政治理论课的活力。

(三)要创新育人理念

新形势下,教师要树立思想政治理论课权威,不仅需要思想政治理论课教师在教学中重视与学生的互动,而且需要思想政治理论课教师树立"主体体验式"育人理念,在与学生的日常"体验式"互动中,促进学生的成才。一方面,思想政治理论课教师要成为学生的知心朋友和学习生活上的导师。

可以建立任教班级QQ群、微信群，通过自媒体以一个"过来人"的身份多与学生谈心，通过谈学习、谈生活、谈就业、谈人生、谈恋爱观等，及时缓解他们的压力，鼓励他们走出成长的困惑，消除步入社会的恐惧心理。另一方面，思想政治理论课教师要关注学生的"社会心理"。面对急剧变革的社会，学生面临着的"心理"问题较多，甚至在思想上赞成什么、政治上拥护什么，有的已经具有了明显的倾向，有的则表现得含蓄而隐晦。思想政治理论课教师就是要通过密切关注他们的言行举止，调查他们对"当代中国的问题和矛盾"的认识和看法，或通过与学生直接交流，或通过课堂讨论，及时对一些和主流思想不相适应的思想观念进行批评或批判，培养学生积极乐观地看待当前中国社会热点问题和矛盾的心态。总之，思想政治理论课教师不能把课程局限在每周的"台上"几节课，要多"补充""上课"时间。

"大学课堂上的中国"无疑是"波澜壮阔""色彩斑斓"①的。高校思想政治理论课教师对马克思主义理论的解释、宣传，不能羞羞答答，遮遮掩掩。不管形势如何变化，作为教育者角色中比较特殊的一种，思想政治理论课教师都要"以不变应万变"。坚持什么、反对什么、改进什么，问题要明确，要憎爱分明、理直气壮，从而完成时代赋予的历史使命。

第二节　高校思政课教师的知识视野

习近平在学校思想政治理论课教师座谈会上指出："思想政治理论课是落实立德树人根本任务的关键课程"，"办好思想政治理论课关键在教师"，

---

①　本报编辑部.老师，请不要这样讲中国[N].辽宁日报，2014-11-13(A04).

第四章　新媒体时代高校思想政治理论课教师的角色定位及素养培育

并对思政课教师提出了"政治要强""情怀要深""思维要新""视野要广""自律要严""人格要正"等六点要求,其中第四点"视野要广",强调了思政课教师要具备"知识视野"。① 作为思政课教师的基础性素养,"知识视野"体现了高校思政课教师所要具备的知识结构和能力。下面,我们就以高校《自然辩证法概论》课程为例,探讨这一"知识视野"的具体内涵和要求。

一、扎实的理论素养:高校思政课教师的"鲜亮底色"

习近平强调:"要理直气壮开好思政课,用新时代中国特色社会主义思想铸魂育人。"②教师用扎实的马克思主义理论素养武装自己,引导学生增强中国特色社会主义"四个自信",是《自然辩证法概论》课程设置的应有之义。

（一）教育者先受教育

2010年8月,中共中央宣传部、教育部发布的《关于高等学校研究生思想政治理论课课程设置调整的意见》中,对《自然辩证法概论》课程的性质作出了明确的规定:《自然辩证法概论》课主要进行马克思主义自然辩证法理论的教育。因此,从课程性质而言,《自然辩证法概论》课是马克思主义理论课程。思政课教师具备一定的马克思主义理论素养,是思政课教师要具备的首要素质。其中,掌握马克思主义思想武器最直接有效方式,就是学习马克思主义经典著作。《自然辩证法概论》课程本身就直接涉及众多的马克思主义经典文本,有马克思的恩格斯的,也有列宁的,还有中国化马克思主义者的。比如,马克思的《机器、自然力和科学的应用》《数学手稿》,恩格斯的《自然辩证法》《反杜林论》,列宁的《唯物主义和经验批判主义》《辩证法的要素》等;还比如,毛泽东的《不搞科学技术,生产力无法提高》,邓小平的《科

---

①② 习近平.思政课是落实立德树人根本任务的关键课程[J].求是,2020(17).

学技术是第一生产力》《改革科技体制是为了解放生产力》,江泽民的《实施科教兴国战略》《加强技术创新》,胡锦涛的《依靠科技创新实现全面协调可持续发展》《建设创新型国家》,习近平的《深入理解新发展理念》《建设世界科技强国》等,这些相关著作实际上不仅仅是该课程的文化内容,也是该课程的理论渊源。思政课教师坚持"教育者先受教育"。只要对马克思主义真学,才能真懂、真信。通过学习,教师可以最直观系统地认识到马克思主义的博大精深,如果能够恰当地将其融入课程的日常教学中,就可以使该课程的理论阐述更具说服力。

(二)真学才能真懂

懂是学的结果。懂是真懂。一是懂得马克思主义的科学性、整体性。"马克思主义是一个由一系列基本原理组成的科学的理论体系。"①马克思主义是科学,对马克思主义懂的愈多,理解马克思主义就愈准确、全面、深刻,也就愈能熟练地引导学生掌握和运用马克思主义。二是懂得马克思主义的批判性、革命性。比如,在理解"马克思、恩格斯科学技术思想"时,要有辩证思维,不仅看到经典作家对科学技术的重视,而且要看到经典作家对科学技术不合理使用的批判。恩格斯就曾说过:"在马克思看来,科学是一种在历史上起推动作用的、革命的力量。任何一门理论科学中的每一个新发现——它的实际应用也许还根本无法预见——都使马克思感到衷心喜悦"②,但马克思同时也看到了,科学技术有时"表现为异己的、敌对的和统治的权力"③。这就不仅实现了对马克思恩格斯科学技术思想的理解,而且实现了对自然辩证法批判性和革命性的理解。马克思告诉我们,资本主义条件下科学技术出现了异化现象,对待科学技术要具有批判的理性。这就有

---

① 周新城.关于怎么理解马克思主义的几个重要问题[J].红旗文稿,2017(17).
② 马克思恩格斯文集(第3卷)[M].北京:人民出版社,2009:602.
③ 马克思恩格斯文集(第8卷)[M].北京:人民出版社,2009:358.

第四章　新媒体时代高校思想政治理论课教师的角色定位及素养培育

助于我们更好地认识"科学技术社会论",实现科学技术的社会治理。三是懂得马克思主义的实践性。"马克思主义的革命性与科学性以及二者的统一,都以实践性为基础。"①实践性是马克思主义的理论品质。马克思主义从来就不是本本,它从诞生到发展无论在哪一个时期,都是马克思主义者联系实际的创新性总结。马克思主义自然辩证法不仅蕴含了大量的实践思想,而且是在实践中不断发展的。总而言之,理解马克思主义的整体性、科学性、批判性、革命性和实践性,也就懂得马克思主义的理论魅力。

(三)真懂才能真信

理性的信仰以理性作为根基。学习马克思主义,懂得马克思主义,就会在思想深处起共鸣。将伟大思想力量转化为内心力量,这就是真信。真信是任尔东西南北风、我自岿然不动的马克思主义信仰坚定。比如,在生态文明思想渊源的研究中,就有学者立足于西方资本主义学者的相关理论,忽视或故意遮蔽了马克思恩格斯丰富的生态文明思想。恩格斯在其《自然辩证法》中,就有过诸多关于人类破坏"人与自然关系"招致自然界报复的论述。比如,"我们不要过分陶醉于我们人类对自然界的胜利。对于每一次这样的胜利,自然界都对我们进行报复。……我们连同我们的肉、血和头脑都是属于自然界和存在于自然之中的"②。这些重要阐述不仅让我们认识到马克思主义理论中蕴含着的丰富的生态文明思想,更重要的是从中认识到了马克思主义博大精深的思想力量。他们认为,只有从根本上变革资本主义制度,才能实现人的类本质的回归。尽管我们今天的经济社会发展发生了深刻变化,但人类社会仍然处于马克思主义经典作家所指明的时代。马克思主义既不会失灵,也不会过时,更不会无用。马克思曾经说过:"理论只要说服

---

① 赵家祥.论马克思主义革命性与科学性的统一[N].人民日报,2018-04-10(09).
② 马克思恩格斯选集(第4卷)[M].北京:人民出版社,1995:383-384.

人,就能掌握群众;而理论只要彻底,就能说服人。"①马克思主义理论就是彻底的。我们只要坚定马克思主义的科学信仰,就能源源不断地从中汲取其中蕴藏着的科学智慧和巨大力量。思政课教师把伟大思想的力量,转化为自己强大的精神信仰,也就能彻底"征服"学生,实现到"武器的批判"的转变。能够用经典作家的精彩论述,实现学生在思想领域与马克思主义经典作家进行心灵的交流对话,在思想上信仰马克思主义,这才是增强思政课"思想性、理论性"的根本目的,也是思政课永葆生机活力的源泉。

二、丰富的学科知识:高校思政课教师的"看家本领"

习近平在纪念马克思诞辰200周年大会上的重要讲话中,对马克思的"博学"给予了很高的评价。他指出,马克思"博览群书、广泛涉猎……努力从人类创造的一切文明成果中汲取养料"②。没有"金刚钻",难"揽瓷器活"。包括哲学(史)、科学技术史、科学技术的发展前沿等方面的学科知识,是《自然辩证法概论》课教师的"看家本领"。

(一)具备基础知识

哲学(史)是思政课教师教授好《自然辩证法概论》课要具备的基础知识。这里的哲学既包括了马克思主义哲学(史),也包括了西方哲学(史)和中国哲学(史)。马克思主义哲学是关于自然、社会和思维发展的一般规律的科学,是辩证法和唯物论的统一,是唯物论自然观和历史观的统一。对于自然辩证法而言,本身的研究对象就是自然界,但人是自然界的一部分,人在长期的进化过程中开始了直立行走,学会了制造和使用工具,形成了人类

---

① 马克思恩格斯选集(第1卷)[M].北京:人民出版社,1995:9.
② 习近平.在纪念马克思诞辰200周年大会上的讲话[M].北京:人民出版社,2018:4.

社会。因此,自然辩证法在定义上,主要是运用马克思主义的观点和方法研究自然界和科学技术发展的一般规律、人类认识自然和改造自然的一般方法,以及科学技术与人类社会相互作用的理论体系,是对以科学技术为中介和手段的人与自然、社会的相互关系的概括、总结。《自然辩证法概论》的学科内容和体系就包括了"两观"和"两论",即自然观、科学技术观和科学技术方法论、科学技术社会论,体现了马克思主义哲学科学的世界观和方法论的统一。掌握马克思主义哲学,也就有助于认清世界的物质性,把握自然界变化发展的客观规律性,正确处理人与自然、社会的关系,对于理解自然观的精神实质,科学技术的本质属性,培养教师自身的科学精神,比如怀疑的意识、批判的理性、谦恭的心态、坚韧的毅力等,也都具有巨大的推动作用。《自然辩证法概论》课教师同样要了解西方哲学(史)和中国哲学(史)的知识,比如在关于古代中国和古希腊朴素唯物主义自然观的内容讲解中,教师要能够理顺"元气"、"金""木""水""火""土""五行",以及"原子"等物质是自然界的本原的观点的代表人物,理解朴素唯物主义的作用,清楚"原子论"与马克思博士论文之间的关系、近代自然科学发展的历史渊源。

(二)具备专业知识

科学技术(史)是《自然辩证法概论》课教师要具备的专业知识。一方面,从学科由来及其设置来看,科学技术(史)是自然辩证法的直接来源。在马克思主义哲学、自然辩证法和具体的科学技术三者关系中,自然辩证法是科学技术上升到哲学的必经环节和纽带。恩格斯的《自然辩证法》就是其多年来对自然科学研究总结的成果。19世纪以来,自然科学有了一系列重大发现,其中,能量守恒和转化定律、细胞学说和生物进化论,就被恩格斯称为自然科学中彻底动摇形而上学自然观的"三大发现"。自然科学的发展推动了马克思主义自然辩证法的发展。在我国,自然辩证法作为一门学科发端于20世纪50年代我国制定的《自然辩证法十二年研究规划草案》。2009年国家标准化管理委员会发布的学科分类与代码(GB/T 13745 - 2009)仍将之命名为"自然辩证法",亦称"科学技术哲学",包括科学哲学、技术哲学等。这一学科在我国的"进化"史亦能表明,自然辩证法学科由来及其设置均离不开科学技术。另一方面,从学科的内容及其知识目标来看,科学技术(史)是自然辩证法的主要成分。从人类历史的进程来看,科学探索和技术创造是人类生活的重要方面。恩格斯在《自然辩证法》中就曾指出,"劳动创造了人本身"[1],"劳动是从制造工具开始的"[2]。也正是对科学的探索和技术的创造,才使得人类的生活不断地从低级文明向高级文明跨越。教师在讲授"马克思主义科学技术社会论"中的"重视科技的历史作用"时,要了解和熟悉科学技术史就能够以具体事例加以论证,增强课程的实效性。

(三)具备前沿知识

科学技术前沿是《自然辩证法概论》课教师拓展自身知识视野的重要领域。新时代,科学技术发展日新月异。对此,习近平指出:"形势逼人,挑战逼人,使命逼人。我国广大科技工作者要把握大势、抢占先机,直面问题、迎难而上,瞄准世界科技前沿,引领科技发展方向,肩负起历史赋予的重任,勇做新时代科技创新的排头兵。"[3]这里的"世界科技前沿",就是那些对人类而言,更为复杂、更为前沿,拥有足够改变人类命运潜力的科学技术。比如5G。思政课教师不仅仅要了解5G是新一代移动通信技术,更重要的是瞄准5G的巨大力量,它不仅是各行各业实现"智能+"必不可少的催化剂,而且是改变世界的强大力量。再如,边缘计算、太空互联网、网络切片、量子通信、供应链金融、区块链等概念,都要有所认知。只有了解这些,我们才能对一些

---

[1] 马克思恩格斯文集(第9卷)[M]. 北京:人民出版社,2009:550.
[2] 马克思恩格斯文集(第9卷)[M]. 北京:人民出版社,2009:555.
[3] 习近平. 在中国科学院第十九次院士大会、中国工程院第十四次院士大会上的讲话[N]. 人民日报,2018 - 05 - 29(02).

第四章 新媒体时代高校思想政治理论课教师的角色定位及素养培育

时事热点问题作出有针对性地分析,才能做到"学高为师"。"科技兴则民族兴,科技强则国家强。"[1]也只有了解和熟悉科学技术前沿,才能增强中国科学技术自信。对此,高校思政课教师要在适应信息化不断发展的新形势下,运用"融媒体"分类的加以学习:一是基于移动互联网平台的自媒体,比如学习强国的大自然、科技、技能、健康等频道,还比如科普中国、科学技术、中国科学技术出版社、科技头条等 App;二是新闻网页,比如人民网、搜狐网、新浪网等主要门户网站的科普、科技栏目,还比如中国科技网、科普中国等专业网站;三是传统媒体,比如《人民日报》《光明日版》《经济日报》等主要报纸的科技版,还比如《科技日报》、《上海科技报》等专业类报纸,再比如《科学世界》《走近科学》《科学画报》等专业类刊物。

三、强烈的问题意识:高校思政课教师的"动力之源"

习近平指出:"坚持问题导向是马克思主义的鲜明特点。"[2]推动思想政治理论课改革创新,要引导学生发现问题、分析问题、思考问题。高校思政课教师则要在此基础上,去发现学生存在的问题、解决学生存在的问题。因而,具备强烈的问题意识,是《自然辩证法概论》课教师"立足实际""站稳 C 位"、讲好中国故事的必然要求。

(一)善于发现问题

问题是现实中的问题,问题是教学的起点。教师的教学实践,也就是教师不断发现问题、解决问题的过程。因此,问题伴随着教学实践活动的全过程。作为思政课教师,无论多想把课上好,如果我们不会发现问题,教学的

---

[1] 习近平.为建设世界科技强国而奋斗——在全国科技创新大会、两院院士大会、中国科协第九次全国代表大会上的讲话[M].北京:人民出版社,2016:5.
[2] 习近平.在哲学社会科学工作座谈会上的讲话[M].北京:人民出版社,2016:14.

实效性都不会高。首先要具备怀疑的意识。笛卡尔在《第一哲学沉思集》中指出:"理性告诉我说,和我认为显然是错误的东西一样,对于那些不是完全确定无疑的东西也应该不要轻易相信,因此只要我在那些东西里找到哪管是一点可疑的东西都足以使我把它们全部都抛弃掉。"[①]科学起源于好奇(惊奇),其本性首先是怀疑。没有疑问,就不会发现问题,不会提出问题。例如,科学史上的日心说、化学中的离子理论、相对论等许多理论,在提出时就没有立即取得科学界的共识和得到人们的广泛认同。[②] 而是在提出后不断出现的新疑问中走向深入。因此,在科学史上那些新学说一旦提出,总会受到各种各样的质疑。如果没有怀疑就要求获得承认,那就肯定不是科学。其次,要有一双洞察问题的眼睛。《自然辩证法概论》课教师首先要明确自己是一名思政课教师。思政课教师尤要"在党和人民的伟大实践中关注时代、关注社会"[③]。而在当今时代,伴随着互联网技术向纵深发展,全媒体时代的青年学生已深度触网,思政课教师尤要认清并高度重视这一时代变化的特征,充分认识互联网技术的变革对青年的求知途径、思维方式、价值观念所产生的重要影响,运用互联网思维,及时发现青年学生关注的重难点问题和现实热点问题。比如,以中国科技、军事威胁论为代表的"中国威胁论"。教师在谈及该话题时,就要关注互联网,关注互联网上"中国威胁论"发展的新动态,比如"锐实力""中国高调宣传"等话题,就会发现"中国威胁论"已"更新升级",过渡到新一轮中国威胁论,即渲染中国道路、中国发展模式是对西方价值观和制度模式的威胁。

(二)勇于直面问题

教学的过程就是教师不断解疑释惑的过程。思政课教师遇到问题,不

---

① [法]笛卡尔.第一哲学沉思集[M].庞景仁译.北京:商务印书馆,1986:15.
② 参见王鸿生.科学精神三要素及其人文意蕴[J].科学导报,2000(01).
③ 习近平.思政课是落实立德树人根本任务的关键课程[J].求是,2020(17).

第四章 新媒体时代高校思想政治理论课教师的角色定位及素养培育

能回避,也不能掩盖问题,否则学生就会质疑教师的知识能力。目前,重大而紧迫的现实问题集中在一些"纵横比较"的领域:一是中国在与世界的横向联系中产生的问题。当今世界,国际形势风云变幻,众多关系国家经济社会发展的突发性科技事件此起彼伏,它所带来的网络舆情也一次次冲击着已深度触网的当代青年。比如,美国制裁中兴事件、华为5G事件带来的科技落差问题。思政课教师不仅不能因为它们"负面""复杂"就畏惧,而要能够培养积极健康向上的心态直面此类问题;否则,狭隘民族主义、民粹主义等思潮会对青年的思想行为产生重大影响。习近平强调"政治要强""思维要新",要运用"正确的思维方法"。① 这一方面,涉及非马克思主义、反马克思主义思潮问题的科技事件,要立场坚定、旗帜鲜明地加以批判;另一方面,要统筹国内国际两个大局,全面考察、整体考虑。不仅要从世界格局变化中,从当今世界特别是发达国家科技日新月异的发展中,看到我国科技发展水平与美日等科技强国之间的差距,而且要看到我国科技创新的优势和潜力,更重要的是从科技创新的重大意义中,看到我国突破核心技术的"决心、恒心和重心"②。二是中国纵向发展中产生的问题。在《自然辩证法概论》课上有一个绕不开而又复杂、难以回答的问题,这就是科学技术史上著名的"李约瑟难题"。除此之外,还有类似的问题,比如马克斯·韦伯在《新教伦理与资本主义精神》《中国的宗教:儒教与道教》里对"为什么资本主义没有在中国发展呢?"问题的追问,钱学森提出的著名的"钱学森之问"等。回答这些难题不仅需要历史、政治、经济、文化、科技、社会等各方面知识,而且需要我们有中国的立场、世界的眼光。

---

① 习近平.思政课是落实立德树人根本任务的关键课程[J].求是,2020(17).
② 习近平.在网络安全和信息化工作座谈会上的讲话[M].北京:人民出版社,2016:10.

(三)有效解决问题

有效解决问题,需要提高思政课教师自身解决问题的能力。现实世界的问题错综复杂,有的来自外部,有的来自内部;有的是历史遗留,有的是从未遇到,许多问题相互纠结、连锁反应。我们的教师要能够坚持用辩证唯物主义和历史唯物主义方法,结合社会现实和学生实际情况,有针对性地解决问题。对思政课教师"视野要广"的要求,实际上就是要求教师在外延上拓宽自身的学习本领,特别是在当今形势发展变化快,不熟悉、不了解的东西越来越多的情况下。比如,人工智能的法律和伦理问题。随着 AI 技术不断发展和推广应用,为社会发展和产业升级注入了新活力,让人们步入更加智能的万物互联时代,但它所引发的网络安全、大数据应用中的隐私和公平性、人工智能时代的科技创新与安全等各方面的经济社会问题,同样不可忽视。要回答这些问题,思政课教师只有去不断学习、不断充电,完善知识结构,拓宽视野、提升思维能力。有效解决问题,还要求思政课教师要提高自身的"战略思维、创新思维、辩证思维、底线思维能力"[①]。比如,转基因食品的安全问题在网络空间已经争论了很长时间,但是似乎越争论问题越多,从转基因技术和转基因食品本身争论到农药的问题,还有绿色有机食品和转基因食品之间的关系问题。要认识并解决这一问题,就要不断提高自身的上述能力,具备转基因食品的相关知识;深学笃行辩证唯物主义,联系实际,运用联系和发展的观点、对立统一规律找出问题的核心和症结所在,再逐一分析食品的安全性的评价、转基因食品安全的可控性、转基因农业技术的趋势性问题,从而让学生系统认识这一长时间的热点问题。

"师者,传道授业解惑也。"传道者必须先受教育,授业者也必须精其业,解惑者还必须释己惑。扎实的理论素养是教师的"鲜亮底色",也是教师的

---

① 习近平谈治国理政[M].北京:外文出版社,2014:417.

第四章　新媒体时代高校思想政治理论课教师的角色定位及素养培育

行动指南;丰富的学科知识,是教师的"看家本领",也是教师的基础素养;强烈的问题意识,是教师的"动力之源",也是教师的责任担当。高校思政课教师肩负着习近平新时代中国特色社会主义思想入脑入心的政治使命,要在明道信道中拓宽知识视野,在专业素养的不断提升中传道授业解惑。

第三节　高校思政课教师的课堂生态意识培育

在传统教学观念下,人们把课堂教学过程看作一个封闭的实体。现代信息技术的不断发展与广泛应用,打破了这个封闭的实体,要求把课堂看成一个充满活力、开放、包容的有机系统。如近年来课堂拥抱互联网所涌现出的"线上＋线下"相结合的教学模式,就受到学生的欢迎。但毋庸置疑,仍有教师没有意识到大数据、新媒体等"外来物种"对原有课堂生态系统的"颠覆性"影响,存在教学内容与现实"脱钩"、教学方式与时代"脱离"、教学语言与学生"脱节"等问题。思政课是落实立德树人根本任务的关键课程,办好思政课关键在教师。作为"给学生心灵埋下真善美的种子,引导学生扣好人生第一粒扣子"[①]的思政课教师,更要站在新媒体时代教学改革创新的最前沿,培育课堂生态意识,推动思政课堂健康有序的运行。

一、新媒体时代高校思政课教师课堂生态意识的内涵

任何真正的哲学都是自己时代精神的精华。伴随着生态文明理念的形

---

① 习近平.思政课是落实立德树人根本任务的关键课程[J].求是,2020(17).

成和发展,催生了一门专门研究自然秩序的学科——生态学。在生态学的视域中,生态理论的具体研究视域不断被拓展,逐步形成了一种新的研究思维——生态意识。将生态意识运用于课堂,就是要把课堂看成"一个相互联系、相互作用的有机生态整体"[①],通过探究和统筹课堂教学活动的各关涉要素、环节之间的相互影响、相互作用关系,以实现课堂教学过程的最优化。思政课堂生态意识,就是这样一种要求以维护课堂生态系统平衡为标准,进而实现思政课堂健康有序运行的教学理念,主要包括:

(一)整体意识

生态系统反映人与自然关系的整体性,整体性是生态系统的首要特征。生物环境和非生物环境组成生态系统。反映到思政课堂,思政课堂生态系统的生物环境包括思政课教师和学生两个要素;非生物环境则包括思政课教学环境、教学内容等要素,各要素相互影响、相互作用,共同构成了一个完整的思政课堂生态系统。这就强调了思政课堂生态系统是一个复合的生态系统,尤其重视思政课堂的整体运动规律及其综合价值效应,从而突破了过去那种"就课堂论课堂"的理论框架与方法论局限。

(二)开放意识

任何一个生态系统,都不能保持孤立,它必须依附于其所处的生存环境。因而,作为一个生态系统,思政课堂与外部环境的边界并非封闭的。不仅在思政课堂这一生态系统内要素之间存在着相互影响、相互作用的关系,而且系统自身与外部环境、相关系统之间也存在着相互作用、相互影响的关系,它们时时刻刻在进行着物质能量和信息交换。只有把握这种动态开放性,打破课堂内外的信息、语言和课程"边界",思政课堂生态系统才能适应不断变化的现实环境,不断向前运行。

---

① 岳伟,刘贵华. 走向生态课堂——论课堂的整体性变革[J]. 教育研究,2014(8).

第四章　新媒体时代高校思想政治理论课教师的角色定位及素养培育

（三）共生意识

在自然生态系统中,由于人们过度开发自然,不注重保护地球的生态环境,导致地球环境日益恶化,人类的生存环境遭遇危机,迫使人类重新开始审视和修正人与自然的关系,由此萌发并强化了生态意识。生态意味着共生,意味着人类把自然当作伙伴和朋友,人类也就会受到大自然相应的回馈。因此,在思政课堂的生态系统中,教师、学生、环境、内容以及它们中的任意两者之间都存在"共生"关系。在这种关系中,双方相互依存,一方为另一方提供帮助;倘若破坏其中的某一方,则必然带来系统整体运作过程的不协调。

（四）包容意识

任何一个相对的生态系统都是经过长期进化形成的,系统内的物种经受住了多次的隔阂、竞争、适应和互联互助,才形成如今既相互制约又相互推动的关系。然而,生态系统在与外部物质能量和信息进行交换时,必然会面临着外来物种或新的生成的物种的入侵,稍有不慎,就会打破系统平衡。同样,思政课堂生态系统存在着新旧教育教学理念、不同思想文化主张的冲突,尤其是当今世界正处于百年未有之大变局,直面时代和社会的思政课堂所面临的冲突将愈来愈多。这就需要思政课堂的容纳与包容,让新来的"物种"适应课堂。

意识来源于存在。新媒体时代思政课堂生态意识是一种教学改革创新思维,是为了应对日新月异的信息技术变革所引发的思政课堂教学手段和内容等的碰撞和交锋而提出的。也就是把思政课堂看成一个由诸多要素环节组成的相互作用、相互影响的有机整体。其中,最富"积极性、主动性、创造性"的是思政课教师,思政课教师是思政课堂的主导者。因此,新媒体时代思政课教师课堂生态意识的培育,是思政课教师为了适应现代信息技术发展要求而树立的课堂整体意识、共生意识、开放意识和包容意识。

二、新媒体时代高校思政课教师课堂生态意识培育面临的挑战

信息技术的变革为媒体的发展带来了新的契机,使得"舆论生态、媒体格局、传播方式发生深刻变化"①。受此影响,思政课堂生态发生了深刻变化,这在为思政课教师课堂生态意识的培育带来机遇的同时,也带来了严峻的挑战。

(一)信息技术的迅猛发展改变了高校思政课堂生态

首先,改变了思政课教学环境。思政课堂教学已不再仅仅局限于一间教室、几支粉笔、一块黑板,而是集移动多媒体技术、多媒体教室等软硬件于一体的复杂环境,包括了利用新媒体、信息技术作为教学新手段和利用互联网各类技术平台形成的多种形式的"线上"网络课程。不管是前者还是后者,都能将教学内容通过光影电声等鲜活地表现出来。其次,改变了思政课教学内容。这里的课堂教学内容,主要是指思政课程教材体系;但不局限于此,它还可以来自无处不在的网络信息。因而,与变化了的思政课教学环境带来多样化的教学模式和教学方法相似,新媒体时代知识信息的快速、大规模流动,已无限地扩容了思政课堂内容。教材和教师已不再是知识的"唯一"供给者。最后,改变了思政课堂的主体间关系。传统思政课堂的主体可以分为个体和群体两个层次。个体是指思政课教师,群体是指学生。思政课教师占据主动地位,是支配者;学生是被动的,是服从者。如今,信息技术的发展改变了这种传统的师生关系:一方面,以传统道德关系维系着的思政课教师权威已经悄然发生改变,"以师为中心"变为"以生为中心",学生成为

---

① 习近平.加快推动媒体融合发展 构建全媒体传播格局[J].求是,2019(6).

第四章 新媒体时代高校思想政治理论课教师的角色定位及素养培育

课堂活动的主体,教师的课堂权威被分散和削弱;另一方面,因互联网的开放性和外延性,思政课教师和学生聚合成多个线上线下群落,消除了师生"空间"上存在的隔膜,师生间的沟通、交流与合作更为高效、便捷。上述改变,是新媒体时代思政课教师面临的新情况。为思政课教师推动思政课改革创新带来新的契机,也为统筹并优化思政课堂构成要素的有机互动关系提供了机遇。比如,教学环境的变化丰富了教学方式,增加了思政课"颜值";教学内容的扩容拓展了课程视野,延长了课堂时间;课堂主体间关系的改变则激发了教师的学习热情,提高了学生参与课堂的积极性。

(二)信息技术变革对高校思政课教师带来的新挑战

习近平指出:"随着信息化不断发展,知识获取方式和传授方式、教和学关系都发生了革命性变化。这也对教师队伍能力和水平提出了新的更高的要求。"①因而,信息技术的变革也为高校思政课教师带来了新挑战。一些思政课教师没有把握好这一契机,推动高校思政课教学改革与创新,导致思政课堂生态失衡。首先,在理念方面,缺乏对新媒体时代敬畏的价值理性。有些老师还未真正意识到原有课堂生态系统在信息技术推动下已发生革命性变化,也有些老师虽然看到了互联网融入思政课堂生态系统的趋势和优势,但仍然不适应信息技术革命对当前课堂生态系统的"入侵",往往出现了如下问题:"画地而趋",并未充分认识到新媒体时代思政课教学内容和形式的改变,缺乏容纳和拥抱互联网的意识和主动性,不懂、反感甚至反感网络化教学形式和语言;"浅尝辄止",并未充分利用其进行信息资源的传递、在线答疑和共享等;"盲人摸象",并未充分领会新兴媒体"人人都有麦克风"的实质,在网络热点事件频发的情况下,没有承担起网络舆论引导的职责。其次,在内容方面,庞大知识信息数据给教学内容带来了挑战。新媒体时代,

---

① 习近平.在北京大学师生座谈会上的讲话[N].人民日报,2018-05-03(02).

庞大数据一键获取。学生不仅可以即时获取全新的资讯，而且可以即时查阅教师所讲的知识和案例，"摸透"教师的教学能力和水平，诱发师生"矛盾"。不仅如此，网络空间还"充斥着虚假、诈骗、攻击、谩骂、恐怖、色情、暴力"，"鼓吹推翻国家政权，煽动宗教极端主义，宣扬民族分裂思想，教唆暴力恐怖活动，等等"①错误信息；一些学生关注的"国外MOOC课程中的人文类课程"也充斥着"西方价值观"②，这些承载各类思潮的知识信息泥沙俱下，冲击着思政课教学内容。也由此导致一些思政课老师视互联网为"洪水猛兽"。最后，对于学生而言，互联网已经融入了大学生的日常生活。一些学生甚至是过于依赖微信、微博、QQ等社交平台，并"相当沉迷"；加之B站、抖音、直播等的火爆，更是带来时间和信息的碎片化，导致学生渐渐地对国家和社会的发展的关心、自己内心灵魂成长的关怀转移到那些肤浅和琐碎中。不仅课堂内外的"低头族""手机控"越来越多，而且有的学生毫不掩饰地给自己贴上了"自我放弃"的标签，出现"丧文化""佛系""躺平""当咸鱼"现象。

综上，以新媒体为代表的移动互联网技术在对思政课堂产生重大影响中，既可以化身为教学环境，也可以化身为教学内容，还可以化身为教学形式，使得新媒体时代的思政课堂成为一个新的生态系统。当思政课教师、学生、课堂环境、教学内容等要素在互动中协调并进时，思政课堂就能适应信息技术带来的"革命性变化"，实现高质量发展；反之，就会导致思政课堂生态系统失衡，不利于思政课创新发展。思政课教师要通过统筹协调它们之间的有机互动关系，让思政课堂在"革命性变化"的背景下焕发新的生机和活力。

---

① 习近平.在网络安全和信息化工作座谈会上的讲话[M].北京：人民出版社，2016：8.
② 艾四林主编.MOOC与高校思想政治理论课教育教学创新[M].北京：北京大学出版社，2014：15.

第四章 新媒体时代高校思想政治理论课教师的角色定位及素养培育

三、新媒体时代高校思政课教师课堂生态意识培育的对策

高校思政课教师要高度重视新媒体时代变化的特征,充分认识互联网技术的变革对自身、课堂环境、教学内容特别是学生的求知途径、思维方式、价值观念产生的重要影响,重新审视教学理念,有意识地加强自我生态意识的培育,更好地担负起学生健康成长的指导者和引路人的职责。具体来说,可以从以下四个方面入手。

(一)树立整体意识

把思政课堂看成一个生态系统,首先就要注重系统的整体性。整体性是思政课堂生态系统的本质与核心。树立整体意识,就是要把思政课堂放在新媒体时代大环境下。在新媒体时代的大环境下,改变"就课堂论课堂"的旧有观念,对思政课进行全面思考,统筹谋划。首先,在教学理念上,顺应新媒体时代趋势,把信息技术融入思政课堂的全过程。新媒体时代的思政课堂已不仅仅是教师上课的地点、学生学习的场所,它还是教师落实立德树人根本任务的主阵地、主渠道。思政课教师要时刻关注网络舆情,关注网络影响下学生的思想动向。既要在课堂上"把课上好",也要在课堂上引导网络舆论方向,弘扬正能量。其次,在教学方法和手段上,思政课教师要率先提升网络专业素养,提升信息获取、处理和传递能力,既要主动熟悉并运用思政慕课、思政 App、思政小程序、翻转课堂等创新形式,也要主动熟悉并运用音频视频剪辑技术、图片编辑技术、大数据思维等教学新手段。最后,在教学内容上,要增强互联网思维。思政课教师既要加强互联网技术知识的学习,也要加强网络上相关"流行"知识的学习。从教学目标和要求的设计到教学内容的灌输和渗透,真正做到互联网思维"一以贯之"。

251

(二)树立共生意识

新媒体时代思政课堂生态意识的培育不是自发的,而是需要协调好系统各要素的关系。首先,构建新型"师生"关系。思政课堂的健康发展需要党和国家、学校、社会、家庭、思政课教师和学生等主体形成合力。其中,最重要的"共生"关系就是思政课教师与学生主体之间的关系,而新媒体时代的这一关系被赋予了"无限"可能。思政课教师要通过自身的执网能力的提高来优化其与学生的协同关系。比如,时间空间距离的无限"缩短",使得思政课教师可以充分利用线上群落实现思政课教学资源与学生的"面对面"共享,学生也可以利用线上群落与教师之间实现学术交流、文献互助与资源共享,让教师和学生之间的"嫁接"和"融合"畅通无阻。其次,构建新型"教学相长"的关系。思政课教师要由传统的"单面手"转变为新媒体时代的"多面手"。课堂教学不能单纯从理论到理论,从书本到书本,而要"走网上学生路线",及时将教学内容与学生关注的网络热点难点问题相印证,真正做到教师的教学理念、方法,与知识获取方式变化了的实际、学生思想和行为变化了的实际相统一。要及时通过线上群落反馈,及时发现自身不足,督促自己进一步学习,从而实现课堂生态系统的最优化排列,将"教学相长"由观念变成现实。

(三)树立开放意识

系统的开放性为系统的优化提供了保证。我们的思政课堂教学,不是要一家唱独角戏,而是要欢迎各方共同参与。思政课教师要摒弃过去那种把思政课堂教学看作封闭实体的机械论观点。新媒体时代的思政课堂已是网络化课堂,思政课教师要主动增强思政课堂的开放意识,不仅要推进各种信息、知识、资源在课堂内外交互,保持系统的新陈代谢,而且要实现外部输入的物质、能量和信息的创造性转换,使之"为我所用"。首先,要有"大思政"格局。思政课堂作用的发挥,离不开日常思想政治教育的协同。相对思

第四章　新媒体时代高校思想政治理论课教师的角色定位及素养培育

政课堂,日常思想政治教育工作与学生接触更为密切,对新媒体时代的学生思想政治动向和现实困惑、学生的思想需求等更为了解,这就需要思政课教师与从事思想政治教育工作的教师建立更为广泛的联系,"共同研究和破解学生思想政治教育的重大前沿问题"①。其次,要有国际视野。新媒体时代,思政课教师要注重国内与国际的纵横比较。在比较中展示中国特色社会主义道路、理论、制度和文化的优越性,以及对现代化新道路、人类文明新形态的创造所做的重要贡献。在这个过程中,可以采用丰富多样的实践教学环节,通过让学生自己参与制作 PPT、拍摄小视频、访谈、问卷调研、"线上线下"参观考察等形式,亲身"体验"社会主义制度的优势,从而增强对中国特色社会主义的充分自信。

(四)树立包容意识

开放意味着包容,包容是尊重与宽容,意味着有容乃大、宽宏大度的理念,但包容并不代表一味地妥协与忍让,也并不意味着是非不分,全盘接受。在当前移动互联网技术日新月异、使用愈来愈广泛的形势下,愈来愈要求思政课教师强化包容意识。首先,化被动为主动,积极主动融入"互联网+"课堂,在教学内容和形式上强化思政课堂的吸引力和凝聚力。如在教材话语体系向教学话语体系的转化中,要抓住当代关注的热点话题,用当代青年熟悉的网络语言,把那些思想性、理论性强的内容讲浅。这过程中,思政课教师可以"问计于生",尊重与宽容学生的各种"兴奋点"。如在案例的选择上,可以以图片、视频、微电影等形式,鲜活的记录与学生朋友式的辅导与互动过程,记录发生在学生身边的正能量故事,身边的"思政"元素更能够"润物无声"。其次,既要主动地拥抱那些网络空间带来的中国"好声音"、世界"好声音",也要"拥抱"网络空间出现的各种"噪音""杂音"。"噪音""杂音"不

---

① 杨晓慧.以"大思政"理念创新思政育人格局[J].思想教育研究,2020(09).

可怕,可怕的是我们"无所作为"甚至"推波助澜"。思政课教师既要立场坚定、旗帜鲜明地对它们加以批判,也要对它们进行创造性转换,转换成为思政课堂教学批判的素材案例,实现对"入侵"物种的"另类"包容。

任何系统的构建都要达到预定的目标。健康有序的思政课堂生态,是构建思政课堂生态系统要达到预定的目标。这不仅包括每节课所设定的知识、能力和情感等教学目标;而且包括所有思政课堂都要明确的"立德树人"的教学目标,两个目标相辅相成共同融入思政课堂教学中。因此,思政课教师牢固树立思政课堂生态意识归根到底还是要落实到行动中,这就是增强思政课堂教学的亲和力,打造思政课堂教学"金课"。

第四节　高校思政课教师的执网能力培育

新媒体时代,以微信、微博和 App 为代表的媒介对大学生的求知途径、思维方式、价值观念产生了重要影响。培育高校思政课教师的执网能力,既是信息化时代发展的必然要求,也是高校教师提高自身能力水平、增强思政课教学针对性和亲和力的应有的使命担当。加大对学生的认知规律和接受特点的研究,是推动思政课改革创新的重要途径。高校思政课教师要坚持从学生"认知规律和接受特点"变化了的实际出发,重新审视教学理念,着力打造"配方"独特、"工艺"精湛、"包装"新颖的思想政治理论课。

一、新媒体时代高校思政课教师执网能力的内涵

习近平在全国高校思想政治工作会议上指出:"要运用新媒体新技术使

第四章 新媒体时代高校思想政治理论课教师的角色定位及素养培育

工作活起来,推动思想政治工作传统优势同信息技术高度融合,增强时代感和吸引力。"①新媒体时代,高校思政课教师的执网能力,就是教师运用新媒体新技术,增强自身掌控、引导和运用互联网"讲好思政课"的能力。

执网能力是信息高度发达的互联网时代的产物。新媒体时代来临,作为新媒体坚定使用者的大学生,也是其海量信息的接收者、发布者。高校教师要高度重视这一时代变化的特征,充分认识互联网技术的变革对青少年的求知途径、思维方式、价值观念产生的重要影响,重新审视教学理念,采取应对策略。不仅要适应这些新的变化,而且还要在"虚拟空间"发挥"人类灵魂工程师"的作用,通过引导网络舆论,更好地担负起学生健康成长的指导者和引路人的职责。我们就把经由这一互联网技术革命引起的一系列新情况、新形势对教师这一特殊群体提出的"能力和水平",概括为教师的"执网能力"。因此,教师的执网能力不是一个单独的、孤立的概念,它与顺应信息化发展趋势、引导网络舆论等一些新的现象、新的事物有着十分紧密的联系,具有鲜明的时代特征。这在一定程度上,与融入互联网技术的新媒体运用之间存在着普遍联系,指出了教师执网能力的核心,即教师不仅要"知网""触网",而且要正确引导网络舆论。有鉴于此,新媒体时代高校思政课教师的"执网能力"就是思政课教师在教学活动中,掌控、引导和运用以新媒体为代表的互联网"讲好思政课"的能力。通过提高思政课教师的"执网能力",应对新媒体时代知识获取方式和传授方式、教和学关系的革命性变化,实现传统的课堂教育教学模式与现代的信息技术高度融合的新模式。具体表现在:

一是了解学生的思想行为、引导网络舆论。当代大学生作为青年群体中的重要组成部分,在新的时代条件下表现出新的特征。正如习近平指出

---

① 习近平谈治国理政(第二卷)[M].北京:外文出版社,2017:378.

的那样,"他们朝气蓬勃、好学上进、视野宽广、开放自信,是可爱、可信、可为的一代"①。如今,"00后"已成为大学校园的主体。他们成长于中国互联网发展的大背景下,思维活跃、视野宽广,敢于尝试新鲜事物,能够熟练使用网络工具,受新媒体影响也最大。但"同时,青年人阅历不广,容易从自身角度、从理想状态的角度来认识和理解世界,难免给他们带来局限性"②。尽管近年来,国家相继出台了网络安全治理的相关法律法规,依法对虚假信息发布者、部分网络大V、"精日分子"、语言暴力制造者等进行了处罚,但是新媒体所承载的复杂多变的舆论信息和社会思潮,在一定程度上仍对高校大学生的主流价值观认同带来了挑战。思政课教师可以利用新媒体及时了解学生的心理动态,把握他们的思想行为,及时引导网络舆论,为高校大学生的健康成长保驾护航。

二是使教学工作活起来,增强思政课的亲和力、针对性。相对于传统互联网平台,新媒体简化了信息发布的操作过程,用户可以随时随地记录生活、发现社会新鲜事的生活方式。方便快捷的信息发布和朋友圈信息传播、阅读,加上手机等移动媒介的大规模运用,信息的扩散更为迅速,内容的获取更为便捷。这就为高校思政课教师提供了全新的教学形式和丰富的教学资源。高校思政课教师既可以利用那些系统完备的网络思政资源阵地,也可以通过微信、微博、今日头条等媒体矩阵创建自己的网络思政资源阵地,伴以精湛的"工艺"、"包装"好教学内容。如"北京高校思想政治理论课高精尖创新中心"、"思政学者"高校思想政治理论课教学活页、"别笑我是思修课"等微信公众号,以及"学习强国""壹学者""学习通""学习中国"等App,就为帮助思政课教师交流教学心得、研讨教学技能、提升教学能力提供了非

---

① 习近平首次点评"95后"大学生[N].人民日报,2017-01-03(01).
② 习近平.在纪念五四运动100周年大会上的讲话[M].北京:人民出版社,2019:13.

第四章　新媒体时代高校思想政治理论课教师的角色定位及素养培育

常好的平台。运用好这样的"资源",再"配搭"教师高端、生动、接地气的点评,思政课将更具亲和力,更为"扎心"。

二、新媒体时代培育高校思政课教师执网能力的重要意义

习近平在全国宣传思想工作会议上指出,我们必须正视很多人,特别是年轻人大部分信息都从网络获取的事实,"尽快掌握这个舆论战场上的主动权,不能被边缘化了,要解决好'本领恐慌'问题"[①]。因此,在当前"人人都有麦克风"的新媒体环境下,培育高校思政课教师执网能力意义重大。

（一）做好高校思想政治工作的题中应有之义

习近平在全国高校思想政治工作会议上指出,"高校思想政治工作关系高校培养什么样的人、如何培养人以及为谁培养人这个根本问题",要"把思想政治工作贯穿教育教学全过程"[②]。当前,在新媒体日益融入大学生日常生活的背景下,一方面,一些大学生过于沉迷以微信、微博等为代表的社交平台;另一方面,随着网络技术的发展,一些新的引导难题又竞相涌现,比如B站的出现、抖音短视频的火爆。不仅消解了思想政治教育者的权威性,而且各种信息鱼龙混杂,泥沙俱下,导致历史虚无主义、享乐主义、消费主义、利己主义在大学生中蔓延。这就需要高校思想政治工作主体"因事而化、因时而进、因势而新。"[③]通过网上网下联动,打造高校立德树人的同心圆。然而,现实是一些高校主动引导舆论的意识不强,缺乏"亮剑"精神。以大学生

[①]　中共中央文献研究室,编.习近平关于全面深化改革论述摘编[M].北京:中央文献出版社,2014:83.
[②]　习近平谈治国理政(第二卷)[M].北京:外文出版社,2017:376.
[③]③　习近平谈治国理政(第二卷)[M].北京:外文出版社,2017:378.

常用的若干客户端为例,截至2020年4月1日,在"今日头条"中输入"大学"搜索,点击用户,一共只有47个官方头条号;在"抖音短视频"中输入"大学"搜索,点击用户,也只有63个官抖。不仅如此,其中的一些内容、栏目等缺乏创新,脱离受众,语言风格僵化,导致影响力沟壑出现,发展两极分化,成长力不足。这些现象表明,高校"新媒体"影响力不足,导致高校网络舆论场存有极大的隐患。如果不占领高校青年的思想阵地,那么这一阵地必然会被非马克思主义甚至是反马克思主义思潮占领。习近平指出,做好高校思想政治工作,就"要用好课堂教学这个主渠道"③。作为高校思想政治工作的重要角色,"思政课作用不可替代,思政课教师队伍责任重大"④。高校思政课教师理应"乘风而起",主动填补高校网上舆论引导力不强的空白,占领舆论阵地。

(二)增强思政课教学实效性的必然要求

高校思政课教师通过以新媒体为代表的网络媒介可以增强思政课教学的实效性。一方面,可以更为便捷地了解学生的思想行为特点、倾听他们的呼声,增强思政课教学的针对性。作为一个即时开放的互动平台,不论是传播者还是接收者,人人都可以通过新媒体自由地获取信息。接收者可以接收到自己感兴趣的信息,传播者也可以根据接收者的选择频率推送读者爱好的信息。不仅如此,新媒体具有的评论、点赞、转发、阅读、互动等功能,还有利于促进大学生结合专业特色思考和讨论社会现实问题。庞大数据,一键获取。高校思政课教师可以利用微信调查问卷、大数据等,对学生的思想动态、学习状况、关注热点等方面进行数据采集,发现当前学生的思想行为特点,有针对性地展开教学。例如,针对走进大学校园的"00后",我们可以从中了解他们在兴趣爱好方面的"新花样":一些"00后"喜欢剧段子、看搞

---

④ 习近平.思政课是落实立德树人根本任务的关键课程[J].求是,2020(17).

第四章　新媒体时代高校思想政治理论课教师的角色定位及素养培育

笑视频、明星、游戏、交友、自拍、动漫、数码、幽默、综艺、星座和读书,成为"00后""网生代"的十大兴趣爱好。① 如此这般"不走寻常路",需要思政课教师在"触网""知网"中去发现。网络时代,是终身学习的时代。思政课教师要"无所不知",才可"无所不能"。也只有"接地气"、有针对性的思政课,才能让学生自发"打卡"。另一方面,可以更为便捷地将现实的鲜活素材与思想性、理论性的内容结合起来,增强思政课教学的亲和力。习近平强调,"不断增强思政课的思想性、理论性和亲和力、针对性",首先就"要坚持政治性和学理性相统一,以透彻的学理分析回应学生,以彻底的思想理论说服学生,用真理的强大力量引导学生"②。真理的力量集中体现为党的正确理论。正确的理论是马克思主义基本原理与中国具体实际相结合、把握时代课题,在实践中不断接受检验、完善的成果。因此,要更好地增强理论的传播力和说服力,就要用鲜活的案例、真实的事例诠释理论的来龙去脉,以学生喜闻乐见的形式展示理论的体系结构,让理论知识、国家大政方针在大学生中入脑、入心。

(三)解决教师"本领恐慌"的迫切需要

新媒体时代,高校思政课教师不管是引导网络舆论、做好思想政治工作,还是上好每一堂都受学生欢迎的思政课,都需要迎合学生拥抱互联网的事实,善于运用新媒体新技术与课程高度融合,以学生喜闻乐见的形式推动思政课改革创新。然而,新媒体时代下的一些思政课教师却存在诸如以下不与"网"俱进的"尴尬"问题:一方面,一些教师仍未"触网"甚至是不"知网"。在传统的教学模式中,高校思政课教师提供了一个完整的"服务"流程,学生"坐等"教师"一对多"的"投喂"即可。这种等着"投喂"的模式正被

---

① 00后画像报告[EB/OL].中青在线,http://news.cyol.com/yuanchuang/2018-05/04/content_17156089.htm,2018-05-04.
② 习近平.思政课是落实立德树人根本任务的关键课程[J].求是,2020(17).

汹涌而来的"信息化红外线切割着、穿透着"①。如今,大学生已不是学习生活在"象牙塔"里、与社会接触不多的"宅系"青年,即时的网络热点事件都可以在他们中间扩散,甚至还会引发高校网络舆情。如在中国人民齐心协力抗击疫情防控期间,一些阴谋论、谣言就在网络媒体特别是新媒体上趁势作乱。思政课教师只有及时关注并作深入解读,才能为学生解惑释疑,引导好网络舆论;思政课教师也只有"知网""触网",才能更好地掌握学生的日常生活话语。另一方面,一些思政课教师虽然"知网""触网",但缺乏"执网"能力。"知网""触网"不是目的,具备"执网"能力,使教学工作活起来、落实好新时代立德树人的根本任务,才是目的。在实际教学过程中,就有一些思政课教师知晓新媒体的发展,并经常接触新媒体,能够运用新媒体和学生交流,但相对新媒体发展趋势仍显不足:一是"浅尝辄止",只是满足于运用网络媒介和部分学生交流,比如布置、收缴作业等,并未充分利用其进行信息资源的传递、在线答疑和共享等;二是"盲人摸象",认为交流沟通、资源分享就是新媒体的全部,并未充分领会新媒体"人人都有麦克风"的实质,在网络热点事件频发的情况下,没有承担起网络舆论引导的职责;三是"舍本逐末",只注重新媒体的形式运用,没有兼顾内容是否能被学生认同或接受。思政课教师需要使用网络工具,但工具只是手段,手段是为任务服务的,教学中更要注重内容,使内容和形式相辅相成。

三、新媒体时代培育高校思政课教师执网能力的多重路径

正如习近平在学校思想政治理论课教师座谈会上所强调的,"培养什么

---

① 周晔.让"互联网+"推动高校思想政治理论课同频共振[J].北京教育(高教),2018(9).

第四章　新媒体时代高校思想政治理论课教师的角色定位及素养培育

人、怎样培养人、为谁培养人",是"办好思想政治理论课"的永恒主题和"根本问题"[①],新媒体时代培育高校思政课教师执网能力的关键,就是要提高运用以新媒体为代表的网络媒介"落实立德树人根本任务"的能力,在增强互联网思维、网络运用能力、"接地气"能力方面下功夫。

(一)要强化互联网思维

在新媒体时代,高校思政课教师的能力水平,首先就体现在是否具备"互联网"思维上。不管是了解学生的思想行为、引导网络舆论,还是使教学工作活起来、增强课程亲和力,都需要思政课教师具备互联网思维。正如习近平视察解放军报社时强调的那样,"要顺应互联网发展大势,……强化互联网思维和一体化发展理念"[②]。这就要求,高校思政课教师在具体教学工作中:一方面,开通或开发新媒体平台。建立微信群或QQ群,还可以开设教师个人微博、微信、今日头条和抖音短视频等账号,不仅仅要分享授课的相关内容资料,还要分享正能量文章,尽可能地发表原创文章、微视频。比如积极发布课前预习资料、备课教案或PPT、社会实践研修短视频。有条件的还可以开发并推广思政课教学客户端,让思政课教师都参与App内容的制作、学生都参与到相关议题的探究中。另一方面,收集新媒体舆情信息。新媒体视域下,网络舆情信息的收集要集中于大学生群体常聚集的新媒体"空间"。舆情信息收集主要是指案例的收集、观点的收集和热词频的统计。通过与学生"线上"热络互动、"线下"深入交流,观察学生关注何种网络热点事件、受何种网络热点事件影响。在此基础上,思政课教师对网络舆论作出分析和综合研判。对于那些学生关注并受之影响的网络热点事件,思政课教师要加以阐释和引导,从而化被动为主动。通过增强理论对现实问题的阐

---

① 习近平.思政课是落实立德树人根本任务的关键课程[J].求是,2020(17).
② 习近平.坚持军魂姓党坚持强军为本坚持创新为要　为实现中国梦强军梦提供思想舆论支持[N].人民日报,2015-12-27.

释力,提高思政课程的吸引力,实现教书和育人的统一。

(二)要提升网络专业素养

高校思政课教师需学会灵活运用新媒体平台,提升信息获取、处理和传递能力。学如逆水行舟,不进则退。思政课教师要具备高水平的网络专业素养,要能集图片、视频、文字编辑和大数据分析等多种能力为一身,善于在变幻的时代激流中抓住现象的本质和重点。要能够读懂学生网民的心理特点和学习、阅读习惯,创造性地运用具有感染力的宣介形式和内容。比如,每周定期从《新闻联播》《焦点访谈》《今日说法》《新闻1+1》《共同关注》等节目里,把那些对大学生最有价值的内容进行时尚而流行的编辑;还如,引导大学生开发思政慕课、App,编辑思政新媒体平台,把内容精编改制成便于移动互联传播的内容,带领大学生在媒体平台交流、研讨、答疑,实现交互式的全员参与和协作;再如,学习微视频的拍摄手法,让课本上的理论走进大自然、走进科学、走进企业、走进新农村、走进绿色军营、走进庭审现场、走进孝老爱亲家庭、走进政府。[①] 此外,思政课教师要能够具备大数据思维能力。不同于传统的舆情调查方法如纸质问卷调查、电话调查、入户调查、街头随访、报纸资料阅读等,大数据采样和基于大数据分析具有强大优势:可以获取更多的数据,并让数据自己"发声",发现各种真实存在的相关关系。利用大数据,思政课教师能够了解高校学生的真实情况,包括主体行为、发展特点、触网现状、思想状况等一切数据,应有尽有,这对于提高思政课教师教学的针对性和亲和力,提供了无限可能。

(三)要提高网络政治素养

"亲其师,才能信其道"。新媒体时代,"思政课教师,要给学生心灵埋下真善美的种子",就得用正能量的网络用语,"用高尚的人格感染学生、赢得

---

① 张树辉.思政课改革须适应移动互联新常态[N].光明日报,2015-01-28.

学生,用真理的力量感召学生,以深厚的理论功底赢得学生"。① 一方面,思政课教师要坚持正确的育人导向。即思政课教师"政治要强""情怀要深""思维要新""视野要广""自律要严""人格要正"②。高校思政课教师,不仅平时要加强马克思主义经典著作、马克思主义中国化最新理论成果的学习,而且要加强自身的师德师风教育。"打铁还需自身硬"。思政课教师首先要明道,具备较高的思想政治素养和道德水平,才能承担起让学生"信其道"的"神圣使命"。另一方面,要敢于担当网络舆论引导的责任。为大学生营造思想健康的舆论空间,是新媒体时代高校教师的重要责任。思政课教师不仅要鼓励青年大学生通过新媒体获得知识、积累知识,而且要充分利用新媒体加强网上正面宣传。能够时刻关注网上舆论,向大学生讲清楚创造清朗网络生态的重要性。旗帜鲜明、立场坚定地批判那些利用网络鼓吹推翻国家政权、宣扬民族分裂思想。强化网络社会思潮的引领,帮助大学生划清是非界限、澄清模糊认识。培养学生"意见领袖",使他们在大学生群体中传播主流声音,传递正能量。

(四)要"网装"好教学内容

网络运用不能表面热闹,有名无实。利用新媒体强化思政课的吸引力和凝聚力,更重要的是创新课堂教学内容,给学生以透彻的学理分析。一方面,内容要"高大上"。教学中,问题、话题、议题等要始终围绕坚持党的领导、"实现'两个一百年'奋斗目标"、"实现中华民族伟大复兴的中国梦"。比如,邀请高校大咖、思政名师、"红色大V"等录制以使学生具有中国特色社会主义共同理想、国际视野为重点的微视频;征集、推介、链接一些以促进学生创新能力培养的典型案例;设置一些理论界、网络上质疑较多的话题,在因势利导中强化社会主义核心价值观对学生的覆盖面和影响力。另一方

---

①② 习近平.思政课是落实立德树人根本任务的关键课程[J].求是,2020(17).

面,内容要"接地气"。用当代95后、00后学生熟悉的网络语言、风趣话语,"丰富思想政治教育的穿透力和亲和力"①。倡导"实""短""新",反对"假""大""空"。把那些深奥的道理讲浅,使内容一看就知、一听就懂,真正做到"贴近实际、贴近生活、贴近学生"。具体而言,思政教学案例和资源要尽可能做到"图文并茂、绘声绘色"。以图片、视频、微电影等形式,鲜活地记录发生在学生身边的正能量故事;在讨论、推介和文字的配置上,所使用的语言,要最大限度地生动活泼,熟悉网络段子,使用学生常用的表情包、主题漫画。把对学生的"显性"课程与学生的日常生活相融合,真正实现朋友式的辅导与互动。

"青年是国家的未来,也是世界的未来。"②习近平总书记对青年人成长成才寄予了厚望。高校思政课教师要顺应信息化不断发展的趋势,"真正成为运用现代传媒新手段新方法的行家里手"③,为新媒体时代的青年大学生创造精彩人生,增光添彩。

第五节 高校思政课教师的教学话语能力提升

习近平总书记在学校思政课教师座谈会上的讲话中强调,"不断增强思政课的思想性、理论性和亲和力、针对性。"④但是现今的高校思想政治理论课在一定程度上还存在以教师单方面输出为主和强调知识的单一教学目标

---

① 冯刚.互联网思维与思想政治教育创新发展[J].学校党建与思想教育,2018(2).
② 习近平.在纪念五四运动100周年大会上的讲话[M].北京:人民出版社,2019:18.
③ 中共中央文献研究室编.习近平关于全面深化改革论述摘编[M].北京:中央文献出版社,2014:83.
④ 习近平.思政课是落实立德树人根本任务的关键课程[J].求是,2020(17).

第四章　新媒体时代高校思想政治理论课教师的角色定位及素养培育

指向的教育方式,这与增强思想政治理论课亲和力的思想观念相违背。要增强高校思政课的亲和力,提高课程的实效性,首先就要改变思想政治理论课教师主体在学生心目中严肃刻板的印象,通过建构有亲和力的教学话语让学生对思想政治理论课产生认同感和悦纳感。

一、高校思想政治理论课亲和力和教学话语的基本理论

高校思想政治理论课亲和力是一个具有丰富内涵的理论问题。师生交流以教学话语为媒介,教师通过精心组织教学话语将较为抽象的文本知识生动形象地传授给学生,对提高高校思想政治理论课亲和力有着重要作用。

(一)高校思想政治理论课亲和力的内涵

所谓"亲和力",本来是化学和生物学领域的概念,后来逐渐被引用到社会心理学和教育学领域。《现代汉语词典》将亲和力译为:两种或两种以上的物质结合成化合物时相互作用的力;喻指使人亲近、愿意接触的力量。[1]鉴于此,亲和力一般作为人际交往互动过程中的一种心理体验来理解。"思想政治理论课是落实立德树人根本任务的关键课程。"[2]对于有着智育和德育双重功能的高校思想政治理论课而言,其亲和力可以理解为,教师运用多样的方法,合理组织教学活动,从而使教学活动产生一种让学生主动趋近、自觉悦纳和认同的力量。既而,高校思想政治理论课的亲和力,首先体现为"亲"的态度,即在教学互动中,教师尊重、关爱、公平对待学生,学生也愿意与教师亲近,并自觉认同课堂的感染力和吸引力。其次,体现为"和"的氛围,即师生关系和谐,在教学过程中实现教师主导与学生主体的统一,学生

---

[1] 中国社会科学院语言研究所词典编辑室.现代汉语词典[M].北京:商务印书馆,2005:1104.
[2] 习近平.思政课是落实立德树人根本任务的关键课程[J].求是,2020(17).

新媒体时代的高校思想政治理论课教学改革与创新

也有一定的话语权,在课堂中参与感强烈。思政课亲和力在课堂上不仅具体表现为教师的非言语行为,比如表情、眼神和手势等,还在很大程度上是通过教学话语体现的。在学校里,有亲和力的教师更受学生欢迎,而具有亲和力的高校思想政治理论课,能够产生更强大的教育影响力,增强学生对教师所讲授的知识理论、思想观念以及行为方式的亲近感和悦纳度,进而充分发挥思政课智育和德育的双重功能。

(二)高校思想政治理论课教学话语界定

话语不仅是由概念、语法和词句等构成的语言符号,还能反映认知、情感和意志等思想观念。① 话语是对话双方之间交际的中介,是彼此理解的桥梁和纽带,具有一定的交互性。由此,一般意义上的话语具有传递信息和引导思维的基本功能。福柯曾提出:"话语产生于矛盾,话语正是为表现和克服矛盾才开始讲话的;话语正是当矛盾不断地通过它再生产出来,为了逃避矛盾才继续下去并无限地重复开始。"② 话语可以理解为在实践中以沟通对话的方式解决矛盾进行交往互动的语言文字载体。教育教学是通过话语来进行的。话语成了教师进行教学、与教学对象互动的主要工具,即教学话语。教学话语一般是教师在课堂上讲解知识、组织教学、进行交流评价、表达情感时所用的语言,包括讲授、设问、课堂管理、评价反馈等形式。关于思想政治理论课教学话语的内涵,有学者认为是以概念、判断和推理为基础的反映师生的感性、知性和理性的话语表达系统③。此观点虽然明确了教学话语由教师和学生的话语内容共同构成,但是没有体现出师生之间的话语交互性。还有学者认为,思政课教学话语是围绕教学目标,由教师主导并追求

---

① 徐稳.高校思想政治理论课教学话语体系的反思与转换[J].教育探索,2017(06).
② [法]米歇尔·福柯.知识考古学[M].谢强,马月,译.北京:生活·读书·新知三联书店,1998:194.
③ 徐稳.高校思想政治理论课教学话语体系的反思与转换[J].教育探索,2017(06).

第四章　新媒体时代高校思想政治理论课教师的角色定位及素养培育

获得话语权的,包含话语内容、方式和质量等要素的体系①。此观点忽略了学生的学习主体地位,也未理解师生之间的话语交互性。综合上述理论观点,高校思政课的教学话语并非教师的独白,而是师生之间的对话。教师在教学活动中应运用既能传递课程核心内容又为学生们所喜爱的话语形式,以达到使学生真正理解并认同课程内容、实现教学目标的目的。高校思想政治理论课不仅要通过运用教学话语解决一般课程中存在的学生"知"与"不知"的矛盾,还要解决德育过程大学生"信"与"不信"、"行"与"不行"的矛盾。由此,高校思政课的教学话语可以被认为是能够实现课程教学目标、传递教育内容,促进教育者和教育对象之间的互动交流,以完成自身的教育教学任务和实现课程功能而建构的语言表达体系。

(三)增强高校思想政治理论课亲和力的教学话语指向

高校思政课不仅要传授知识和培养学生的能力,还要实现价值引领作用,解决思想问题,与其他课程相比具有其特殊性。要想有效实现教学目标,就必须增强思想政治理论课的亲和力,使教育对象从内心自觉悦纳课堂内容。"办好思想政治理论课关键在教师。"②高校思政课的亲和力与教师主体紧密相关。教学要借助语言载体来表达和传递内容,那么教师的亲和力在很大程度上要通过教学语言的运用来体现。教师对教学目标和教材内容的领会理解、对教学方法的合理运用是上好课的前提,但能否运用生动有趣、深入浅出的话语进行教学,以抑扬顿挫的语音语调感染学生,是影响课堂亲和力和实效性的重要因素。在思想政治理论课教学过程中,富有亲和力的教学话语易使学生对教学内容和教师教学方法产生积极的情感导向。首先,准确通俗是增强高校思政课亲和力的教学话语的话语内容要求。如

---

① 郭凤志.高校思想政治理论课话语体系创新研究[J].思想理论教育导刊,2014(04).
② 习近平.思政课是落实立德树人根本任务的关键课程[J].求是,2020(17).

果教师能够在教学中运用通俗的比喻或生活化的语言,从学生身边和社会实际中提炼教学话语,使思政课堂讲授的内容接地气,那么学生在短时间内更能领会知识含义,课堂的亲和力就在学生积极接受和内化教学内容的过程中体现了。因此,用简单明了的教学话语将深刻的道理呈现出来,深入浅出,避免有意用晦涩难懂的话语来展现教师知识的广博,这才是增强思政课亲和力的准确通俗的教学话语。其次,注重师生互动是增强高校思政课亲和力的教学话语的话语方式要求。教学活动是教师和学生共同参与的,只有当教师在教学过程中通过对话沟通的方式有效及时地对学生的思想和情感困惑进行引导和回应,让学生体会到教师的真诚关切和课堂中强烈的参与感,学生才能从内心真正接受和认同教师传递的教育教学内容,自觉对思想政治理论课产生亲近感和悦纳感。再者,体现时代感是增强思政课亲和力的教学话语的话语语境要求。教师的话语魅力大多来源于话语的生动性、真实性和创新性,教师在课堂上要注意运用修辞手法,灵活运用成语、俗语或有时代感的网络流行语将文本知识和变化发展着的社会生活实际联系起来,创设具有时代特征的语境,拓宽学生视野,调动学生的学习兴趣。

综上所述,增强高校思想政治理论课亲和力的教学话语指向有三个方面:一是准确通俗,富有生活气息;二是注重师生互动,加强对话沟通;三是体现时代感,契合学生心理。教学话语必须围绕以上方面做出改进,唯此才能更加贴近学生的成长发展需要、增强高校思想政治理论课的亲和力。

二、增强高校思想政治理论课亲和力的教学话语现状

为探究高校思想政治理论课的教学话语的亲和力现状,2021年3月至4月,我们在高校开展了关于"增强高校思想政治理论课亲和力的教学话语现状"的调查,此次选择了大学生和高校教师这两个主体作为调查对象。此次

第四章　新媒体时代高校思想政治理论课教师的角色定位及素养培育

主要采用发放线上调查问卷的方法,一共收集有效问卷611份,调查内容为大学生对思政课的教学话语的总体看法,以及对高校思政课教师在知识、能力和情感等方面的态度。在对大学生进行线上问卷调查的基础上,还适当采用了访谈法和观察法,从一定程度上增强了调查结果的真实性。针对高校思政课教师,此次采用了访谈法,主要了解教师对自身及课堂教学话语亲和力的看法。

(一)取得的成绩

1.高校思政课教师逐渐提高了增强教学话语亲和力的意识

通过进行个别访谈,可以发现教师们更加重视增强自身及课堂教学话语的亲和力。一方面,思政课的亲和力对教学效果的影响力逐渐被关注。有教师在访谈中提到,学校偶尔会组织教师们学习党和国家领导人有关思政课的一系列论述,平时也从网络媒体上看过有关增强思政课亲和力的报道。部分教师提出,目前更多还是强调增强高校思想政治理论课的亲和力,但高校的思想政治理论课也同样存在亲和力不足的问题,尤其是比较重视对理论知识的掌握和记忆,不过在当前的教学中教师们会比以前更重视提升教学话语的亲和力。另一方面,教师提高了增强教学话语亲和力的意识。在访谈中,不少教师认为,提升教学话语的亲和力终究要靠平时的积累和观察,还分享了他们的亲身经历和教学经验。通过观察和了解,发现很多受学生喜欢的教师不仅课上得好,而且也很有个人魅力。只有教师在自身及教学方面都做出改进,才会更大程度地激发学生对思想政治理论课的兴趣。还有教师提到,增强教学话语的亲和力不仅有助于提高教学质量,还能提升自身能力,更好地适应学生发展。可见,高校思政课教师逐渐提高了增强教学话语亲和力的意识。

2.高校思政课教师的教学话语亲和力得到大部分学生的认可

调查结果(见图4-5-1)显示,37.44%的学生表示思政课的教学话语非常有亲和力,认为比较有亲和力的学生占比 30.33%,22.75% 的学生则表示亲和力一般,认为教学话语基本没有亲和力的比例为 9.48%。认为思政课的教学话语具有亲和力的人数占比更多,但是认可程度比较分散,反映出教学话语的亲和力有待提升,不过总体上教师的亲和力是得到认可的。在后续的访谈中部分学生指出,思政课教师的理论功底较为扎实,能够将知识讲清楚,以饱满的热情投入到教学中。课堂比较充实,其教学话语有一定的亲和力,但是希望教师们能够以更贴近生活、幽默且通俗易懂的语言讲授课程内容,以此调动学生们的学习兴趣。还有学生提到,思政课教师会鼓励学生大胆提出问题,积极参与学习过程,引导学生理解内容而非灌输式讲授,课堂氛围比较融洽。综上,虽然当前思政课的教学话语亲和力与学生的期待还有一定差距,但不可否认的是依然得到了大部分学生的认可,只是认可程度有所差异。

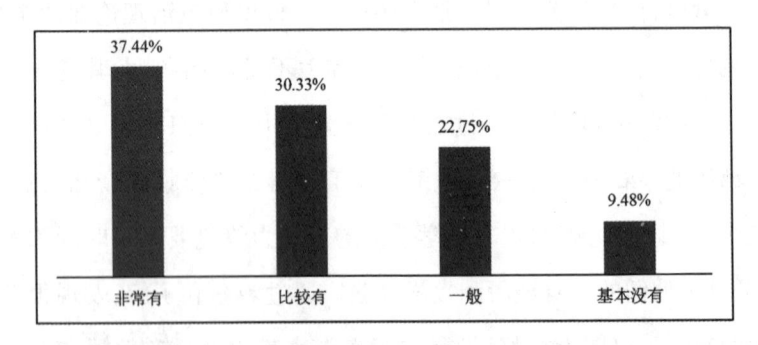

图 4-5-1 思政课教师教学话语亲和力现状

(二)存在的问题

1. 理论讲授生硬,难以产生共鸣

高校思想政治理论课教师既应具备经济、政治、文化、哲学等专业理论素养,也应具有一定的跨学科知识储备,以扎实的理论学识增强授课内容的说服力。此次对高校思政课教学话语的理论说服力进行了相关调查,结果

第四章 新媒体时代高校思想政治理论课教师的角色定位及素养培育

显示:首先,关于教师的理论素养问题,有60.19%的学生认为教师的理论素养很好,但33.65%的学生表示教师的理论素养一般;其次,关于教师对知识能否讲得透彻易懂的问题,有50.71%的学生表示能讲解透彻,有40.28%的学生表示讲得一般;最后,关于学生对教师讲授内容的认同问题,完全认同的学生占比为39.34%,比较认同的学生占比为41.23%,10.9%的学生并不认同,不清楚的学生占比8.53%。(见图4-5-2)综上,大部分学生对思政课教师的理论素养及课堂讲授持肯定态度,但仍有学生对教师所讲内容并未达到完全认可的程度,可见思政课教学话语的理论说服力并未充分彰显。部分教师的理论陈述偏表面,或是抛开教学对象的认知水平过度使用教材话语,难以引起学生的共鸣。不少教师的教学过程是把课堂教学变成了简单的"理论+案例"的模式。久而久之,教师可能因缺乏理论说服力逐渐降低教学自信和热情,由此使学生失去学习积极性。

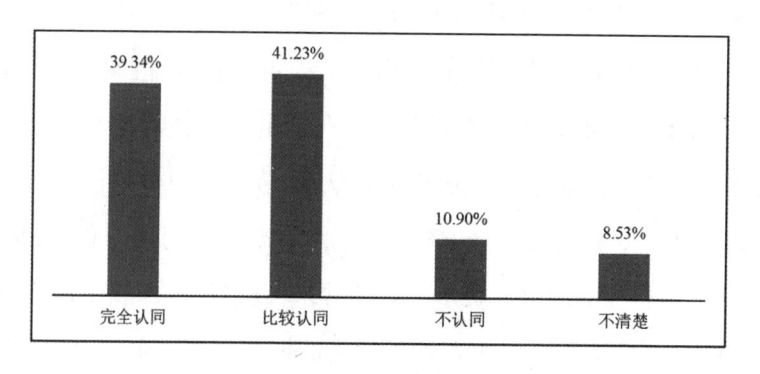

图4-5-2 思政课教师讲授内容认同情况

2.学生话语权较少,师生缺乏有效情感沟通

高校思想政治理论课不仅要传授知识,还要解决大学生的思想问题。如果只是教师"独白式"的教学,那学生无法合理表达学习需求和困惑,课堂也就因缺乏"对话"而降低了实效性。关于思政课上师生的话语沟通情况,调查结果显示:首先,关于教学过程大学生是否有参与感的问题,只有

37.91%的学生表示参与感很强,有35.07%的学生表示参与感一般,也有21.8%的学生认为基本没有参与感;再者,关于教师对学生的课堂反馈是否积极回应的问题,只有47.39%的学生表示积极回应,仍有45.97%的学生表示偶尔回应。综上,当前高校思政课大学生的参与感以及教师在教学中对学生的反馈和沟通都有待加强。此外,关于学生是否希望和思政课教师有更多的交流互动的问题,表示希望的学生占比为57.35%,不希望的学生占比为25.59%,17.06%的学生表示不清楚,说明学生和教师交流互动的意愿还受到某些因素制约。通过观察也不难发现,部分教师还存在传统的教师知识权威观念,不愿倾听学生内心的真正想法,不了解学生也就难以将知识讲到学生的心坎里。长此以往,教师在教学中占据话语主导权,学生们感受不到教学中师生平等交流的和谐氛围,那么对教师只能是敬而远之,思政课的亲和力也就无从谈起。

3. 教学话语表达方式对学生的吸引力不强

虽然认同思政课教学话语有吸引力的人占比较多,但调查结果(见图4-5-3)显示了学生对此的不同看法。有学生表示教师教学话语通俗易懂、注重互动和生动有趣等,但还有学生认为,教师的教学话语要么是内容空洞抽象、脱离实际,要么是严肃刻板、忽视交流,或是用词老套、枯燥乏味,还有同学提出教师的讲解太赘余。总体看来,高校思政课教学话语缺乏足够的亲和力,主要是话语表达方式与学生的期待不符,对学生的吸引力不强。问卷结果显示,多数学生希望高校思政课教学话语生活化、贴近自身实际、与时俱进和风趣幽默。(见图4-5-4)

第四章 新媒体时代高校思想政治理论课教师的角色定位及素养培育

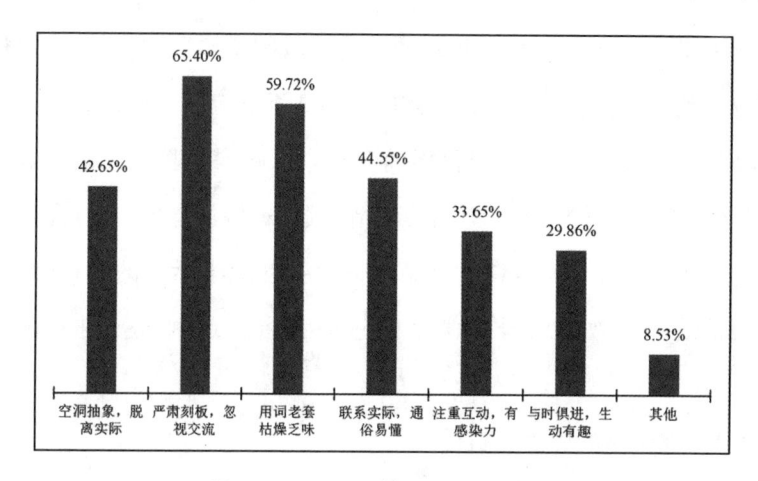

图4-5-3 思政课教师教学话语情况

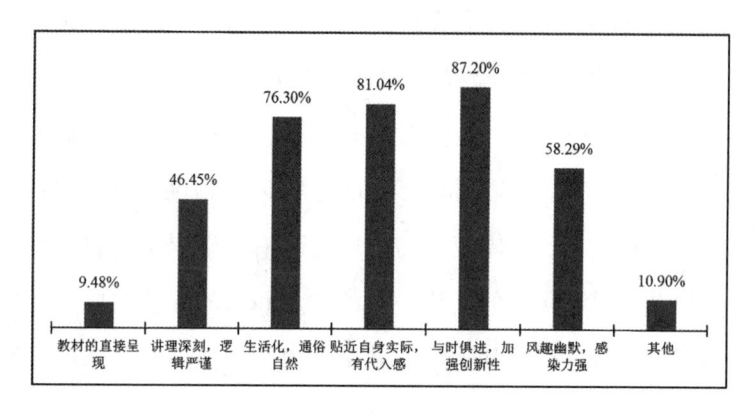

图4-5-4 学生希望的思政课教学话语

4.话语的情感、价值目标指向不够

思政课的课程性质和功能决定了教学话语的目标指向应同时关注"知识性"和"价值性"。① 高校思政课堂的教学不是简单的教材知识讲授,而是要通过课堂教学话语实现育人价值。我们在访谈中了解到,目前高校思政课堂多数还是强调学生对考试知识的掌握情况,尤其在高年级,课堂教学话

---

① 吴艳东.高校思想政治理论课教学话语面临的困境与对策[J].思想理论教育,2014(11).

<<<< 273

语的目标指向仍然较为关注知识逻辑。有些教师是按照一般知识本身的逻辑把它教给学生,学生在"理论+案例"的模式下学会了基础知识,但却没有实现课程的情感态度与价值观目标的升华。思政课的教学话语目标指向,不能仅仅强调知识逻辑,还要更加关注情感逻辑、生活逻辑。教师应当在设问、互动反馈和评价交流等课堂环节中同时关注教学话语的知识性和育人性,体现思政课和教师自身对学生的感染和启迪,以此逐渐提高课堂亲和力。

(三)存在问题的原因分析

1. 教师对教学话语亲和力的认识浅显

一方面,高校思政课教师大多认为所谓有亲和力就是平时面对学生和蔼可亲、语气温和、教学风格幽默,使学生喜欢教师并且愿意与之亲近,形成和谐的师生关系。另一方面,他们对增强亲和力的意义多数理解为有利于改善师生关系,改变学生对思政课教师的刻板印象,提高学生的课程学习兴趣和成绩。此类看法,虽然体现了高校思想政治理论课亲和力的部分内涵和特点,但却没有理解问题的实质。教师对亲和力的理解主要是在师生关系和谐的基础上实现对知识的掌握,并未意识到增强教学话语的亲和力对学生的成长发展的重要作用。

2. 教师对学生的了解不足,教学内容选择不合理

高校思政课教师更为关注学生的知识学习,而对学生的某些现实需要和期待了解不足,不知道学生对怎样的思政课感兴趣,也不知道学生存在哪些思想困惑需要及时疏导。在此基础上,教师透过教学话语传达给学生的教学内容自然而然就缺乏一定的吸引力,无法有效回应学生在思想上、心理上的关注点、兴趣点和困惑点,最终降低了思政课的亲和力,久而久之使学生对思政课产生消极应付的态度。如若教师不能合理选择和运用贴近社会生活实际,尤其是与学生相关的教学内容去吸引学生的兴趣,那么教学就会

稍显平淡。教学话语是教学内容的表达方式,教学内容决定着教学话语的吸引力程度。当教学内容和学生的认知水平相符,教学话语能够契合学生的思维,师生在教学过程中就会由认知共鸣引起情感共鸣,在很大程度上提升教学效果。

3. 教学过程缺乏主体互动

大学生思维活跃,他们在思政课的学习过程中容易在教学内容和生活实际间进行对比,并产生相关疑惑。比如有的学生提出,虽然现在提倡共享经济,节约资源,但是生活中还是会遇到共享单车乱停乱放的现象;虽然说要打造服务型政府,依法行政,但是生活中依然存在办事审批难或程序不正当的现象;虽然很早就提出共同富裕,但如今还是存在贫富差距拉大的问题……有些教师认为上完了课就完成了教学任务,但对于学生产生的疑惑并没有及时通过问答或讨论的方式作出积极回应和解答。在这样仅仅传达思想、理论的情况下,教师没有在有效设问的前提下引导学生与教师进行沟通对话,交流所思所想,即使教师将知识含义分析透彻,也难以让学生信服,学生记住的只是条条框框的文字,而缺乏深入的探究思考,这不仅影响了教师及课程的亲和力,也影响了思政课的价值发挥。

4. 教师的思维未与时代发展相契合

伴随着自媒体的持续发展,大学生接触微博、贴吧、抖音等的机会越来越多,他们获取信息的渠道也越来越广泛,话语表达也更加具有个性。但是部分思政课教师在目前教育环境受互联网影响越来越深远的情况下,因旧有思维难以改变和精力有限,还未实现与互联网时代的契合。一方面,部分教师在紧张的教学节奏下难以及时关注和了解时事热点,那么在授课过程中也就无法引用或创设极具时代感的情境,教学话语的语境难免落俗。另一方面,网络流行语的出现无疑给当代大学生带来了内心强烈的认同感,比如"逆行者""打工人""我也是醉了""加油,奥利给""佛系""躺平""内卷"

等。网络流行语与教学话语的不同语境和表达方式,可能使师生之间不易形成思想情感的共鸣,影响学生对教学的认同感和接受度。这就要求思政课的教学话语与时俱进,恰当地选择和创造新颖有趣、有时代感的语言,以彰显时代特征。

三、增强高校思想政治理论课亲和力的教学话语建构

当前高校思想政治理论课教学话语的感染力和说服力与大学生的期待还有一定的差距,优化教学话语体系,建构生活化、互动化、创新化的教学话语,提升教师主体的教学话语亲和力是增强思政课亲和力的有效措施。

(一)话语内容生活化,增强现实说服力

学生最感兴趣、最希望解决的问题是鲜活的实际问题。高校思政课教学应与当下的时事热点、社会民生和学生实际相结合,创设富有生活气息的学习环境,回应实践问题,以此激发大学生的学习热情。但从话语内容的角度来看,教材文本内容规范而系统,内容表达往往以结论性的文本为主,这就需要思政课教师对教学话语进行生活化处理,促进学生理解。因此,思想政治理论课的教学话语要深深植根于学生的生活实际之中,杜绝"假大空"话语的出现,充分挖掘易使学生接受和理解的生活化语言,语言通俗生动和接地气,这样才能增强教学的亲和力和现实说服力,使学生更好更快地接受知识、体验社会。

高校思政课教师要首先研究和了解学生,关注学生的生活环境和现实体验,从学生群体中获取最直接的丰富教学资源。如在讲《思想道德与法治》课中的"遵守社会公德"部分时,教师在学生们的讨论中发现学生对两个校区门口的马路一到上下学时,尤其是下雨天,就车辆拥堵、通行困难的现象很烦恼。于是教师以这个实例作为讲课素材之一,通过分析现象,引导同

第四章　新媒体时代高校思想政治理论课教师的角色定位及素养培育

学们认识到无规则的后果以及遵守社会公德的重要意义,课堂上同学们积极发言提出解决办法,讨论氛围很好。之后,教师提议将这一现象和学生们的建议反馈到学校,经过学校的倡议和号召,有效解决了问题。这位教师用实际行动证明了思政课的教学话语内容回归生活、联系实际才更有亲和力和说服力。另外,如果老师有与教学内容相关的生活经历或体验,那也是很有亮点的授课资源。比如,在讲到马克思主义基本原理课程中的"价值规律及其作用"部分时,老师就可让学生去讲述自己的购物经历,水果因气候变化导致产量增减影响了价格,或是同一件羽绒服在不同地区能够卖出不同价格等,通过交流帮助同学们分析归纳出影响商品价格的因素。再者,当前高校思政课的教学内容常常与中国特色社会主义、改革开放、市场经济、法治、大数据、中国梦等具体背景联系在一起,教师也应运用通俗生动的语言对其内涵和意义给予合理解释,让原本与学生心理距离遥远的概念变得亲切,使学生感受到思政课讲述的内容就在身边。

用生活化的教学话语讲述生活化的教学内容。只有教学话语实现严谨和通俗的统一,才能让学生感受到思政课与我们的生活联系密切,增强高校思政课的亲和力。

(二)以交流互动的话语方式,实现师生平等对话

高校思政课教师在教学活动中起着主导作用,但学生也具有学习的主体性,能够能动地选择和接受教师输出的教育影响。思政课的教学话语内容要想实现在师生中有效的传递和沟通,就要求话语主体通过"对话"的方式进行互动,即教学话语的核心就是师生之间建立在平等对话基础上的有效互动。

在教育过程中,教师善于与学生平等对话,耐心地与学生进行思想和情感上的互动交流,有助于潜移默化地改变学生对思政课教师的旧有印象,增强思政课堂的亲和力。倘若教师适当地鼓励学生表达(你说得很有意思,还

有其他想法吗),继续提问(为什么你认为……呢),避免直接进行绝对的对错判定,会让学生感受到发言的自信以及教师对此感兴趣并且有继续对话的意愿,拉近师生距离。当学生表达观点时,教师应当积极给予评价和反馈,不吝啬"非常好"这样的夸赞,也不因学生回答得不好而批评,可以通过"你能给我们讲讲你是怎样理解……"的方式进一步提问,或者与学生分享自己的想法和体验。当教师对学生的认知和行为表现进行积极的互动和反馈时,就成了课堂内容的参与者而不仅是讲授和组织者,让学生感受到自己的话语被重视且老师愿意去理解,以提升学习的自信心,从而有助于增强课程的亲和力。当然,除了引导和重视启发学生的思维,教师也要及时向学生表明自己的观点。如在讲授思想道德与法治课中的"我国社会主义法律的本质特征"部分时,学生对"良法"的概念提出质疑,认为每个人的认知和经历都不同,不能判定某种法律到底是不是良法。教师及时指出了学生的想法有误,强调法律要维护社会秩序,良法是反映最广大人民群众意志和利益以及社会发展规律的,必须符合公平正义要求,而并不是由个人利益得失来判定的。

在基于平等对话的互动过程中,师生实现了思维的碰撞,有利于增进师生了解。教师严谨独到的想法也会在一定程度上提升教学的吸引力,有助于学生对教师产生信任感和认同感,以更活跃的思维投入课堂。

(三)话语语境创新化,体现时代特质

在不断变化的时代背景下,增强高校思政课亲和力还为教师提出了拓宽教学视野、创新教学语境的要求。高校思政课教师必须立足时代,关注时代形势和发展现状,重视话语表达的创新和现代化。此外,教师应当与时俱进地创新教学话语语境,将教学中遇到的重大理论和现实问题置于大的时代背景下进行思考,那么高校思想政治理论课教学才能与时代同发展,课堂才能具有亲和力,取得教学实效。

第四章　新媒体时代高校思想政治理论课教师的角色定位及素养培育

在网络时代背景下产生了许多大学生感兴趣的网络流行语。活泼又独特新颖的网络流行语是源于时代背景和社会生活的巨大变化，以简洁明了、通俗易懂的形式反映着新时代下社会的心理动向。当代大学生对这样短而新，略带调侃和幽默的话语易产生情感共鸣。如果教师对网络流行语全然不知，话语语境依然倾向于传统保守，那么在学生眼中可能会形成落后无趣的印象，从而影响教学亲和力。教师可以适当在授课中引用网络流行语，缩短师生之间的心理距离。但是教师要有选择地使用网络流行语，不能为了娱乐而娱乐，毕竟网络流行语也含有消极低俗的内容。因此，高校思政课教师要有针对性地合理选择和引用短小精悍的网络语言为教学服务。如"撸起袖子加油干"用以鼓励发扬实干和奋斗精神、"奋斗吧，少年""后浪"用以号召青年学生奋力实现民族伟大复兴。如果教师在教学中能够创新教学话语语境，使用这些具有鲜明时代特色的话语，并尝试与课程和学生联系起来，那么就会提高课堂的感染力和吸引力。这既有利于促进学生对教学内容的理解，增强思政课亲和力，又能引导学生正确对待网络流行语。

教材并不是唯一的课程资源，高校思政课要想在不断发展的时代背景下与时俱进，还需要教师在授课中充分利用当下具有典型性的事例和社会热点议题进行教学。教师应当利用学生熟悉的新媒体及时补充最新的教学材料，拉近思政课的教学语境与生活实际的距离，从而增强思政课堂的亲和力。高校思政课应关注时代，培养时代所需的全面发展的人，这不仅是课程的本质要求，还是学生发展的必然要求。当下大学生对时事热点还是比较关注的，大部分学生对教师所讲述的时政材料、社会新闻等具有浓厚的兴趣，教师应当对学生的关注点给予及时的回应。教师如果对社会热点议题一概不知，就无法回应学生的疑惑，还可能因此影响教师的威信。当教师能够做到及时更新自己的教学资源库，以创新化的教学话语适应教学需求，那么学生也会以更加积极的态度投入学习。高校思想政治理论课具有鲜明的

新媒体时代的高校思想政治理论课教学改革与创新

时代特征,其教材内容、教学话语表达都体现着时代的声音。教师在教育教学中要牢牢把握这一特征,以时代化的话语向学生讲好思政课。

高校思政课在培育和塑造青少年的思想观念、道德品质等方面担负着重要的责任与使命。高校思想政治理论课是否具有亲和力、亲和力的程度如何,直接影响着教学的实效性。增强高校思想政治理论课的亲和力,有利于扩大和加强课程的教育影响力,促进青年学生的全面发展。因此,在实际教学活动中,高校思政课教师应当建构生活化、互动化、创新化的教学话语,使教学活动产生一种让学生主动趋近、积极悦纳、自觉认同的力量,不断增强高校思政课的亲和力。

参考文献

一、著作类

(一)经典著作和党的文献

1. 马克思恩格斯文集(第1-10卷)[M].北京:人民出版社,2009.

2. 马克思恩格斯选集(第1-4卷)[M].北京:人民出版社,2012.

3. 马克思恩格斯全集(第3卷)[M].北京:人民出版社,1960.

4. 马克思恩格斯全集(第3卷)[M].北京:人民出版社,2002.

5. 马克思恩格斯全集(第42卷)[M].北京:人民出版社,1979.

6. 列宁专题文集[M].北京:人民出版社,2009.

7. 列宁全集(第14卷)[M].北京:人民出版社,1988.

8. 毛泽东文集(第3卷)[M].北京:人民出版社,1996.

9. 邓小平文选(第3卷)[M].北京:人民出版社,1993.

10. 习近平谈治国理政(第一卷)[M].北京:外文出版社,2018.

11. 习近平谈治国理政(第二卷)[M].北京:外文出版社,2017.

12. 习近平谈治国理政(第三卷)[M].北京:外文出版社,2020.

13. 习近平谈治国理政(第四卷)[M].北京:外文出版社,2022.

14. 习近平.在网络安全和信息化工作座谈会上的讲话[M].北京:人民出版社,2016.

15. 习近平.在哲学社会科学工作座谈会上的讲话[M].北京:人民出版社,2016.

16. 习近平.在北京大学师生座谈会上的讲话[M].北京:人民出版社,2018.

17. 习近平.在纪念马克思诞辰200周年大会上的讲话[M].北京:人民出版社,2018.

18. 习近平.在纪念五四运动100周年大会上的讲话[M].北京:人民出版社,2019.

19. 习近平.为建设世界科技强国而奋斗——在全国科技创新大会、两院院士大会、中国科协第九次全国代表大会上的讲话[M].北京:人民出版社,2016.

20. 中共中央文献研究室,编.习近平关于全面深化改革论述摘编[M].北京:中央文献出版社,2014.

21. 中共中央文献研究室,编.习近平关于社会主义文化建设论述摘编[M].北京:中央文献出版社,2017.

22. 新华通讯社课题组.习近平新闻舆论思想要论[M].北京:新华出版社,2017.

23. 教育部课题组.深入学习习近平关于教育的重要论述[M].北京:人民出版社,2019.

24. 本书编写组.习近平总书记教育重要论述讲义[M].北京:高等教育出版社,2020.

25. 中共中央党史和文献研究院,编. 习近平关于注重家庭家教家风建设论述摘编[M]. 北京:中央文献出版社,2021.

(二)中文著作

1. 艾四林,主编. MOOC 与高校思想政治理论课教育教学创新[M]. 北京:北京大学出版社,2014.

2. 陈志武. 金融的逻辑[M]. 北京:国际文化出版公司,2009.

3. 戴钢书,等. 高校思想政治理论课实践教学论[M]. 北京:中国人民大学出版社,2015.

4. 方世南,等. 高校马克思主义思想政治理论课程改革创新研究[M]. 北京:人民出版社,2007.

5. 冯刚,主编. 理直气壮开好思政课——把握新时代思政课建设规律[M]. 北京:人民出版社,2019.

6. 宫承波. 新媒体概论[M]. 北京:中国广播电视出版社,2011.

7. 顾海良. 高校思想政治理论课程建设研究[M]. 北京:中国人民大学出版社,2016.

8. 郭凤志,编. 高校思想政治理论课程建设研究[M]. 北京:北京师范大学出版社,2020.

9. 郭庆光. 传播学教程[M]. 北京:中国人民大学出版社,2001.

10. 郭湛. 主体性哲学——人的存在及其意义[M]. 北京:中国人民大学出版社,2011.

11. 华东师范大学老教授协会社科部分会,编著. 思想政治理论课传承与创新[M]. 上海:华东师范大学出版社,2016.

12. 匡文波. 新媒体概论[M]. 北京:中国人民大学出版社,2012.

13. 李梁,等. 高校思想政治理论课:教育教学供给侧结构性改革理论研究[M]. 上海:上海大学出版社,2017.

14. 林泰.问道:改革开放以来的社会思潮与青年思想政治教育研究[M].北京:中国社会科学出版社,2017.

15. 刘川生.大学生日常思想政治教育实效性研究[M].北京:北京师范大学出版社,2009.

16. 刘放桐,等.新编现代西方哲学[M].北京:人民出版社,2000.

17. 刘利,潘黔玲.互联网+视域下的思政课教学理论与实践发展研究[M].长春:吉林大学出版社,2017.

18. 刘薇.高校思想政治理论课"网络—课堂—实践"一体化教学体系构建研究[M].北京:中国纺织出版社,2018.

19. 秦树理.西方公民学[M].北京:郑州大学出版社,2008.

20. 佘双好.思想政治理论课程教学法探析[M].北京:中国人民大学出版社,2018.

21. 施索华,裴晓涛,主编.新时代高校思政课的打开方式,[M].桂林:广西师范大学出版社,2018.

22. 思想政治教育学原理编写组.思想政治教育学原理[M].北京:高等教育出版社,2018.

23. 吴潜涛.思想政治教育教学与研究[M].北京:中国人民大学出版社,2018.

24. 现代汉语大辞典(上)[M].上海:上海辞书出版社,2009.

25. 杨新莹.融媒体环境下高校思政课改革创新研究[M].北京:经济日报出版社,2021.

26. 张雷声.思想政治理论课教学的境界[M].北京:中国人民大学出版社,2018.

27. 张小争,郑旭,等.明星引爆传媒娱乐经济[M].北京:华夏出版社,2005.

28. 张勇,张玲. 新媒体时代高校思想政治教育创新研究[M]. 北京:中国社会科学出版社,2019.

29. 周长春. 新形势下大学生思想政治教育探索[M]. 北京:北京工业大学出版社,2015.

(三)国外译著

1. [法]笛卡尔. 第一哲学沉思集[M]. 庞景仁,译. 北京:商务印书馆,1986.

2. [苏]B. A. 苏霍姆林斯基. 怎样培养真正的人[M]. 蔡汀,译. 北京:教育科学出版社,1992.

3. [美]迈克尔·阿普尔. 意识形态与课程[M]. 黄忠敬,译. 上海:华东师范大学出版社,2001.

4. [英]曼纽卡·卡斯特. 网络社会的兴起[M]. 夏铸九,等,译. 北京:社会科学文献出版社,2001.

5. [美]罗洛·梅. 人的自我寻求[M]. 郭本禹,等,译. 北京:中国人民大学出版社,2013.

6. [英]维克托·迈尔-舍恩伯格,肯尼思·库克耶. 大数据时代[M]. 盛杨燕,周涛,译. 杭州:浙江人民出版社,2013.

7. 郑永年. 技术赋权:中国的互联网、国家与社会[M]. 邱道隆,译. 北京:东方出版社,2013.

二、论文类

(一)国内

1. 习近平. 加快推动媒体融合发展 构建全媒体传播格局[J]. 求是,2019(6).

2. 习近平.一个国家、一个民族不能没有灵魂[J].求是,2019(9).

3. 习近平.坚定文化自信,建设社会主义文化强国[J].求是,2019(12).

4. 习近平.坚持历史唯物主义不断开辟当代中国马克思主义发展新境界[J].求是,2020(2).

5. 习近平.在"不忘初心、牢记使命"主题教育总结大会上的讲话[J].求是,2020(13).

6. 习近平.中国共产党领导是中国特色社会主义最本质的特征[J].求是,2020(14).

7. 习近平.思政课是落实立德树人根本任务的关键课程[J].求是,2020(17).

8. 习近平.在党史学习教育动员大会上的讲话[J].求是,2021(7).

9. 习近平.在庆祝中国共产党成立95周年大会上的讲话[J].求是,2021(5).

10. 习近平.用好红色资源,传承好红色基因 把红色江山世世代代传下去[J].求是,2021(10).

11. 习近平.学好"四史",永葆初心、永担使命[J].求是,2021(11).

12. 习近平.以史为鉴、开创未来 埋头苦干、勇毅前行[J].求是,2022(1).

13. 白薇.将地方红色文化融入教学 多维度打造思政"金课"[J].中国大学教学,2020(1).

14. 白显良.论高校思想政治理论课教学亲和力的逻辑生成[J].思想理论教育导刊,2017(4).

15. 毕红梅,李婉玉.微时代社会思潮对大学生的作用机制[J].思想理论教育,2015(10).

16. 蔡勇春.牢牢掌握意识形态工作领导权[J].求是,2017(23).

17. 曹建文.警惕自媒体舆论场中非主流意识形态话语表达的"泛自由化"[J].红旗文稿,2017(20).

18. 曹启娥.河南高校思想政治理论课现状的调查[J].思想教育研究,2009(6).

19. 曹宇.粉丝文化有利有弊,关键在于引导[J].人民论坛,2017(28).

20. 曾凡锋,何珊.新媒体时代高校思政课实践育人模式刍议[J].河北师范大学学报(教育科学版),2018(3).

21. 查少刚,杜孝军.大学生理想信念教育的四重逻辑[J].思想理论教育导刊,2015(11).

22. 陈琳,单宁.当前国内社会思潮趋势走向[J].人民论坛,2018(6).

23. 程仕波,熊建生.论思想政治教育获得感[J].思想教育研究,2017(7).

24. 程仕波.论"后真相"时代网络舆论的特点及其引导对策[J].思想理论教育,2018(9).

25. 崔人元.新媒体环境下高校思想政治教学创新路径,山西财经大学学报,2021(S2).

26. 代建华.论高校思政课与移动信息技术的深度融合[J].学校党建与思想教育,2021(17).

27. 单刚.当前高校社会思潮的传播特点及引领路径研究[J].学校党建与思想教育,2011(17).

28. 丁佳,刘海荣."脑残粉"不脑残,粉丝群体"守护"偶像共同成长——以TFboys及其粉丝社群为例[J].新闻研究导刊,2017(10).

29. 杜艳艳.新媒体时代提升高校思政课亲和力的策略[J].学校党建与思想教育,2021(4).

30. 樊阳程.网络时代高校社会思潮的传播特点及引导对策[J].人民论

坛,2014(32).

31. 方付建.论网络时代的社会思潮[J].中共杭州市委党校学报,2012(1).

32. 方付建.网络社会思潮的表现形态与主要特征分析[J].思想教育研究,2018(1).

33. 房广顺,李鸿凯:以大学生获得感为核心提升思想政治理论课教学质量[J].思想理论教育,2018(2).

34. 冯方."键盘侠"现象的透视及引导——基于20名在校大学生访谈的梳理分析[J].中国青年研究,2019(10).

35. 冯刚.互联网思维与思想政治教育创新发展[J].学校党建与思想教育,2018(2).

36. 冯秀军.善用"大思政课"的三个维度[J].思想政治理论课教学,2021(8).

37. 冯秀军.用"问题链"打造含金量高、获得感强的思政课[J].中国高等教育,2017(11).

38. 高键等.新媒体时代高校思政课教学模式创新[J].中学政治教学参考,2020(34).

39. 高仁,腾育栋.政治娱乐化现象看当代青年社会主义核心价值体系认同构建[J].新闻传播,2014(3).

40. 胡露华.关于增强高校思政课学生获得感的思考[J].豫章师范学院学报,2021(3).

41. 黄艳,李佳玲,黄金岩.互联网接触对大学生思想政治教育传播效果的影响研究[J].高校教育管理,2021(6).

42. 黄艺.泛娱乐化时代网络直播平台热潮下的冷思考[J].新闻研究导刊,2016(2).

43. 姬立玲.新媒体环境下高校思政课教学方法创新探究[J].思政教育研究,2016(10).

44. 李红军.提升新时代大学生思政课获得感的策略研究[J].学校党建与思想教育,2021(22).

45. 李伟.新媒体时代大学生亚文化现象的批判性分析[J].中国青年研究,2017(9).

46. 李霞.新时代 新机遇 新发展——新媒体时代大学生思想政治教育的创新研究[J].大众文艺,2021(23).

47. 廖祥忠.何为新媒体？[J].现代传播,2018(5).

48. 刘建军.接受理论对思想政治教育的启示[J].教学与研究,2000(2).

49. 刘景态,洪兵.电视节目泛娱乐化的成因和对策研究[J].经济研究导刊,2009(11).

50. 刘诗仑.大学生"橡皮人"的存在状态及干预策略[J].大学(研究版),2016(4).

51. 柳礼泉.论思想政治理论课实践教学的形式[J].思想理论教育导刊,2007(3).

52. 吕鹏,张原.青少年"饭圈文化"的社会学视角解读[J].中国青年研究,2019(5).

53. 庞桂甲.论思想政治教育亲和力[J].思想教育研究,2017(5).

54. 逄锦聚."马克思主义基本原理概论"课教学中需要妥善处理的六个关系[J].思想理论教育导刊,2012(9).

55. 彭兰."新媒体"概念界定的三条线索[J].新闻与传播研究,2016(3).

56. 钱广荣.高校思想政治理论课的实践教学探讨[J].思想理论教育,

2007(2).

57.邱开玉,廖梦雅.大学生思政课教学话语有效性研究——基于浙江省7所高校的调研[J].中国青年社会科学,2019(5).

58.人民论坛"特别策划"组.国内社会思潮——基于2017及当前的分析研判[J].人民论坛,2018(6).

59.佘双好.关于思想政治理论课体验式教学的思考[J].思想教育研究,2012(4).

60.佘双好.社会思潮对大学生思想行为影响的特点及对策研究[J].思想教育研究,2013(6).

61.沈壮海,董祥宾.论新时代高校思想政治工作质量的提升[J].思想理论教育,2018(8).

62.沈壮海."大思政课"我们要善用之思考与探索[J].思想政治教育研究,2021(3).

63.宋德孝.青年"佛系人生"的存在主义之殇[J].中国青年研究,2018(03).

64.覃丽燕:增强新时代思政课获得感探论[J].中学政治教学参考,2021(43).

65.王鸿生.科学精神三要素及其人文意蕴[J].科学导报,2000(1).

66.王平,刘电芝.青少年偶像崇拜的心理探源[J].苏州大学学报(哲学社会科学版),2010(5).

67.王艺璇.网络时代粉丝社群的形成机制研究——以鹿晗粉丝群体"鹿饭"为例[J].学术界,2017(3).

68.吴潜涛,王维国.增强亲和力、针对性,在改进中加强思想政治理论课[J].思想理论教育导刊,2017(2).

69.肖行."微时代"社会思潮对青年思想政治教育的挑战与应对[J].思

想政治课研究,2016(2).

70.徐蓉,周璇.善用"大思政课"推进教学改革创新[J].思想理论教育,2021(10).

71.许瑞芳,张宜萱.沉浸式"大思政课"的价值意蕴及建构理路[J].思想政治理论课教学,2021(11).

72.严洁,姜羡萍.新媒体视域下创新高校思想政治教育探析[J].学校党建与思想教育,2021(20).

73.杨红星,梁燕.生活化 生态化 叙事化:高校思想政治理论课教学探索的三个维度[J].河北师范大学学报(教育科学版),2017(1).

74.杨晓慧.以"大思政"理念创新思政育人格局[J].思想教育研究,2020(9).

75.叶方兴.大思政课:推动思想政治理论课的社会延展[J].思想理论教育,2021(10).

76.于东超.守正创新:新媒体时代高校思政课建设的核心要义[J].中国高等教育,2020(17).

77.于东超.守正创新:新媒体时代高校思政课建设的核心要义[J].中国高等教育,2020(17).

78.余保刚,王永贵.我国当前社会思潮新态势分析[J].理论探讨,2014(4).

79.袁舒雯,邵光华.教师获得感生成机制及提升策略[J].教育评论,2020(6).

80.袁志香."饭圈文化"下青年主体意识的建构[J].人民论坛,2020(14).

81.岳伟,刘贵华."走向生态课堂——论课堂的整体性变革"[J].教育研究,2014(8).

82. 张灿灿."键盘侠",你是否真的一无是处[J].青年记者 2016(31).

83. 张策,张耀元.新时代背景下新媒体融入高校思想政治教育的价值、原则及路径[J].国家教育行政学院学报,2020(8).

84. 张雷声.试论思想政治理论课教师的素质构成[J].思想理论教育导刊,2006(2).

85. 张雄.金融化世界与精神世界的二律背反[J].中国社会科学,2016(1).

86. 张璇."饭圈女孩出征"的社会认同过程研究[J].东南传播,2020(1).

87. 赵曜,施晖.试论高校思政课教学话语体系创新[J].学校党建与思想教育,2020(24).

88. 赵颖.新媒体时代思政课话语权的建构[J].中学政治教学参考,2019(28).

89. 赵月枝,沙垚.地方红色文化的当代意义[J].红旗文稿,2019(20).

90. 周红,巩倩倩.新媒体技术与高校思政课融合路径探析[J].电化教育研究,2020(10).

91. 周新城.关于怎么理解马克思主义的几个重要问题[J].红旗文稿,2017(17).

92. 周晔.让"互联网+"推动高校思想政治理论课同频共振[J].北京教育(高教),2018(9).

93. 邹东涛.如何释放多元社会思潮的正能量[J].人民论坛,2014(30).

(二)毕业论文

1. 付枭雄.高校思想政治理论课学生获得感研究[D].广西大学,2019.

2. 刘佳.大学生思政课教学获得感及其培育路径研究[D].长沙理工大学,2020.

3. 彭何. 网络环境中的"粉丝"文化研究[D]. 南京师范大学,2013.

4. 徐艳. 中国特色社会主义新时代大学生思政课获得感研究[D]. 华东交通大学,2020.

5. 张安琪. 新媒介视野下的粉丝文化与认同[D]. 华东师范大学,2014.

三、报纸类

1. 江泽民. 在庆祝北京大学建校一百周年大会上的讲话[N]. 人民日报,1998-05-05.

2. 习近平. 在同各界优秀青年代表座谈时的讲话[N]. 人民日报,2013-05-05.

3. 习近平. 胸怀大局把握大势着眼大事 努力把宣传思想工作做得更好[N]. 人民日报,2013-08-21.

4. 习近平. 青年要自觉践行社会主义核心价值观[N]. 人民日报,2014-05-24.

5. 习近平主持召开中央全面深化改革领导小组第十次会议[N]. 人民日报,2015-02-28.

6. 习近平. 坚持军报姓党坚持强军为本坚持创新为要 为实现中国梦强军梦提供思想舆论支持[N]. 人民日报,2015-12-27.

7. 习近平. 在党的新闻舆论工作座谈会上强调:坚持正确方向创新方法手段 提高新闻舆论传播力引导力[N]. 人民日报,2016-02-20.

8. 习近平. 在哲学社会科学工作座谈会上的讲话[N]. 人民日报,2016-05-19.

9. 习近平. 把思想政治工作贯穿教育教学全过程 开创我国高等教育事业发展新局面[N]. 人民日报,2016-12-09.

10. 习近平. 在北京大学师生座谈会上的讲话[N]. 人民日报,2018 – 05 – 03.

11. 习近平. 在中国科学院第十九次院士大会、中国工程院第十四次院士大会上的讲话[N]. 人民日报,2018 – 05 – 29.

12. 习近平. 举旗帜聚民心育新人兴文化展形象 更好完成新形势下宣传思想工作使命任务[N]. 人民日报,2018 – 08 – 23.

13. 习近平. 在中央政治局第十二次集体学习时重要讲话[N]. 人民日报,2019 – 01 – 27.

14. 习近平. "'大思政课'我们要善用之"[N]. 人民日报,2021 – 03 – 07.

15. 习近平. 筑牢理想信念根基树立践行正确政绩观 在新时代新征程上留下无悔的奋斗足迹[N]. 人民日报,2022 – 03 – 02.

16. 习近平. 在中国人民大学考察时强调 坚持党的领导传承红色基因扎根中国大地走出一条建设中国特色世界一流大学新路[N]. 人民日报,2022 – 04 – 26.

17. 处优而不养尊,受挫而不短志——学习习近平总书记在中国政法大学考察时的重要讲话之四[N]. 光明日报,2017 – 05 – 07.

18. 中央精神文明建设指导委员会. 关于深化群众性精神文明创建活动的指导意见[N]. 人民日报,2017 – 04 – 06.

19. 中共中央国务院印发中长期青年发展规划(2016—2025 年)[N]. 人民日报,2017 – 04 – 14.

20. 本报编辑部. 老师,请不要这样讲中国[N]. 辽宁日报,2014 – 11 – 13.

21. 张树辉. 思政课改革须适应移动互联新常态[N]. 光明日报,2015 – 01 – 28.

22. 赵家祥. 论马克思主义革命性与科学性的统一[N]. 人民日报,2018 – 04 – 10.

四、网站类

1. 习近平.深化文化体制改革,加强社会主义核心价值体系建设[EB/OL].人民网－中国共产党新闻网,http://jhsjk.people.cn/article/25428563,2014－08－08.

2. 中共中央国务院.关于加强和改进新形势下高校思想政治工作的意见[EB/OL].新华社,http://www.xinhuanet.com/2017－02/27/c_1120538762.htm,2017－02－27.

3. 教育部关于印发新时代高校思想政治理论课教学工作基本要求的通知[EB/OL].中华人民共和国教育部,http://www.moe.gov.cn/srcsite/A13/moe_772/201804/t20180424_334099.html,2018－04－13.

4. 杨飞.提高用网治网水平让"最大变量"成为"最大增量"[EB/OL].中国经济网,http://views.ce.cn/view/ent/201808/30/t20180830_30163899.shtml,2018－08－30.

后 记

　　思想政治理论课是落实立德树人根本任务的关键课程。办好思想政治理论课关键在教师，高校思政课教师要顺应新媒体时代的发展要求，坚持从学生"认知规律和接受特点"变化了的实际出发，重新审视教学理念，着力打造"配方"独特、"工艺"精湛、"包装"新颖的高校思想政治理论课。

　　全书重点对新媒体时代背景下高校思想政治理论课改革创新的重大意义、社会思潮对高校学生思想行为的影响、高校思想政治理论课建设和教学模式、高校思想政治理论课教师的角色定位和素养培养进行了系统研究。全书既有对新媒体时代背景下高校思想政治理论课改革创新面临机遇的阐述，也有对新媒体时代背景下高校思想政治理论课改革创新面临挑战的分析；既有对新媒体时代青年大学生思想行为的调查分析，也有对新媒体时代高校如何引领社会思潮的对策建议；既有对新媒体时代高校思想政治理论课教师角色定位的理论研究，也有对新媒体时代高校思想政治理论课教师教学改革创新的实践研究。

　　本书在写作过程中，进行了多次调研，也参阅了大量文献，在此向被调查的师生和相关专家、学者表示衷心感谢！向出版社特别是不辞辛劳、奉献

后　记

敬业的林雨老师表示衷心感谢！本书由扬州大学出版基金资助、扬州大学马克思主义学院出版基金资助。在此一并表示衷心感谢！

全书主旨、篇章构思及主要章节撰写是由作者完成的，马银利、沈婷、朱蕊芸、梅梦云、沈洁、王楚安、马金花、李子娴、尹星、宋玉婷、秦雨辰、顾千姿、顾炀、张亚玲等同学参与了调研和写作，最终由作者统稿、定稿。

吴恒
2022 年 6 月